国家监察体制改革研究

姚文胜 著

中国社会科学出版社

图书在版编目（CIP）数据

国家监察体制改革研究 / 姚文胜著 . —北京：中国社会科学出版社，2019.4（2020.12 重印）

ISBN 978-7-5203-3884-4

Ⅰ.①国… Ⅱ.①姚… Ⅲ.①监察—体制改革—研究—中国 Ⅳ.①D630.9

中国版本图书馆 CIP 数据核字（2019）第 000523 号

出 版 人	赵剑英
责任编辑	王 茵
特约编辑	李溪鹏
责任校对	李 莉
责任印制	王 超

出　　版	中国社会科学出版社
社　　址	北京鼓楼西大街甲 158 号
邮　　编	100720
网　　址	http://www.csspw.cn
发 行 部	010-84083685
门 市 部	010-84029450
经　　销	新华书店及其他书店
印　　刷	北京君升印刷有限公司
装　　订	廊坊市广阳区广增装订厂
版　　次	2019 年 4 月第 1 版
印　　次	2020 年 12 月第 2 次印刷
开　　本	710×1000　1/16
印　　张	15.5
插　　页	2
字　　数	224 千字
定　　价	66.00 元

凡购买中国社会科学出版社图书，如有质量问题请与本社营销中心联系调换
电话：010-84083683
版权所有　侵权必究

健全党和国家监督体系的伟大创举

莫纪宏

深化国家监察体制改革，是以习近平同志为核心的党中央审时度势作出的重大决策部署，是全面从严治党和加强党对反腐败统一领导的需要。党的十八大以来，以习近平同志为核心的党中央着眼实现"两个一百年"奋斗目标、中华民族伟大复兴的中国梦，从完善和发展中国特色社会主义制度、确保党和国家长治久安的高度，针对管党治党和治国理政中存在的突出问题，谋划、部署、推进国家监察体制改革。党中央多次召开会议研究，习近平总书记发表一系列重要讲话，为改革步步深入指明了方向。2018年3月20日，习近平主席签署第三号国家主席令将《监察法》予以公布施行。2018年3月23日，中华人民共和国国家监察委员会在北京揭牌，全国各级监察机关基本完成组建。国家监察体制改革作为事关全局的重大政治体制改革瓜熟蒂落、结出硕果，一个集中统一、权威高效的国家监察体制初步铸就。

构建一个集中统一、权威高效的国家监察体制，是全党、全国各族人民的共同心愿，符合历史潮流，符合人民利益。习近平总书记曾引用北宋杰出政治家、文学家和改革家王安石的一句名言——立善法于天下，则天下治；立善法于一国，则一国治。这句话告诉人们，建立好的制度、制定善法可以实现国家治理有序从而兴旺发达。1990年3月，习近平总书记在《从政杂谈》一文中也引用过北宋著名监察官、人称"包青天"包拯的一句名言——法令既行,纪律自正,则无不治之国,无不化之民。这句话说明的是严明法律和纪律与国家发展和人民幸福的关系。2018年现行宪法第五次修改,把"中国共产党的领导是中国特色社会主义最本质的特征"写进了宪法,进一步明确了社会主义制度作为我国根本制度的内涵,突出了中国特色社会主义最大的制度优势。以零容忍态度惩治腐败是中国共产党鲜明的政治立场,是党心民心所向。我们党高度重视反腐败斗争,无论是在革命斗争岁月还是和平建设时期,我们党都始终不懈地坚持开展反腐败斗争,全力以赴确保无产阶级政党的先进性和纯洁性。党的十八大以来,以习近平同志为核心的党中央坚持反腐败无禁区、全覆盖、零容忍,以雷霆万钧之势,坚定不移"打虎""拍蝇""猎狐",不敢腐的目标初步实现,不能腐的笼子越扎越牢,不想腐的堤坝正在构筑。但是,党和国家的反腐败大业依然任重道远。"老虎"或隐或匿,"苍蝇"低空飞舞,"狡狐"尚在脱途,所有这些都以不同的角度反噬、侵蚀着党和国家的健康肌体,影响着社会良好风尚的进一步形成。党的十九大对反腐败斗争提出了"巩固压倒性态势、夺取压倒性胜利"的战略目标。2018年12月13日,中央政治局在听取中央纪委工作汇报、研究部署2019年党风廉政建设和反腐败工作时,作出了"反腐败斗争取得压倒性胜利"的重大判断。刚刚闭幕的十九届中央纪委三次全会进一步提出了"巩固发展反腐败斗争压倒性胜利"的目标任务。为此,应当清醒地认识到反腐败斗争虽然取得压倒性胜利,但对形势的严峻性和复杂性一点也不能低估。数据表明,党的十九大以来,仍有人不收敛、不收手,腐败存量不少,增量仍在发生,必须把"严"字长期坚持下去,以永远在路上的坚韧和执着,把反腐败斗争向纵深推进。有鉴于此,如果没有强有力的制度,没有切合实际的立法,党风廉政建设和反腐败所取得的成绩很可能被反扑甚至颠覆。纵观历史,放眼世界,我们可以发现,我国历史上任何强盛时期都非常重视发挥监察制度职能,重视以强有力的国家立法来推进反腐伟业。进行监察体制改革,通过宪法修正案,颁布实施《监察法》,构建集中统一、权威高效的国家监察体制，健全党和国家监督体系，正是立足当下，俯仰历史，借鉴域外的不二选择。

1992年起，姚文胜同志在深圳大学法律系读书期间，开始研究国家监察体制改革问题，其本科毕业论文也是以此为题。本科毕业后姚文胜同志先后在深圳市纪检监察系统和组织部门等工作，具体从事办案、干部监督等工作，目前是深圳市刚刚成立、最年轻的光明区的纪委书记、监察委员会主任。姚文胜同志在中国社科院法学所博士后工作站研究期间，撰写多篇与国家监察体制改革相关的文章，多篇被社科院要报、人民日报内参等采用，受到党和国家领导人的批示。姚文胜同志博士后出站报告内容中也有相当篇幅论述国家监察体制改革的内容，该报告去年作为深圳学派学术类专著在中国社会科学院出版。2017年11月深化国家监察体制改革正式开展后，姚文胜同志连续奋笔疾书，在中国纪检监察报、中央纪委国家监委网站、广东省委理论刊物《南方》杂志、深圳特区报理论周刊上撰文阐述、宣传改革的热点难点问题，在凝聚改革、解释疑虑、消减杂音等方面发挥了较好作用。姚文胜同志迄今总共撰写、发表各类文稿30多篇二十多万字。本书正是姚文胜同志近30年来持续研究国家监察体制改革的成果。

关于国家监察体制改革，姚文胜同志在本书中想阐明的几个基本观点是：

第一，国家监察体制改革的出发点是为了人民。政治清明、政府清廉、官员清正是一国政治生态的最佳状态。只有在这样的状态下，社会的整体利益才能得到有效保护。改革开放之初我们以经济建设为中心，致力于提高效率，做大蛋糕。经过40年奋斗我们在经济建设方面积累了一定成果，公平问题也就是分蛋糕的问题备受关注。如果不关注公平，任由损坏公平的腐败现象滋生蔓延，社会整体利益配置必将失衡，利益分配严重失衡必将反噬改革成果。新时代新的改革之所以伟大艰巨，就在于要做到效率和公平并重。蛋糕要继续做大，分蛋糕要体现公平公正，这就需要伟大的全新的改革。为了以更大力度推进实现民族复兴的改革工程，一种全新的监察体制出现是时之所趋，也是民之所选。在新征程上，监察委员会的历史使命一方面要惩戒、监督懒政怠政慢政行为，推动效率提高，推动蛋糕越做越大；另一方面要消减腐败，促进分蛋糕过程中体现最大限度的公平公正。这两方面深入发展的结果将导致人类历史上一种全新治理模式的出现，它既能照顾个体利益，又能兼顾集体利益，迎来人类历史发展的全新路径，最大可能地形成社会公约数，最大限度地顾及社会整体利益。

第二，国家监察体制改革是顺民心集民智之举。在中国历史上，监察权是一种独立行使的综合监督权，在5000多年中华文明发展史上的很多重要时刻，发挥了极为重要的作用。中华文明为什么能够几千年绵延不断，其中一个重要原因是监察权在兹。新中国成立以来，尤其是改革开放以来，关于应该设立什么样监察权的问题，理论界和实务界一直坚持不懈地进行探索。整合纪检监察和反贪等部门的权力形成一种新的国家监督权的建议多年来受到党和国家的高度重视，不是空穴来风之物，更不是横空出世之举。以习近平同志为核心的党中央审时度势，站在历史的重要关口，作出进行国家监察体制改革的伟大决策和部署，有着极为广泛浓厚的民意基础和民智支撑。

第三，监察权合宪适格。不受监督的权力必将导致腐败。监督的目的是为了确保权力的良性有序运作。监督权力的模式不一而足。易经曰"凡益之道，与时偕行"。法律作为社会生活的投射镜和调节器，必须切合社会发展的实际。在别的地方行之有效的模式，在我国不见得有效。我国的监督模式，必须植根于中国法律实践和中国法学理论的沃土之中。国家监察体制改革正是我国数十年来依法反腐实践和反腐思考的现实总结和理性归纳，在法治轨道上部署并推动。改革中整合的国家监察权依宪设定，权能适格，既不具备香港地区反贪污机构的枪械、手铐使用等刑事权，也不具备有瑞典等国外反贪机构的起诉权，甚至连原来我国反贪部门所行使的一些权力也没有纳入。目前监察权的内容是为了完成当前反贪任务最低限度必须具备的基本调查权等反腐败措施。

第四，监察权受到严格控制。《监察法》通篇体现了对监察权的监督制约。监委受到的内部和外部监督不下十种，监察权被严密关在制度笼子里，处在有序监督中。任何一种监察权的行使都受到严格限制，监察官的一举一动处于众目睽睽严肃审视之下。全国无论是哪一级监委，都不可能也不敢为所欲为。比如留置权的适用情形法律作出明确规定，使用时需要"提级审核"，也就是需要报上一级监委审批，省级监委则需报国监委备案。所有监察权的行使都需要严格审批，受到严密制约。

数十年来，不少先辈、不少学者、不少纪检监察干部持续为国家监察体制改革鼓与呼。姚文胜的研究成果，正是其中一簇闪亮的浪花。我们坚信，在以习近平同志为核心的党中央领导下，国家监察体制改革，必将在中华民族伟大复兴中，立下不朽功勋，将在人类文明发展历史上，开辟全新路径，做出伟大贡献。

得知姚文胜同志关于国家监察体制改革研究成果将由中国社会科学院出版社出版，十分高兴，欣然为之作序。

莫纪宏

2019 年 1 月 17 日

目 录

上 篇

第一章　国家监察体制改革初探 …………………………………（3）
第二章　《行政监察法》的立法缺陷与完善 ……………………（14）
第三章　行政监察向国家监察转变的重大突破 …………………（36）
第四章　《监察法》的理性价值 …………………………………（50）
第五章　国家监察体制改革的法治创新 …………………………（55）
第六章　国家监察体制改革的文化传承 …………………………（62）
第七章　监察委员会法律职能分析 ………………………………（72）
第八章　监察权法律属性研究 ……………………………………（80）
第九章　监察对象范围的界定 ……………………………………（90）
第十章　对监委权力的监督制约 ………………………………（102）
第十一章　中国特色监察官制度路径分析 ……………………（110）
第十二章　国家监察体制改革其他热点问题 …………………（117）

下 篇

第十三章　当代中国监察制度的演变 …………………………（129）
第十四章　党内监察制度的发展历程 …………………………（136）
第十五章　古代中国监察制度纵览 ……………………………（146）
第十六章　秦汉时期监察制度概览 ……………………………（159）

第十七章　唐朝监察制度概览 …………………………………（167）
第十八章　明朝监察制度之考鉴 …………………………………（175）
第十九章　孙中山"五权学说"下的监察制度 …………………（186）
第二十章　西方监察制度的产生及演进 …………………………（199）
第二十一章　《美国公职人员道德准则法》的启示 ……………（208）
第二十二章　苏联监察制度的演变及其教训 ……………………（216）
第二十三章　瑞典议会监察专员制度管窥 ………………………（223）
第二十四章　香港廉署制度的启示 ………………………………（229）

附录　姚文胜关于监察体制改革研究相关成果一览表…………（236）

后记 …………………………………………………………………（239）

上 篇

第一章 国家监察体制改革初探

一 国家监察体制建设的一般理论

权力需要制约和监督，否则便会被滥用。滥用权力是产生权力主体腐败和渎职、失职行为的直接主要原因。腐败和渎职、失职是相伴相生的，两者的共同后果是降低权力的运作效率，损害民众利益，损坏权力主体的良好形象，严重的会动摇政权的统治地位。所以，以反腐败、反渎职失职入手，构造一个廉政专门机制，与社会其他制约、监督权力的因素相互配合，来防止权力被滥用，巩固政权的统治地位，就成了执政者一项必不可少的政举。所谓国家监察体制，国内尚无明确定义，笔者认为应是指建立在各种对权力监督、制约因素的基础上的，以专门的廉政执行机构和专门的廉政法律为主体的，担负着特定的反腐保廉功能的各种法制因素的总和。关于这一初步定义，需指出以下两点。

1. 国家监察体制的两大要素是专门的监察机构和专门的廉政法律。专门的监察机构是指为实现反腐保廉目的而依法设立的，对国家权力运行系统行使专门监督、制约职能的国家机构。由于它肩负着特殊的职能，法律赋予它高于一般国家机构的地位和职权，独立性和权威性是它的基本特征。专门的廉政法律则是指以一个廉政基本法为基础的所有直接调整廉政工作各个环节的法律的总称。廉政法律是廉政工作制度化的结果，与监察机构密切联系，相辅相成。在一个社会的监察专门机制中，光有机构而无法律则无法可依，光有法律而无机构则难以执行，所以说它们是国家监察体制的两大要素。

2. 国家监察体制担负着特定的巨大的反腐保廉的社会综合功能，表现在四个方面：第一，通过先行立法，以法制手段规范权力运行机制，防腐于未然；第二，通过依法侦办、惩处已出现的滥权行为，治腐于已然；第三，通过依法督查权力系统运作情况，使之充满活力，高效运转；第四，通过受理举报，宣泄民众因权力不当行使而对政权产生的不满和怨言，稳定社会和政局。

通过以上论述，我们可以得到如下结论：由专门的监察机构和廉政法律两大要素组成的国家监察体制，在社会反腐保廉机制中占有主导地位，发挥着巨大作用；要取得良好的反腐保廉效果，防腐于未然，惩腐于已然，保持权力运行系统高效运转，减灭民怨，保持社会稳定，则须加强监察机构和廉政法律的建设，保障监察机构的独立性和权威性，保障廉政法律的完备和配套。

以这一结论为立足点，本书将从机构建设和法律建设两方面出发，探讨我国建立国家监察体制的一些相关问题。

二 建立既独立又有权威的国家监察机构

目前我国担负反腐保廉职能的机构有三家：党的内部监督机构纪律检查委员会（以下称"纪检部门"）、政府系统的行政监察机构（以下称"监察部门"）、隶属检察院的法律监督机构反贪污贿赂工作局（以下称"反贪部门"），已基本形成一个多元化的反腐保廉的专门架构，多渠道、多形式地开展反腐败工作，取得了巨大的成就。但毋庸讳言，这种架构也存在极大的弊端，表现在以下几方面。

1. 在三机构之间，缺少核心枢纽地位的机构，三者很难恰如其分摆好位置。廉政工作需由一个独立的权威的机构来统筹领导，目前我国缺少这样的机构。社会主义要坚持党的绝对领导地位，但显然纪检部门不能因此而成为监察部门、反贪部门的职能领导机构；行政监察是一个社会廉政工作的最主要方式,但由于种种原因,监察部门在反腐保廉工作中的限制条件还很多,不可能处于枢纽地位;反贪部门拥有较高的法律地位和较多的法律手段,但人大系统的工作部门当然不可能是纪检部门的上级机构。在现有的构架中,不管将哪一家摆在枢纽地位,在理论上和实践中都是行不通的。机构不统一,何来权威?

2. 在监督对象上,三家分工缺乏规范化,使廉政工作难以避免地存在"交叉带"和"空白带"。根据中纪委、监察部1988年《关于党的纪律检查机关和国家行政监察机关在案件查处工作中分工协作的暂行规定》,和1992年此暂行规定的《补充规定》,以及中纪委、最高检、监察部1993年《关于纪检监察机关和检察机关在反腐败斗争中加强协作的通知》等文件的精神,三机关监督的职能范围是按监督对象的身份及其违纪违法严重程度的不同来划分的,纪检部门监督的是全体党员,监察部门监督的是政府系统的行政人员,反贪部门监督的是违反刑法的贪污贿赂分子。由于现实情况中,被监督对象多数既是党员也是行政人员,而且相当多的贪污贿赂行为的违法违纪后果在没有审理时难以先予界定,所以实践中很难做到按对象身份、违法违纪严重程度来确定管辖机关,造成有的问题多方插手,有的事情无人过问,形成反腐败工作的"交叉带"和"空白带",进而导致三个机构在案件受理、查办、移送、处理等工作环节中相互间的不协调冲突。

3. 三个机构本身各自存在一些客观不足。纪委对全体党员进行监督检查,管理面很宽,案件较多,人手有限,影响其作为党的专门监督机构的其他职能的充分发挥,而且它的党纪处分结果有时难以落实。监察部门是制约监督行政权力的部门,但作为一个行政职能机构,在办案法律手段有限、办案硬件设施不足的情况下,很难依法对其他行政人员,尤其是同级以上的领导干部行使有效的监察权。反贪部门则因工作范围局限于打击贪污贿赂犯罪分子,而对权力运行系统出现的渎职、失职行为,难以行使法律的监督权。

上述弊端的存在说明现有的廉政机构缺乏一种协调、统一的关系，存在于每个机构自身的弊端又将影响它们的整体呈现于外的权威性。随着社会主义市场经济体制建设和政治体制改革的深入发展，反腐保廉工作日显重要，通过一定方式，协调好纪检部门、监察部门、反贪部门三家关系，克服存在于三家的客观弊端，使我国的廉政专门机构享有独立和权威的法律地位，已是时之所趋。那么，采取什么方式实现这一目的呢？

就目前情况而言，方式有两种。

1. 保留现有三机构，增设一个协调委员会，筹领全国的廉政工作。这一方式的好处有：（1）可在较短时间内收到调整效果；（2）可克服缺少枢纽机构、分工不清等弊端。但它也存在如下短处：（1）导致机构膨胀，工作程序繁琐，既不利于工作又有违我国政治体制改革"简化机构、提高效率"的目标原则。（2）导致现有三机构地位下降。委员会不回收权力则难于进行有效的协调、筹领，权力回收则使三机构陷于被动地位，工作丧失主动性。（3）未能消除存在于三机构本身的实质性弊端。（4）这一机构在国家机构体系中的法律地位很难确定。从长远角度综合权衡，这种方式并非治本之举。

2. 在将现有三机构合并的基础上，建立一个统一的独立的权威的国家监察机构，专门负责反腐案件查办及其他廉政事宜。当今世界各个廉政工作做得较好的国家和地区，其廉政机构设置均是这一模式，像瑞典1713年设立的监察专员机构、中国香港1973年成立的廉政公署和新加坡1952年成立的肃贪局等。发达国家和地区的廉政经验是值得吸取的。采用这种统一专门机构模式，有利于克服现"三司并立"而导致的种种弊端，并有利于营造改革时机，大刀阔斧地对一切不利于建立一个高效权威的反腐保廉机制的负面因素进行良性变革，有着极大的可行性和优越性，表现在以下几方面。

第一，这一改革的可行性有：（1）从全国来说，我国廉政体制改革的步伐已迈开。1993年全国纪检监察机关自上而下实行合署办公，这是体制改革的开始。同年底，中纪委、最高人民检察院、监察部建立了中央纪检、监察和检察三方联席例会制度，要求地方各级也建立这一制度。这一制度虽非将三方合并，但我国的廉政体制改革应该不会停步于此，从中可以看到纪检、监察和检察三个机关在反腐败斗争中高度合作的雏形。（2）从地方来说，反贪部门相对独立，纪检部门和监察部门的设立则因地而异，有的地方是两部门合署为一，有的则是部分领导合署，机关分开。由于我国反腐保廉体制建设还在探索阶段，国家允许由一些条件比较成熟的地方，比如深圳等经济特区，根据本地实际进行探索。这些地方可以先走一步，根据宪法和行政法的规定，试行改革。

第二，简化机构，减少程序，集中权力，提高效率，有利于形成一股反腐保廉的强大力量，通过立法、惩处、督查和受理举报来防止和消灭因滥用权力而引起的腐败、渎职失职行为，使政权清正廉明、勤勉为民，从而保持社会稳定，保障社会主义现代化建设事业的顺利进行。

第三，有利于强化廉政法律手段，树立廉政机构的权威，在社会上形成强大的廉政震慑力。世界各国和地区廉政机构都拥有很大的反腐权力。瑞典监察专员有权受理一切控告国家机关和企事业及其工作人员的申诉案件，拥有进行调查、视察、批评、建议和提起公诉的权力；香港廉署则拥有比警署还大的调查权、起诉权、搜查权和拘捕权等权力，并且可以使用手铐和枪械。目前，考察几个廉政机关所拥有的权限，除反贪部门拥有法律监督手段外，纪检部门、监察部门由于是处理人民内部矛盾的机构，拥有的权力有限，对于违纪分子，除了"一张嘴、一根笔和两条腿"之外，不享有"准司法权"，很多工作的开展依赖于人事、组织、审计、公安等其他部门，查处无力，办案低效，从而影响到全局性的廉政工作。设立一个统一的廉政专门机构，则可以通过进一步相应的立法，赋予其必要的搜查、调查、移送起诉以及政令监督中的质询权和中止不当指示权等权力。当然，赋予新设的廉政专门机构以上述权力是不符我国现行宪法和有关法律的，所以，在全国人大修改宪法、作出授权立法之前，通过一个临时特别立法，要求公、检、法和有关的行政机关必须充分及时协助监察委员会执行公务，拒绝协助或协助不力者视为违法，这同样能确保监察委员会拥有强大的法律手段。

第四，有利于对廉政监督对象作出合理的法律界定，克服现状"有的事多方插手、有些事无人过问"的弊端。原来三机构的职能分工是根据监督对象的身份或贪污贿赂性质严重程度来划分的，这种划分导致出现"廉政空白带"和"廉政交叉带"。新设立的廉政机构，由于是由纪检部门、监察部门、反贪部门三家依法有机成立的，所以，它可以依法对一切与国家权力运行系统有关的涉及贪污、贿赂的人员进行廉政监督。这些人员包括：违纪党员；违纪干部；违法的党员、干部；其他涉及贪污、贿赂行为的人员。

当然，由于第二种方式是对现行廉政构架的再建，牵涉面广，这一改革的深入，会导致修改宪法的结果，这种方式的实行必然会遇到种种的阻力。但是，与第一种方式相比，它有利于从根本上克服消除现存弊端，有利于建立一个强大的权威的廉政专门机制，所以，对现行廉政机构进行改革，这种方式是可取和可行的。

如果采用这一方式，那么，还有下列几个问题应予高度注意并进行深入反复的探讨。

1. 国家监察机构来源何处向谁负责，受谁领导和监督。一般来说，廉政机构设置于国家最高权力机关之下。我国宪法第五十七条规定："全国人民代表大会及其常务委员会是最高国家权力机关。"宪法序言又明确指出："中国各族人民将继续在中国共产党领导下不断完善社会主义的各项制度，发展社会主义民主，健全社会主义法制……"国家根本大法以不同形式确认了中国共产党和人民代表大会在国家生活中的最高领导地位，是我国的最高领导力量。所以，为确保其享有较高法律地位和充分行使职能，新设的廉政专门机构应当向人大和党的领导机关共同负责，受其领导和监督。虽然这一提法与依据某些理论而推论产生的"党管党、政管政、党政严格分开"的主张不符，但应当看到，根据我国政治体制现状和实际提出的，监察委员会向党委和人大负责的方式，有利于充分发挥其作为廉政专门机构的职能，有利于对全体的党政干部（包括人大系统的、政府部门的）进行有效的廉政监督和制约。至于党委与人大如何协调的问题，不是三言两语可说清的，需要再进行深入反复的讨论。但必须明确的一点是，新机构要接受党中央领导，对党中央负责。

2. 国家监察机构的硬件配备。随着科技和经济的进步，违法违纪者的作案手段越来越高明。在这种情况下，廉政专门机构需配备先进的交通工具、通信设施和其他办案设施，以及统一制服等形象设计。除此之外，其能否拥有自己的枪械、手铐等装备，也是值得研究的。

3. 国家监察机构如何接受监督。拥有较大法定权力的廉政专门机构应当接受有效监督、制约，否则也有出现滥用权力的可能。应当如何通过内部、外部制约来防止其滥用权力，这也是值得研究的。

4. 如何使国家监察机构工作人员免受非法报复。即如何用法律手段来保护廉政工作人员的合法权益免受腐败分子及其相关人非法打击报复的问题。

三　制定既配套又完备的反腐败国家立法

国家反腐败立法是国家监察体制的另一大要素。反对腐败和加强廉政建设，从根本上讲，必须依靠法制，建立法治机制。这就要求制定既配套又完备的国家反腐败立法。根据我国的实际，这里的"法律"是广义上的，包括党、人大和政府制定的有关政策、法律、法规和规章。

从建立新的统一的国家监察体制角度看，应依法进行改革并通过立法，将改革的结果以法律形式确认。从法律建设的角度看，应该以长远角度设计和建立规范党政机关及其工作人员行为的法律制度，铲除腐败可能滋生的温床。廉政专门法律和专门机构密切相联，国家监察体制正是建立在这两大块密切相联的基石上的。

我国的廉政法律建设工作，从无到有，已取得了巨大的成绩，既有全国性的廉政政策、法律、法规，也有由地方制定的加强廉政建设、清除腐败的规章、制度。从新中国成立初期的《惩治贪污条例》，到1979年的《刑法》开始规定贪污等罪名，以及后来的《关于严惩严重破坏经济犯罪的决定》《关于贪污、贿赂罪的补充规定》《国家行政机关工作人员贪污贿赂行政处分暂行规定》《行政监察条例》《违反财政法规处罚的暂行规定》，以及党纪处分的政策、规定。各地也对公务人员因公临时出国、严格控制宴请活动和送礼收礼、住房用车买卖股票等问题作出规定，这些规定因时而异，数量繁多。全国性的法律、法规、政策和地方性的规章、制度紧密配合，成为反腐保廉工作的法律性依据，对保证我国公职人员总体上的廉洁，密切党和政府与人民群众的关系发挥着重大作用，而且也为进一步加强和完善我国的反腐败国家立法奠定了基础。

但是，从宏观方面评价，我国的廉政法律还没达到既配套又完备的程度，未能充分地适应廉政工作的需要，表现在以下几方面。

第一，有的廉政法律应急性、阶段性强，缺少超前意识。相当一部分的廉政政策、规定，是"水来土掩"型和"事后堵窟窿"型，缺乏预先防范型立法，仅适用于一事或一时。

第二，原则性规定较多，可操作性差，不利于执行。现行一些廉政规定，政策内容不具体、不明确，不利于在实际工作中执行。比如有的《规定》《通知》设有许多"严禁……""不允许……"等禁止性规定，却较少有法律后果的设定，对于违反者如何处理不得而知。

第三，缺乏较为完善的行政程序法。各部门已纷纷制定工作制度，推行"两公开、一监督"。但是，对于各党政机关行政行为的步骤、形式、顺序和时间等内容进行规范性规定的行政程序法尚未制定，"自由裁量权"运用方面，有时存在超过合法性和适度性原则的情况。

第四，规范公务员管理的法律亟须进一步加强。我国已在全国范围内实行公务员制度，非政府部门的国家机关也拟照公务员实行初步规范化管理，但有关这方面的法律建设还需加强。

第五，缺少一个廉政总法。这是由目前纪检部门、监察部门、反贪部门三轨并存局面决定的。如果实行建立一个权威统一的国家监察体制，则找不到一个与之相适应的法律。所以，我国的反腐败国家立法需进一步加强，使之既配套又完备。在现有廉政立法成果之上，建立起一系列既配套又完备的廉政法律——监察法，是非常迫切需要的。

应当如何进一步推动我国的反腐败国家立法呢？

第一，正确树立立法思想。立法思想即立法的指导思想。根据我国的实际情况，进一步完善反腐败国家立法建设的指导思想要点应包括：（1）遵守现行宪法和法律；（2）立法务求完备，把惩治型立法和预防型立法两方面有机统一起来；（3）立法务必配套、详尽，易于执行实施。

第二，合理安排立法步骤。立法步骤指的是立法的先后次序。一系列配套、完备的廉政专门法律的制定不可能一蹴而就。廉政立法的步骤应分为：（1）就目前而言，侧重于制定追惩型法律，即立法重点放在制定用来严惩已发生的滥用权力行为的政策、法规和规章上；（2）就长远考虑，在追惩型法律出台生效后，应及早致力于预防型法律的制定，即在滥用权力行为尚未发生时，立法对相应的行为主体——党政机关干部设定一定的前置义务，防腐于未然；（3）如果进行国家监察体制改革，则当务之急是制定一个全国性的廉政监督总法，确保新机构能够依法高效行使廉政监督职能。

第三，全面把握立法内容。我国尚需制定、完善的廉政法律应当主要包括：（1）《监察法》作为统率全国廉政建设工作的法律，对我国廉政建设的概念范围、基本原则、目标、内容，廉政机构及其职责权限，违反廉政法律的法律责任等问题，作出明确规定；（2）规范党政机关及其工作人员公务行为的法律、法规，即基本适用各党政机关的统一的行政程序法；（3）规范公职人员日常行为的规范体系，用法律形式规定公职人员日常行为中，哪些事允许做，哪些事不允许做,从而把廉政的各种要求化作公职人员的日常生活准则;(4)《举报条例》。对公民行使举报权利的范围、方式、程序等作出规定的廉政法律。

四 与国家监察机制建设密切相关的其他几个问题

发达的、卓有成效的国家监察体制是全社会反腐保廉机制建设的主导力量。在从机构建设和法律建设两方面完备这一廉政主导机制的同时,还需解决好若干个与之密切相关的问题,才能使之在良好的外部因素下,充分、高效地发挥廉政职能,实现我国廉政机制防腐、治腐、监政和稳定社会的综合功能。这几个问题是:

1. 加强廉政思想教育工作,构建公职人员正确的社会价值体系。没有深厚的道德伦理基础和系统协调的社会价值体系,廉政建设便失去其坚实的基石。拜金主义、享乐主义和极端个人主义在一部分党员干部中滋长,是腐败现象得以蔓延的一个重要原因。所以,应持之以恒地加强社会伦理道德教育,贯彻"全心全意为人民服务"的号召,弘扬民族传统文化的精华,提倡爱国、爱民、守法、勤勉、节俭等良好的社会风尚,在党员和干部中树立以廉政勤政为荣、腐化滥权为耻的思想,从思想上防止贪污、渎职失职行为的出现。

2. 加强廉政舆论监督工作的建设。舆论监督是运用报刊、电视、广播等舆论工具揭露贪污腐败行为的一种有效手段。加强廉政舆论监督应当从两方面着手:一方面,完善舆论监督方面的法规建设,使舆论工具能依法对党政机关及其人员进行有效的廉政监督,使之能依法对各种腐败和非法行为进行调查、揭露和曝光;另一方面,强化廉政专门机构的专门宣传工作,及时报道廉政工作的动态,宣传党、人大和政府的有关廉政措施,培养全社会反腐保廉的法律意识。这两方面有机结合,必将形成一个理直气壮的反腐败的社会环境。

3. 提高党政机关人员的工薪,适薪养廉。随着时代的发展,我国应在传统所提倡的"以德养廉"制度的基础上，逐步建立"适薪养廉"的制度，即应当在财力许可的范围内，逐步提高党政人员的工资待遇，增加其职业荣誉感和自豪感，减少党政机关人员与从事工商业、金融证券业、房地产业者的工薪悬殊，以安定党政人员的心理，使之避免"因贫而贪"，在物质诱惑面前自觉抵制。在基本实现高薪养廉制的同时，严格执行相关重大事项申报制度，有利于堵塞公务人员的"隐形收入"渠道，从根本上防止公务人员滥用权力来获取不正当所得。

（本章原文发表在《中国法学》1995年第4期，原题《廉政专门机制建设初探》，被中国人民大学《报刊复印资料》全文转载，选入本书时略有改动。）

第二章 《行政监察法》的立法缺陷与完善

《行政监察法》的颁布实施，在我国监察法律制度史上建立起一座丰碑。该法对我国监察工作的有关问题作出了比较全面、具体的规定，为监察工作提供了较为坚实的法律保障，"是监察机关正确行使职权的有力武器，也是监察机关依法履行职责的法律保障和行为准则"[①]。显然，立法者追求的理想是切实"加强监察工作"。但是，由于解放后监察工作一波三折等多种客观原因，监察工作在我国不同地区、不同部门开展的深度和广度有所不同，呈现出不平衡的发展态势。监察理论研究虽然也在早期水平上不断深入，但仍还存在很大的研究空间。在实际工作发展不平衡和理论研究有待进一步深入的背景下，作为调整、规范全国监察工作立法的《行政监察法》，对监察工作一些基本问题的规定，也与监察工作的实际存在不同程度的冲突，影响了立法者追求的立法理想的充分实现，在一定程度上影响了监察职能的充分发挥。因此，在《行政监察法》实施细则出台之前，有必要结合我国监察工作的实际，对《行政监察法》及监察工作的有关问题进行认真的探究。

[①] 曹庆泽：《〈中华人民共和国行政监察法〉释义序》，见《〈中华人民共和国行政监察法〉释义》，中国方正出版社1997年版，第2页。

一　关于本法的名称

"一个法的名称是否科学，是衡量立法者在这个法的立法工作中是否获得成功的一个标准。"① 从形式上看，《行政监察法》的名称无疑是合乎技术要求的。但是，一个法的名称除了要求形式规范之外，在文字表述上，也应当贴切地反映该法所调整的工作的面貌。监察作为国家管理的一项制度，由来已久。在中国古代，国家管理系统中诸权混合，并没有"行政监察"之说。解放后 1959 年国家监察部被撤销时，监察领域也没有出现"行政监察"的提法。"行政监察"一词在 1986 年年底我国重建国家监察部、恢复我国的监察体制后被提出来并广为使用。尤其是在 1990 年国务院将当时制定的有关监察工作的专门法规命名为《行政监察条例》之后，该词组更是成为法律词语。那么，是否这一提法就必然地要为全国人大在为监察工作立法时所使用呢？换句话说，是否一定要把调整监察工作的法律命名为"行政监察法"呢？笔者认为，这个问题有值得商榷之处。

第一，"行政监察"一词中"行政"两字所起的限定作用不大。在"行政监察"词组中，"行政"一词所起的作用无非两种，或是表明监察权的主体归属，或是限定监察权的客体范围。第一种情况，如果用来表明监察权的主体归属，那么这一添加意义不大。且不论监察权以后的执行主体有可能变更逸出行政系统的情形，就是在监察权的行使主体恒定为有关行政机关的情况下，也没必要在"监察"之前辅以"行政"一词。在 1998 年 3 月国务院机构改革后列入国务院组成部门序列的其他 28 个机构的名称及相关立法中，"行政XX"的表述形式并不多见，比如负责审计工作的机构和立法并未命名为"行政审计署"和"行政审计法"，因为这些权力主体目前的行政归属是不言而喻的。为表明监察权的行政归属而在"监察"前面添加"行政"

---

① 周旺生：《立法论》，北京大学出版社 1994 年版，第 572 页。

一词，有画蛇添足之嫌。第二种情况，如果是用来限定监察权的客体范围，即监察权的行使必须在行政系统之内，那么，这种限制同样存在可指摘之处，因为监察权的客体范围并非永恒不变的。新中国成立以来监察制度存续期间，监察权的客体范围一直处在变化之中。[①] 目前我国监察体制仅仅恢复13年，很多问题还处于探讨、完善阶段[②]，监察权客体范围问题也是如此。把监察权的客体范围规定在行政系统之内，只能是监察工作在现阶段演变的结果。随着地方机构改革的进行和社会上"公务私化"、行政委托行为越来越多地出现，以及监察机关在纠风、处理重大社会事件等方面工作的深入，非传统意义上的行政主体行使行政权力的现象越来越多，监察权客体范围及于行政系统之外的可能性和必要性越来越大。因此，以"行政"一词限定监察工作客体范围，虽然在目前从某种程度上可以达致控制监察权行使空间的效果，却忽视了当今社会处于转型时期的实际，在立法上排除了监察机关因应客观需要而对更大客体范围行使监察权的可能性。

第二，"行政监察"的提法与宪法和宪法性文件的相关措辞不一致，也与汉语的习惯表述方式不一致。虽然在1986年11月国务院《关于提请设立中华人民共和国监察部的议案》和同年12月全国人大常委《关于设立中华人民共和国监察部的决定》、1990年《行政监察条例》及有关规范性文件中出现了"行政监察"的表述方式，但在法律效力更高的立法和其他规范性文件以及在更多的场合，表述监察工作的用语是"监察"而非"行政监察"。现行《宪法》第八十九条第8款规定，第一百零七条以及《地方各级人民代表大会和地方各级人民政府组织法》第五十九条第五项等条文，在对国务院和县级以上

[①] 1949年《共同纲领》和1950年《政务院人民监察委员会试行组织条例》规定的是"各级国家机关和各种公务人员"；1955年《监察部组织简则》规定的是"国务院各部门、地方各级行政机关、国营企业、公私合营企业、合作社"；1990年《行政监察条例》规定的则是"国家行政机关及其工作人员和国家行政机关任命的其他人员"。

[②] 因此，立法者已经注意在《行政监察法》的有关规定中留下余地。比如目前国务院主管监察工作的机构是监察部，但《行政监察法》第七条在规定主管全国监察工作的机构时，并没有直接用"监察部"的措辞，为以后可能进行的改革留下余地。

地方各级人民政府的监察工作作出规定时,用的是"监察"一词,并没有使用"行政监察"的表述方式。国务院主管全国监察工作的部门的名称是"监察部",而非"行政监察部"。之所以在国家根本大法和更多时候使用"监察"而非"行政监察",是因为在汉语中,一直以来用来表述监察工作的习惯用语是"监察"而非"行政监察"。因此,有关权威辞书在收录与监察工作有关的条目时,鲜用"行政监察"一词。比如《辞源》①和《现代汉语词典》②都直接用"监察"一词,《辞海》③则用"监察工作"一词。笔者认为,《行政监察法》既然是根据宪法而制定,就应当在立法中做到与宪法的表述保持一致,这样既是对国家根本大法的尊重,也符合汉语的表达方式。

第三,在立法中使用"行政监察"一词,是对目前不规范使用"监察"一词现象的退让与妥协。随着社会生活中各种监督职能的加强,目前在有关国家机关中多有以"监察"一词命名的工作或部门。1989年8月最高人民法院下发《人民法院监察工作暂行规定》,在法院系统内部设立监察部门。在行政系统中较为早见的是"劳动监察"④。之后,又相继出现了"城管监察""经济监察""水上安全监察""希望工程全国监察委员会""电脑网络安全监察"等,似乎一切与监督沾边的事情都可以用这个词来表明家世,使"监察"一词在宪法含义之外多出了逻辑外延,法律内涵被严重模糊。在《行政监察法》立法过程中,立法者似乎对这一情况已有所察觉,因此在法律文本的标题上冠以"行政监察"的提法,而在正文中一律使用"监察"一词,这种做法虽然可以暂时回避与有关法规、文件在用词上存在的矛盾,但无疑是对有关部门背离宪法含义、不规范使用"监察"

---

① 《辞源》,商务印书馆1980年8月修订第一版,第2191页。
② 《现代汉语词典》,商务印书馆1997年重印版,第614页。
③ 《辞海》,上海辞书出版社1989年版缩印本,第1903页。
④ 1993年8月4日劳动部《劳动监察规定》第三条:"由劳动行政主管部门对单位和劳动者遵守劳动法律、法规、规章情况进行检查并对违法行为予以处罚"。

一词做法的妥协与认同。最高法律效力的实体规定退让于较低层次的程序失误，诚不可取。

综上所述，笔者认为，可以考虑在适当时候恢复《行政监察法》的本来名称——《监察法》，并采取措施消除目前社会上不规范使用"监察"一词的现象，为"加强监察工作"奠定最起码的基础。事实上，把《行政监察法》改名为《监察法》，不会改变目前监察工作格局结果的发生，相反，它可以为探索完善我国的监察体制留下必要的余地。

二　关于本法的立法目的

立法目的是指立法者希望通过所立的法来获得的结果。《行政监察法》在第一条规定了本法的立法目的："为了加强监察工作，保证政令畅通，维护行政纪律，促进廉政建设，改善行政管理，提高行政效能，根据宪法，制定本法。"在本条规定中，"加强监察工作"是《行政监察法》总的立法目的，后五项是立法者对总立法目的的细化。笔者认为，本条规定也有可改进之处。

首先，从法条的外在形式上看，本条的用词、搭配值得推敲。其一，"保证政令畅通，维护行政纪律，促进廉政建设，改善行政管理，提高行政效能"5个词组中有些词组语义互有交叉，比如"保证政令畅通，维护行政纪律"是"改善行政管理"的必然措施，不宜平列使用。其二，"政令""廉政""廉政建设"等词，虽然目前在行政学和行政法学领域广泛使用，但属于政治学或法学范畴的概念，含义有多种解释，不是规范的法律用语，在法律未作出明确解释之前，不宜在立法中直接使用。其三，"保证政令畅通，维护行政纪律，促进廉政建设，改善行政管理，提高行政效能"5个6字词组连续使用的表述方式在立法中并不多见，虽然在句型上能产生犹如骈文般的美感，但终究显得比较平板，而且读起来较为急促，不便于诵记。

其次，从法条的实质内容上看，本条把"改善行政管理"列为监察工作的基本任务之一，与我国目前的行政管理体制以及监察机关履行职能的实际情况有所脱离。表现在两方面：一是与监察机关实际履行的传统职责有所脱离。1986年12月监察体制恢复以来，监察机关在5方面履行职责：抓领导干部的廉洁自律；查处违法违纪案件，清除腐败分子；纠正行业不正之风，抓好专项治理；加强执法监察，保证政令畅通；强化对权力行使的监督制约，促进依法行政。这是1995年时任监察部长的曹庆泽同志在北京召开的第二届国际反贪污大会上发言时所做的概括。① 尽管时隔5年，这一概括用来说明现在监察机关履行职责的情况也是很贴切的。这5项工作直接促进的是行政系统的廉洁、高效，并不是直接改善了行政管理。"改善行政管理"作为一项系统很强的工作，必然涉及各个不同行政部门的具体业务内容，主要依靠各个行政部门的自身行为得以实现，监察部门在其中所起的作用是间接的、有限度的。监察机关对于本系统之外的"改善行政管理"所起的作用，最大限度也只是一种间接促进。我们可以举这样一个例子来说明问题，假设监察机关在工作中发现税务系统存在某一管理上的漏洞，监察机关不可能直接自行把这一漏洞堵住，而是将情况送达税务机关，督促其加以改善。二是与监察机关的现有职权有所脱离。《行政监察法》赋予监察机关检查、调查、建议和处分决定等权力，虽然监察机关依法可以对违纪的监察对象进行处分并要求有关行政管理部门履行相应的法律义务，但一般情况下，监察机关不能也不应当可能直接干预有关行政管理部门的"人、财、物"的配置状况，而这些配置状况与"改善行政管理"有着莫大的干系。所以，虽然监察工作目前作为我国行政管理工作的一个组成部分与"改善行政管理"有着必然的联系，但并非直接的必然联系。这个观点从逻辑学的角度说或许更有助于我们理解——开展监察工作只是改善行政管理的"必要条件"，而非"充分条件"。因此，把"改善行

---

① 曹庆泽：《中国行政监察机关及其反腐败斗争》，载《反贪污与社会的稳定和发展》，红旗出版社1996年版，第393—394页。

政管理"作为《行政监察法》立法目的之一，使"改善行政管理"成为监察机关的一项基本任务，可能产生混淆改善行政管理责任的不良后果。

最后，顺便指出的一点是，本条规定直陈"维护行政纪律"，无形中把当前监察机关面临的实体法严重缺失的矛盾表面化。究竟监察机关维护的行政纪律指的是什么实体规范？哪些规范属于此处所称的"行政纪律"？哪些行政机关、企事业单位制定的规章制度属于行政纪律的范畴？不同级别的监察机关如何选择由不同制定主体制定、效力层级各不相同的实体规范呢？这些问题由来已久，目前仍然没有得到较好的回答。

那么，监察法应当确立什么样的立法目的呢？这一问题的答案涉及监察机关的性质、监察对象范围等多方面因素，这些因素目前也存在进一步探讨的必要，笔者不敢妄自建言。但有一点应当看到的是，监察权的设立本源于人们对"廉洁、高效"的国家管理系统的追求。立法目的应当与设立监察权的目的有某种紧密联系。1986年12月国务院《关于设立中华人民共和国监察部议案的说明》指出"为保证国家机关工作人员清正廉明的工作，我国政府系统迫切需要设立监察机关"。可见，我国恢复设立监察权的目的在于"保证国家机关工作人员的清正廉明"，促进国家管理机关的"廉洁、高效"。作为我国监察工作"根本大法"的监察法的立法目的也应当充分考虑到这一点，在实质内容规定上，应当与廉政、勤政建设密切相关，并在行文上力求用词简练，毋使用多义或容易引起歧义的词语。赋予监察机关的基本任务的内容不一定在这里表述，如果要表述，则既要充分考虑监察机关的现状，又要为监察机关日后的发展留下余地。

三 关于监察机关的性质

我国的监察机关究竟是什么性质的部门？它在我国的社会政治生活中究竟发挥什么样的作用？这两个看似简单却关系到监察工作立身

第二章 《行政监察法》的立法缺陷与完善

之本的问题其实至今未见明确答案。虽然宪法对监察工作作出了明文规定，但由于新中国成立以来监察工作发展历程存在波折，人们对监察工作的本质缺乏深刻的理解。因此，有必要根据宪法，结合社会现实，对监察机关的工作性质作出明确的授权性解释，给监察机关以恰当的职能定位。《行政监察法》的相关规定见第二条："监察机关是人民政府行使监察职能的机关，依照本法对国家行政机关、国家公务员和国家行政机关任命的其他人员实施监察。"本条的前半部分是对监察机关性质的直接规定，这种表述方法是对1990年《行政监察条例》有关规定的继受。这一规定令人遗憾地没有很好地满足这种需求，没有对监察机关的本质作出回答；本条规定令人遗憾之处还在于没有对监察机关的"专门性"继续作出规定，使监察机关丧失了一种保障其职能履行的救济途径，使监察机关彻底沦为普通行政管理部门，从而在很大程度上使"加强监察工作"的立法目的落空。同时，本条规定忽视了监察机关与党的纪律检查部门普遍合署办公的社会现实，未能为我国探索完善监督体制留下必要的余地。

首先，用"监察"一词来阐述监察机关的性质未能揭示监察工作的本质。"本质"指的是一事物区别于其他事物的质的规定性。用"监察"一词来阐述监察机关的性质，似乎是我们历来的传统。① 这种规定方式并未能充分而有效地揭示监察工作区别于其他工作的质的规定性，表明监察工作在社会生活中的不可替代性。在目前"监察"一词在"宪法含义"之外又多出了逻辑外延，法律内涵被严重模糊，已在社会上造成了较为广泛的词义理解偏差的情况下，不良后果是十分显明的：对监察机关来说，虽然它们也能日复一日地开展工作，但由于对自身工作的本质缺乏深层次的理解，只能是贯彻执行上级指示部署或是循旧例而为之，难以在国家管理系统中准确定位，难以根据对法条的深刻理解因时制宜地、创造性地开展工作；对于广大公民甚

---

① 除现在的《行政监察法》有这样的做法外，还可以进一步举出例子：1986年11月国务院《设立国家行政监察机关的方案》、1990年12月《行政监察条例》都有类似的表述。

至是广大监察对象来说，对监察机关的了解，大多停留在"监察机关就是干监察工作的机关"这一简单层面上，如果进一步问到"监察工作又是什么工作呢"，绝大部分群众回答不了。在这两种情况之下，监察工作又怎能深入有效地开展，为国家、社会的发展作出应有的贡献呢？或许可以这样认为，只要了解了监察机关的工作对象和履行职责的两种主要方式，对监察机关的性质就会有较深入的了解。但是，对广大公民来说，这算得是较高层次的要求了。法律作为向公众颁布的国家意志应当明白晓畅，直触本质，焉能仅仅"以 A 释 A"而已？

其次，本条没有继续规定监察机关的"专门性"，使监察成为政府的一项普通职能，势必削弱监察权行使的效果。在古代中国或当今国外许多国家，"监察"是国家的一项重要政治制度，监察工作与其他国家管理行为也迥然不同。西方多数国家的监察权由国家最高权力机关的专门委员会行使。孙中山先生把"监察权"列为国家五种最主要权力之一。在我国现行监察体制中，由于历史和现实的原因，监察机关处于与被监督部门同等的地位，监察机关对同级行政部门及有关人员的监督存在较大困难。这样，规定监察机关的"专门化"，就成为一种相对的、保障监察机关能最大限度地履行监督职能的救济方式。1986 年 12 月我国恢复监察体制时国务院在《关于设立中华人民共和国监察部议案的说明》中把监察机构定位为"专司监察职能"的机构，突出了监察机构的专门性。1990 年的《行政监察条例》对此有进一步发展，规定监察机关是"人民政府行使监察职能的专门机构"，为监察机关提供了一种相对的救济。那么，目前我国监察机关是否就不需要这种救济了呢？答案是否定的。在其他行政权日益膨胀、监察机关与其他被监督部门仍然处于同等地位、监察机关的存在和发展直接被监督机关制约的情况下①，规定监察机关的"专门性"是非常必要的。通过法律规定突出监察机关作为专门机构的性质，体现了对监察工作较为关注、重视的立法取向，可以在某种意义上保障

---

① 比如，监察机关的经费、干部任职问题很大程度上取决于同级财政、人事部门。

监察机关最大限度地发挥监督作用。但《行政监察法》没有继受、发展有关规定，突出监察机关作为政府专设的廉政监督机构的本质，而是取消了关于监察机关"专门性"的规定，无形中把监察机关定位为履行监察职能的一般行政机关，从而使监察机关丧失了一种保障其职能履行的救济途径，诚为可惜。

最后，取消"专门性"规定没能为我国探索完善监督体制留下必要的余地。社会的发展和进步呼唤一个更加合理的监督体制。在目前我国的监督体制中，监督主体呈多元化态势，由于各个监督主体开展工作的依据、方式互不相同，各种各样的监督很难形成有效的监督合力，在极端的情况下还可能出现各监督力量相互抵消的情况。因此，这种体制存在进一步探索完善的必要。参照新加坡、中国香港等地廉政、监督工作获得成功的一条重要经验，就是成立了专门的、统一的监督机构。因此，有的同志认为，我国应当进行建设专门监督机构的改革。笔者也曾经在4年前提出了建设廉政专门机制的主张[1]，那么，究竟我国应当确立什么样的监督体制呢？1993年全国纪检监察机关自上而下实行合署办公。同年底，中央纪委、最高人民检察院、监察部建立了三方联席例会制度，从中可以看出三个机关在廉政监督工作中高度合作的雏形。现在看来，断定这种合作的雏形就是我国监督体制的明天也许为时过早。但不管答案是什么，我们必须首先看到两个事实：一是宪法规定各级人民代表大会是国家权力行使的监督机关，但这种最高监督权目前行使和发挥作用的广度和深度都比较有限，这种状况短期难以改变；二是在反腐败斗争和廉政建设中，纪检、监察机关和其他部门一起，在反腐败前线冲锋陷阵，担负着更为具体的监督职能，其中，纪委是领导协调部门。因此，基于这两个事实，从目前我国的实际出发，在进一步完善我国的监督体制时，可以考虑把纪委确立为监督体制的主导力量。应该说，这种考虑在目前是行之有效而且符合国情的。但是，在"依法治国"及相应的"依法治贪"等

---

[1] 参见姚文胜《廉政专门机制建设初探》，《中国法学》1995年第4期。

理念提出来之后，以党的纪律检查部门直接协调和领导国家的反腐败和廉政建设的做法，又面临来自实践和理论双方面的挑战。在这种情况下，考虑到全国纪检监察基本实现合署办公的实际，突出监察机关的"专门性"，把监察机关合理合法地推到廉政监督和反腐败斗争的前台，通过加强监察机关建设来实现加强纪委工作的目的，从而有效回避廉政监督实践与有关理论存在的这种矛盾，在理论和实践上都能消除完善监督体制建设所面临的障碍。对个别没有与纪委合署办公的监察机关而言，比如深圳市的监察机关，规定监察机关的"专门性"，同样有利于其在建设专业化的政府监督体制的道路上继续探索前进。

  那么，究竟应该如何对监察机关的性质作出恰如其分的规定呢？这的确既是一个理论上的难题，也存在极大的实践困难。笔者以上探讨，无非是想把问题提出来，至于答案，还是应当由立法者结合我国行政监督理论和监察工作的实际以及我国社会发展的进程来得出。但在回答这个问题时，有一个观点应当成为共识，那就是——监察作为一项有着特殊职能的工作，是不会从国家管理系统中消失的。在目前政府系统尚有审计机关、政府办公厅（局）等部门共同负责廉政监督及政府机关作风建设的情况下，直言监察机关是"负责反腐保廉事务的专门机关"或许为时尚早，但这可以列为改革的一种方向。

  在目前我国廉政主体多元化的情况下，有的同志提出"必须要有一种形式作为主干（或者说中心环节），而其他监督形式则通过与这一主干的联系和配合来发挥作用。而这一主干性，只有行政监察才具有充分的条件"[①]。因此，把监察机关定位为"负责反腐保廉事务的专门机关"并非信口开河。与其他工作机构相比，监察机关作为监督工作的主干机构有着更为明显的优势：一是监察机关扮演廉政专门监督机构角色在我国已有着 2000 多年的历史，深入人心，容易为大众接受。这是任何一个机构所不能拥有的优势。二是监察机关身处行政

---

① 关文发、于波：《中国监察制度研究》，中国社会科学出版社 1998 年版，第 441 页。

系统之中、具有十几年专业监督经验,对行政权运行中的廉政监督问题有较为深刻的认识。三是监察权是一种完整的监督权,既包括了前期的检查、调查权,也包括了后期的独立处分权,既可以开展事前、事中监督,也可以进行事后追惩,能够独立完成监督流程。这是审计机关所没有的优势。四是监察权是一种相对中性的监督权,既能起到切实的监督作用,防止权力被滥用,又能够有效地防止各种矛盾因素激化。这是检察机关所没有的优势。当然,如果涉及追究刑事责任,则需加强与检察机关的配合。五是监察机关与党的纪律检查部门普遍实现了合署办公。换个角度看,目前的监察机关实际上就是纪委。因此,确立监察机关在监督工作中的主干地位符合党的十五大提出的反腐败斗争要坚持"纪委协调"的精神。

四 关于监察对象范围

监察对象,是指监察机关依法监督的组织和人员。《行政监察法》第二条将监察对象规定为"国家行政机关、国家公务员和国家行政机关任命的其他人员"。从这一规定可以看出,《行政监察法》是以"身份标准"为划分监察对象范围的依据。所谓"身份标准"的表现在,纳入监察对象范围的组织和个人必须具备某种身份特征:对组织而言,必须有"国家行政机关"的身份;对个人来说,必须有"国家公务员"的身份或是获得行政任命。《共同纲领》《政务院人民监察委员会试行组织条例》《监察部组织简则》《行政监察条例》规定监察对象尽管具体范围有所不同,但都带有明显的"身份标准"的色彩。可以说,"身份标准"是我国划分监察对象范围的传统标准。如果说,"身份标准"在我国监察法制建设史上曾经较好地满足了不同时期监察机关在划分监察对象实践上的需要,那么,在目前情况下,随着社会发展车轮的滚滚向前,这一传统标准与监察实践存在的冲突越来越明显,其不足之处不能不引起我们的高度关切。

第一,在理论上,以"身份标准"作为确定监察对象范围依据有违宪法设立监察权的初衷。毋庸置疑，宪法授权国务院开展监察工作，是为了保障行政权能够廉洁、高效运作。那么，监察机关就应当对整个行政权运行过程是否廉洁高效的情况进行检查督促。因此，确定监察机关监察对象范围的依据应当是"是否履行行政职权"，而不是是否具备某种"身份"。"身份标准"虽然在过去相当长的一个时期里基本上可以囊括因行使行政权力而需要接受监察机关监督的组织和个人，因为当时只有具备相应身份特征的组织和个人才能行使行政职权，不具备相应身份特征而行使行政权力的组织和个人很少见。但是，随着社会的发展，尤其实行市场经济以后，出现了国家与社会的分化，国家直接管理的领域有所收缩，社会管理领域有所扩大，伴随着"公务私化"、机构改革、国有资产授权经营，出现了大量的行政委托、行政授权行为，使越来越多的不具备前述身份特征的组织和个人可以行使行政权力或"准行政权力"。在这种情况下，"身份标准"并不能涵括所有行使行政职权的组织和个人。如果继续坚持这一标准，那么，监察机关只能对行使行政职权的组织和个人中的一部而非全部进行监督，难以对那些没有相应"身份"特征但实际行使行政权力的组织和人员进行监督，使大量实际行使行政职权的组织和人员逃逸于监察机关的监督之外，部分行政权力处于免受外部监督的状态，势必妨碍行政权的良性行使，对社会的发展造成不良影响。否则，将有违"依法监察"的原则。这两种情况出现，显然与宪法设立监察权的初衷有违。

第二，在实践中，"身份标准"使我国的廉政监督领域存在较大的空白带。一般情况下，事业单位、国有企业和其他实际行使行政权力或"准行政权力"组织的负责人或法人代表多数由行政机关任命产生，监察机关可以对之行使监察权，但是，根据《行政监察法》的规定，这些组织不属监察对象范围。因此，监察机关可以监督这些组织的负责人或法人代表，却不能监督这些人员赖以履行职责的单位载体，尽管目前单位违纪问题大量存在。新刑法对单位犯罪的问题作出了专门规定，但在执纪领域缺乏相应规定，监察机关难以依法对这些组织进行监督。同样，对于实际行使行政权力或"准行政权力"人员，由于缺乏"行政机关任命"的身份特征，监察机关不能对之行使监察权。这样，在我国廉政监督的链条上，缺少了一个重要的监督环节，也就是监察机关日常的监督。这就意味着，对于这些组织和个人，只有在其出现了比较严重、可能追究刑事责任的问题时，国家才能由检察机关对其行使法律监督权，虽然目前也有主管部门、审计部门等多个主体的监督，而且还有内部自律机制，但效果不佳。原因是：其一，从内部监督来说，由于受到其体制和专业性不强等因素所限，行业和部门自律机制的监督效力非常有限；其二，从外部监督来说，主管部门的监督有鞭长莫及之虞，检察机关监督作为法律监督手段一般伴随严重后果出现而行使，审计机关由于缺乏相应的处分权难以独立完成监督工作。伴随着1998年国务院机构改革，我国向各国有大中型企业派出了特派稽核员。这一举措目前看来效果不错。但是，特派稽核员制度也存在一些问题，比如管理问题、受监督问题、全国范围内机构设置问题和与监察、审计等部门的关系协调问题，都悬而未决。在更多时候，它们并没有得到真正有效的监督。这种局面已经存在和潜在的负面后果是相当严重的。

以"身份标准"划分监察对象范围的做法在理论和实践上面临双重挑战。笔者认为，《行政监察法》在划分监察对象范围的标准上，可以考虑改变"身份标准"，确立新的标准——以"是否实际履行行政职权"为标准来划分监察对象范围，这一新标准笔者称为"契约标准"，实现"从身份到契约"的转变。提出这一建议的依据如下：

第一，"契约标准"具备坚实的法理基础。监察机关对国家行政机关、国家公务员和国家行政机关任命的其他人员进行监督，本质原因不仅仅在于被监督者是"国家行政机关、国家公务员和国家行政机关任命的其他人员"，而在于他们与国家存在行政法上的契约关系，据此履行行政权力并应接受监督。事业单位①由国家机关举办，行使着行政权力或"准行政权力"②，与国家存在显明的行政法上的契约关系③。按照宪法的规定，经营管理国有资产是国务院的一项基本职能。通过授权经营协议，国有企业取得了经营管理权。因此，国有企业所行使的这种权力本质上也是一种行政权力，"我们的国有企业也是一种使用'公共财产'的机构"。④ 同样，事业单位和国有企业中的员工尽管不是由行政机关直接任命产生的，但其履行职责的根源还是在于行政授权的再授权，只要与私营机构员工的履职依据相比较，其性质就相当明显。正如有的学者指出的，"国有企业的经理们也是一种'政府官员'，而且在一些问题上是距离'钱和物'更近的官员；并且，国有企业的职工，无论是售货员还是司机还是装电话的，也都是使用国家财产工作的人"。⑤ 分析其他因行政授权、行政委托而取得行使行政职权的组织和个人的情况，也可见同样情况。可见，这些组织和个人虽然缺乏某种"名分"，但实际也与国家存在这种契约关系并应当接受监督。这一点，正是监察机关可以对这些组织和个人进行监督的本质原因，也是"契约标准"赖以存在的法理基础。审计部门对事业单位、国有企业进行审计监督，国务院向各大中型国有企业派出特派稽查员，法理依据也在于此。

第二，"契约标准"既符合宪法设立监察权的目的，也符合目前和未来我国政府监督工作的实际。目前我国社会处于转型时期，行政

---

① 事业单位的概念目前没有统一解释。根据1998年10月国务院《事业单位登记管理暂行条例》第二条规定，此处事业单位指的是国家为了社会公益事业目的，由国家机关或者其他组织利用国有资产举办的，从事教育、科技、文化、卫生等活动的社会服务组织。参见苏力等著《规制与发展——第三部门的法律环境》，浙江人民出版社1999年版，第94—95页。

② 参见张国庆《行政管理学概论》，北京大学出版社1998年版，第218页。

③ 以中国证监会为例，该会是事业单位，但其职责包括制定有关规章，起草有关法律法规，管理证券期货市场，监管证券、期货的上市和交易，并有行政处罚权。国家关于设立该会的决定就是一种行政法意义上的契约。实际上，这样的事业单位与行政机关并没有什么本质的区别。

④ 参见樊纲《走进风险的世界》，广东经济出版社1999年版，第85页。

⑤ 同上。

系统同样处于极不稳定的调整时期，一些旧的、原有的行政权力有可能通过调整以新的形态出现（比如下放给国有企业的国有资产经营管理权）。在这一过程中，我们不可能每调整、设立一种新的行政权力或准行政权力，就相应设立一种新的监督机构。这在理论上和实践上都是走不远的。那么，依靠现有的监督力量对已经或即将调整、设立的行政权力（不管它以什么形态出现）进行监督，应该是解决问题的最佳出路。在各种现有监督力量中，监察机关应该是比较合适的选择。正如笔者在本书第三部分结尾处论及的，监察机关监督与其他机关监督相比有明显的优势。我们可以通过协调、调整各种监督力量的彼此关系和各自履行职权的空间来保障监察机关走出目前监督效果不强的低谷，提高监察工作效率，切实发挥应有的监督作用（比如，寻求某种使监察机关与审计机关更为密切配合的途径等）。但是，在目前《行政监察法》规定的"身份标准"下，监察机关难以对行政权运作过程中的所有廉政监督问题进行监督，在大量缺乏相应"身份"特征但行使行政职权的组织和个人面前显得束手无策。确立"契约标准"，授权监察机关对行政权运行过程的廉洁问题进行监督，符合宪法设立监察权的目的，也可使监察机关走出机关内院，走向更为宽阔的社会空间，从而可以在刑事追究与部门自律之间建立起一个缓冲、过渡监督地带，是解决政府监督领域"瓶颈"问题的一个理想出路。如果担忧扩大监察对象范围而可能存在监督不足，导致新的权力腐败出现，我们完全可以参照国外境外的成功做法，通过切实强化对监察机关的内外部监督最大限度地消灭这种可能性。

第三，"契约标准"是经受了国内外监督实践和廉政立法的检验。香港廉政公署把所有与贪污有关的行为都列入监督范围，依据的是一种更为广泛意义上的"契约"，即全体社会成员都有维护社会廉洁的义务。因此，该公署的监督对象范围既包括政府机构、公营机构及其工作人员，也包括私营机构及其人员。在国外采用政府监察体制的国家中，比如埃及、日本和韩国等国家，划分监察对象范围的标准也倾向于"是否履行公务"。根据《关于重建行政监察署的1964年第54

号法令》第四条的规定，埃及把监察对象范围规定为"政府各级机构、公共部门、企业及下属公司、公共团体及从事公共工作的特殊干部以及以任何方式为国家作贡献的所有机关"①。日本行政监察机关的监察对象包括了国家行政机关和特殊法人——公社（国营公共企事业单位）、公团（国营金融机构）、事业团体以及受国家财政赞助的地方事业和企业单位及其工作人员②。这些国家规定的标准虽然在外观上表现为某种身份关系，但实际上是建立在是否履行公务或运用国家财产基础上的，与笔者提出的"契约标准"有异曲同工之妙。我国虽然至今在有关立法中未见"契约标准"的例子，但也不乏接近于这一标准的规定。《刑法》把"国家工作人员"的范围确定为"国家机关中从事公务的人员"，"国有公司、企业、事业单位、人民团体中从事公务的人员和国家机关、国有公司、企业、事业单位委派到非国有公司、企业、事业单位、社会团体从事公务的人员，以及其他依照法律从事公务的人员，以国家工作人员论"。这一范围，基本是以"契约标准"来划分的。在监察系统中，也有相应的立法例。1987年5月深圳市监察局成立时，将监察对象确定为"国家行政机关及其工作人员、国营企事业单位及其行政干部以及中外合资企业中方代表及派驻人员"。③ 这一规定虽然也是以"身份关系"为基石，但已与"契约标准"相去不远。

如果把"契约标准"确定为监察机关划分监察对象范围的标准，监察对象范围将由两部分组成：（1）"实施公权力的人"，又称"公权人"，指依法代表国家，以公权力主体名义实施行政行为，其行为

---

① 中央纪委、监察部《行政监察法》《财产收入申报法》起草小组：《国外境外监察法规资料选编》，地质出版社1995年版，第100页。

② 彭吉龙：《国家公职人员职务违纪防范与惩治》，中国人事出版社1996年版，第557页。

③ 参见深府〔1987〕170号文《深圳市监察局暂行工作规定》。这一规定明显宽于后来《行政监察条例》规定的范围。深圳市监察局于1991年专门就此问题向监察部做了请示。监察部以监法复〔1991〕17号文答复深圳市监察局"在重点抓好行政机关及其工作人员和行政机关任命的其他人员的前提下，可根据特区情况，经市政府批准，适当扩大监察对象范围"。

效果及于公权力的个人，其范围除了公务员外，还包括被授权实施执法活动的具有法律资格的非公务员身份的个人。（2）行使公权力或准公权力的组织，包括国家行政机关，受行政委托或行政授权行使行政职权的组织。事业单位、国有企业当然也在其列。当然，在"契约标准"确立之后，虽然划分监察对象范围不采用"身份标准"，但法条在列明监察对象的具体范围时，还是要以"身份"为基础进行基本分类的，因此，规定监察对象条文的表述方式可能类似于《刑法》第九十三条以及埃及、日、韩等国的相关规定。

五　关于检查工作的客体

根据《行政监察法》第十八条第（一）款和第二十九条的规定，监察机关检查工作的客体是"国家行政机关在遵守和执行法律、法规和人民政府的决定、命令中的问题"。这一规定也存在某些值得探讨的问题。

第一，检查工作的客体范围失之过宽，监察机关在执法过程难以准确把握，也难以与有关部门准确区分工作范围。"国家行政机关在遵守和执行法律、法规和人民政府的决定、命令中的问题"不是一个明确的法律概念。这种规定的模糊性使监察机关面临两个棘手问题。一是在执法过程中难以准确把握检查范围。"国家行政机关在遵守和执行法律、法规和人民政府的决定、命令中的问题"的提法如同一个大口袋，究竟这个大口袋里面装的是哪些东西呢？是不是行政机关在遵守和执行法律、法规和人民政府的决定、命令中出现的所有问题都可以纳入监察机关检查工作的范围？行政行为具有主动性和广泛性的特点，不仅存在合法性的问题，还存在合理性的问题。监察机关是检查其合法性呢，还是检查其合理性？抑或两者兼而检之？二是难以与有关部门准确区分工作范围。行政诉讼和行政复议必然涉及"国家行政机关在遵守和执行法律、法规和人民政府的决定、命令中的问题"，监察机关监察工作范围与人民法院的行政诉讼、政府法制部门行政复议的范围应当如何区分？如果有关行政部门在行使各自职权存在的问题时违反了法律、法规的有关规定，根据《行政监察法》的规定，监察机关可以以监察决定或监察建议的方式直接提出处理意见。这种处理将是一种什么性质的处理呢？如果监察机关的处理出错或是受到监察对象的质疑，监察对象在提请监察机关复审、复核等途径之外，能否提起行政复议或行政诉讼呢？

第二，目前监察部门拥有的权力难以对检查客体实现有效检查。现代行政职能已不限于执行法律，还兼有行政立法、行政司法等功能。很多行政行为都是极其专业的行为。一些行政部门，比如公安机关、国家安全部门的多方面职权以及一些行政机关拥有的行政处罚、行政强制等"准司法权"，这些行政部门行使的权力甚至超出了监察机关的监察权。在目前监察机关仅仅是一个普通行政部门的情况下，以其现有职权难以要求对这些行政机关在遵守和执行法律、法规和人民政府的决定、命令中的所有问题进行有效检查，确实是勉为其难。因此，如果没有赋予监察机关进一步的权力，规定如此大范围的检查客体，可能使监察机关在某个行政领域面前面临两种困境：要么是行政作为的越权，要么是行政不作为的失职。不管是哪种情况，都将降低检查工作应有的效益。

第三，与监察对象范围规定互相掣肘。《行政监察法》规定的监察对象范围仅限于国家行政机关、国家公务员和国家行政机关任命的其他人员，能否对实际履行行政职权或"准行政职权"的组织和个人进行监察，还是一个在讨论中的问题。监察机关检查工作面对的是一个复杂主体和复杂客体，它涉及的对象不仅仅局限于前述的监察对象范围，而且涉及广大事业单位、国有企业和受行政委托行使职权的其他部门。比如在工程建筑领域，有关政府部门在这个领域只是起一个监管协调作用，大量实际工作是由各个建筑公司承担（大部分是国家控股的建筑公司），因此，在遵守和执行有关建筑方面的法律、法规和人民政府的决定、命令问题上，政府建设主管部门和广大国有建筑公司是共同主体，虽然从法理上说，监察机关负责的仅仅是对其中有关政府行为的监督，敦促有关政府部门遵守执行好有关的法律法规。但是，在实际运作中，很难做到恰如其分的区分，因为在实际运作过程中，监察机关不是超然处于其他有关政府部门之上，而是以联合监督或组成临时性的联合监督机构的方式进行，这时监察机关的监督对象，又怎么可能仅仅准确地停留在有关政府行为的层面上呢？

根据以上论述，我们可以看出，《行政监察法》关于监察机关检查工作客体的规定有空泛、不便执行之嫌。我们可以看看国外境外的一些监督做得比较成功的监督机构、廉政工作机构的相关规定。香港廉政公署的检查工作致力于政府部门、公共机构和私营机构的工作方式和方法，找出容易发生腐败的漏洞并作出建议，然后加以改善以有效地推行日后的反贪工作。英国政府内设行政监察机关的主要职责是对行政管理活动是否具有效率、是否按时完成任务进行监督检查，查找行政管理中的不善环节。[①] 根据《行政管理厅设置法》规定，日本内阁行政监察局的主要检查职责是对照各行政部门的职责任务，检查和调查实际工作的进展情况以及其中可能存在的问题，评估行政工作是否规范和合乎法律要求，指出该部门行政管理活动中的不足与弊端，向有关部门提出行政劝告与行政建议，建议其应该采取的改进与完善措施。韩国行政监督委员会"重点是对政府政策的执行情况和改善行政工作方面的监督"[②]。我们可以看出，国外境外监察机关或廉政工作部门也同样开展"检查"工作。但它们的检查工作范围较为具体明晰，归纳起来有两种类型，一是检查行政管理中不善环节来提高行政效率，二是检查政府部门资金投放和项目是否得当、合理、合法以及是否有效益以提高行政效率。[③] 这些规定，值得我们借鉴。

因此，笔者建议对《行政监察法》有关检查工作客体范围的条文

[①] 彭吉龙：《国家公职人员职务违纪防范与惩治》，中国人事出版社1996年版，第558页。

[②] 中央纪委、监察部《行政监察法》《财产收入申报法》起草小组：《国外境外监察法规资料选编》，地质出版社1995年版，第62页。

[③] 参见刘明波《外国监察制度》，人民出版社1994年版，第83—84页。

进行调整，使监察机关检查工作的范围相对明晰化，或是在制定实施细则时作出相应的补充规定。可以考虑在做好"保证政令畅通"工作的同时，把检查工作的重点放在对行政制度、程序的查厥补漏和政府资金、项目的检查上，提出改进工作和完善管理的建议，以此提高行政效率，减少和消除滋生腐败现象的条件，促进廉政建设。

六　关于管辖原则

监察机关对监察对象的管辖，是指各级监察机关在监察对象上的具体分工。《行政监察法》主要规定了级别管辖，还规定了转移管辖和指定管辖作为补充。这些管辖原则在目前是与大部分监察机关的实际相适应的，但随着社会的发展，仅仅规定上述管辖原则，并不能充分适应监察工作在分工上面临的新情况。笔者进一步提出两条补充原则。

第一，"属地管辖"原则。目前，我国面临这样一个社会实际：各个地方相互间的交流大为扩大，各地、各行政部门外派干部人数激增。比如，随着西部大开发战略的提出和实施，外驻、外派到西部的行政机构、国家机关工作人员和企业干部的人数必然激增。监察机关现行管辖基本上是实行分级管辖原则，即按行政隶属关系进行管辖，这实际上是一种"属人管辖"，这样使广大外驻机构、外派干部实际上受不到有效的监督。笔者建议监察机关不妨确立"属地管辖"原则，允许本地监察机关对外地派驻单位、人员行使部分监察权。1994年深圳市人大通过的《深圳经济特区行政监察工作规定》第六条第九款在规定深圳市监察机关的职责时已提供了这方面的立法例："对国内各地驻深圳市的国家行政机关及其工作人员以及其他由国家行政机关任命的人员发生在深圳市的违纪案件进行调查，对认为有必要给予行政纪律处分的，将调查报告和处分建议转送给被调查人所在单位或者当地监察机关处理。"这一规定实际上是规定了监察机关的属地管辖，值得借鉴。

第二，受托监察原则。授权监察机关在被委托的情况下可以对监察对象范围之外的有关事项进行监察，重点是对私营机构的监察。依据是：（1）保护法人合法利益符合宪法精神，私营机构也是法人的一种，应受有效保护。宪法确立了私营经济的合法地位，要求对私营经济进行监督。[①] 新《刑法》也确立了"业务侵占罪""挪用单位资金罪"等罪名，追究侵犯私有财产的犯罪行为。而对数量众多的侵犯私有财产的不良行为而言，监察机关是较为合适的消灭主体。确立受托监察原则，可以与《刑法》规定业务侵占罪的做法有机衔接。（2）监察机关对私营机构行使有限度的监察权，可以及时消灭、减少私营企业中的不良行为——"准腐败行为"，维护好的社会秩序和风气。在私营机构业务侵占行为与公营机构的贪污、侵占行为密切相关的情况下，这一做法更是具有较大的意义。（3）受有关当事人委托，监察机关以专业机构身份进行专业调查，得出权威结论，只对调查事实负责。至于对有关当事人的处理，则由私营机构自行处理。这种行使职权的方式类似于文物鉴定部门受群众委托对群众收藏物品进行鉴定。虽然我国监察系统中尚无有关"受托管辖"的立法例，但在实际工作中，监察机关受托开展工作的情况还是较为常见的，比如监察机关办理监察系统之外的有关领导机关和有关领导的批件等，实际就是受托管辖行为。

[本章原文发表在《深圳大学学报》（人文社科版）2000年第6期，被中央纪委监察部《研究参考》2001年第1期全文转载。]

[①] 《宪法》第十一条："在法律规定范围内的个体经济、私营经济等非公有制经济，是社会主义市场经济的重要组成部分"，"国家保护个体经济、私营经济的合法的权利和利益。国家对个体经济、私营经济实行引导、监督和管理。"

第三章 行政监察向国家监察转变的重大突破

国家监察体制改革是以习近平同志为核心的党中央作出的事关全局的重大政治体制改革，是强化党和国家自我监督的重大决策部署。党中央高度重视深化国家监察体制改革，习近平总书记亲自对改革作出顶层设计，为国家监委的设立指明了方向。通过改革，我国监察体制完成了从行政监察到国家监察的转变，功在当代，利在千秋，具有重大的现实意义和深远的历史影响。

一 国家监察体制乃国之重制

作为我国政治制度重要组成部分的中国特色监察制度，随着国家政治、经济制度的产生、发展并日臻完善，成为国之重制，必将在夺取新时代中国特色社会主义伟大胜利、实现中华民族伟大复兴的中国梦过程中发挥重大作用。

（一）国家监察权来源于人民

有政权就有监察。权力需要制约和监督。没有制约和监督，权力就会被滥用。在阶级社会中，一切掌握国家权力的统治阶级都非常重视运用监察手段来加强对公职人员的制约，以维护本阶级的利益，巩固其统治地位。自人类社会出现政权实体以来，为防止公权力滥用，力保公权力良性行使,各个国家以本国政治制度和政治文化为基础,发展出了类型多样的国家监察制度。在不同的社会形态和不同的历史时期,国家监察为不同的政权实体服务,发挥着不同的政治功能,这些不同,决定了各个监察制度从产生、监察体制到监察权限互不相同。从起源上看,中国的监察制度源起比西方要早得多。中国原始的监察制度雏形,可以追溯到尧舜禹时期,与禅让制有关。《史记·五帝本纪》载:"舜曰:'龙,畏忌谗说殄伪,振惊朕众,命汝为纳言,夙夜出入朕命,惟信!'"这里由龙担任的纳言之职,既是舜的喉舌,也是他的耳目,乃是监察人员。一般认为,我国监察制度正式形成于秦朝。秦朝由御史担当专职监察官,这标志着中国监察御史制度的创始。从演进过程看,由各自不同的社会演进轨迹所决定,中国的监察制衍生出御史制和谏官制两翼,为皇帝服务,逐渐形成一套相当完善的制度,在巩固皇权、舒缓民困中发挥了重要作用。从词源上看,"监察"一词在我国具有十分悠久的历史,多用于国家事务的范畴。《诗经》云"监观四方",郑玄笺曰"监察天下之众国",指的是对有关国家机关和公职人员的监督。《辞源》对"监察"一词的解释是"犹监督也。故三公称曰冢宰,……入则参对以议政事,出则监察而懂是非"①。《现代汉语词典》的解释是"监督各级国家机关和机关工作人员的工作并检举违法失职的机关或工作人员"②。《辞海》则这样解释"监察工作"一词:"对政府各部门及其工作人员以及政府任命的国营企业事业单位领导人是否履行职责进行监督、纠察的工作"③。西方的监察体制起源于公元前5世纪前后的古罗马,在西方发展史上一路守护,形成其目前的权力监督格局。可见我国监察制度的萌芽比古罗马、希腊和英国早了一千多年。从监察体制和监察权限看,中国古代的监察官对封建皇帝负责,行使着相当广泛的监察权力。当前,中国特色监察制度权力来源于人民,以维护人民和国家利益为出发点

---

① 《辞源》,商务印书馆1990年版,第2191页。
② 《现代汉语词典》,商务印书馆2016年第七版,第28页。
③ 《辞海》,上海辞书出版社1989年版缩印本,第1903页。

和归宿。改革后监委与纪委合署办公，代表党和国家对全体党员和全部公职人员进行监督，体现了依规治党与依法治国、党内监督与国家监督、党的纪律检查与国家监察的有机统一，推动全面从严治党向纵深发展，形成中国特色国家监察体制。所有公权力都来源于人民的授权。监察"乃位居上方加以监临、监视"，这种位居上方的前提乃是权力民予。十三届全国人大一次会议通过宪法修正案和《监察法》，及时将宪法修改所确立的监察制度进一步具体化，是我们党依宪执政、依宪治国的生动实践和鲜明写照。人民代表大会制度是我国的根本政治制度，是坚持党的领导、人民当家做主、依法治国有机统一的根本政治制度安排。人民行使国家权力的机关是全国人民代表大会和地方各级人民代表大会。无论是中国共产党章程还是宪法，都体现了一切权力来自人民，全心全意为人民服务的权力观。《监察法》根据宪法修正案将行使国家监察职能的专责机关纳入国家机构体系，明确监委由同级人大产生，对它负责，受它监督，拓宽了人民监督权力的途径，提高了社会主义民主政治制度化、规范化、法治化水平，丰富和发展了人民代表大会制度的内涵，推动了人民代表大会制度与时俱进，对推进国家治理体系和治理能力现代化具有深远意义。2018年3月23日，国家监委在北京揭牌，举行新任国家监委副主任、委员宪法宣誓仪式。在党的十九大精神指引下，在以习近平同志为核心的党中央坚强领导下，深化国家监察体制改革取得重大成果。在党中央集中统一领导下，一个集中统一、权威高效的中国特色国家监察体制已初步铸就。

（二）国家监察具有十分重要的政治功能

国家监察制度在一国国家生活中发挥着巨大的作用。笔者认为，这种巨大作用主要表现在以下四个方面：一是保证公职人员清廉奉公，得到人民信任。执政者能否巩固自己的地位，取决于人心向背。国家监察在这方面发挥了积极的保障作用。民众期望的是公正、廉洁、高效、政绩非凡的执政者。执政者品德如何，公权力部门风气好坏，直接影响到民众对其的信任程度。在我国古代，包公、海瑞之所以为万民称颂，就因其公正、廉洁。因此，要取信于民，维护政府形象，很重要的一点就是保持政府清廉。我国改革开放以来，由于受到腐朽没落思想影响、改革配套措施尚未健全、制度建设还需要进一步完善等原因，公权力部门出现贪污、受贿、弄权勒索、挥霍公款等种种不廉洁行为，损害了政府在民众中的形象。国家监察制度通过监督、调查、处置行使公权力的公职人员的职务行为，消除腐败现象，在民众面前树立廉洁形象。二是保证政令畅通，保证公权力发挥最大功用。一个政体健康的标志之一，是它的政权畅通无阻。政令阻塞，会导致公权力系统失控，公权力系统的失控会动摇执政者的地位。如果出现一切从局部利益、个人利益出发，以致上有政策、下有对策、政出多门和有令不行、有禁不止等不正常现象，既损害国家整体利益，也损害党和国家的形象。国家监察通过监督检查公权力系统各部门和相关人员贯彻执行国家法律、法规、法令、政令的执行情况，对拒不执行或执行得不好的单位或个人以必要的处罚来保证令行禁止、政令畅通，使国家公权力系统能健康运转。三是清除腐败，净化公权力系统。"创业难，守业更难"。执政的地位确立后，如何使权力不被滥用，就成为一个极为重要的问题。首先要有制度，使想搞腐败的人不能滥用权力；其次是提高公权力人员素质，使之自觉按制度办事。国家监察就是对公权力的一种制约、一种调控。它通过监督、检查，保证其自身约束力；通过对广大群众进行廉洁教育，增强人民群众的主体意识，更自觉地监督公职人员，预防腐化发生。同时，它还通过对公权力行为过程的监督、检查，及时纠正损害国家利益的行为，查处违法违纪者，警戒、教育行政工作人员，清除腐败分子，以保证公权力系统自身的纯洁，使之不断处于警戒、自我完善的运动状态。四是保持社会稳定和持续发展。保持社会稳定是国家监察的另一个重要作用。权力的运用过程难免出现失误，损害民众利益。为此，应该使人民有权对错误公权力行为行使检举的权利。人民对公权力部门的某些不满，如果没有畅通的正常渠道进行发泄，容易造成大的动乱。国家监察为此提供一个有效渠道，人们对公权力机关及公职人员的不满可以向其检举、反映。同时，国家监察机关对违法违纪者的处罚，又有利于平息民怨。这样，国家监察就成为民众意见、义愤的一个宣泄口，有利于社会的稳定。我国西周时期设立的采诗官、问询官和现代监察机构普遍设立的举报中心，正是发挥了这一作用。我国目前正在深入推进的国家监察体制改革，通过宪法修正案赋予国家监委法律地位，明确规定中华人民共和国各级监委是国家的监察机关。《监察法》进一步就监委的职责作出规定，明确各级监委是行使国家监察职能的专责机关，依法对所有公职人员进行监察，调查职务违法和职务犯罪，开展廉政建设和反腐败工作，维护宪法和法律的尊严。不管是宪法修正案的授权，还是《监察法》对监委具体职能的规定，通过改革不断完善我国国家监察制度，一方面，实现全覆盖有利于"全保护"，将"庙堂"之上的巨贪绳之以法，及时清理腐坏肌体，有利于政治上层的纯洁，同时，也将横行乡里的基层贪官缉拿归案，保护人民利益，有利于政权底部的稳固；另一方面，在"效率"和"公平"两个维度上取得最大平衡，既规定了监委集中多种反腐手段对所有公职人员进行监督，有利于提高反腐效率，实现"微观反腐"，也在《监察法》中专门用一章规定对监委权力的制约，在党章党纪党规和其他法律法规中也设定相关制衡因素，防止权力被滥用。

（三）依法设定国家监察权力

监察可以理解为监督的一种。监督的外延大于监察。监督包括监察、检查、督促等含义。监察作为国家管理活动来说，具有比监督更具体的特定内涵。在这样的语境下理解国家监察制度的含义，应当包括以下三点：第一，国家监察必须是自上而下依法进行的监控活动。这里所说的"自上而下"，是指国家监察机关与被监察对象之间的法律关系不具有民商法的平等性，乃是监督与被监督的关系。第二，国家监察的对象，必须是国家监察所指向的法定客体，即必须是所有行使公权力的公职人员。《监察法》第十五条规定，监察机关对六大类公职人员和有关人员进行监察，其中包括公务员，参公管理人员，法律、法规授权或者受国家机关依法委托管理公共事务的组织中从事公务的人员，国有企业管理人员，公办的教育、科研、文化、医疗卫生、体育等单位中从事管理的人员以及基层群众性自治组织中从事管理的人员等，实现监察对象全覆盖。第三，国家监察权必须由特定的机构执掌，即国家的国家监察权的主体依法确定。国家监察制度就是根据以上法定要素构建起来的有关制度的总和。透析我国正在推进的国家监察体制改革，正是主要按照以上三方面推进的。2015年1月，习近平总书记在十八届中央纪委五次全会上要求修改《行政监察法》。2016年1月，习近平总书记在十八届中央纪委六次全会上指出：要坚持党对党风廉政建设和反腐败工作的统一领导，扩大监察范围，整合监察力量，健全国家监察组织架构，对国家监察体制改革提出明确要求。2016年年底，党中央部署在北京市、山西省、浙江省开展国家监察体制改革试点。2017年1月，习近平总书记在十八届中央纪委七次全会上明确提出，要积极稳妥推进国家监察体制改革，加强统筹协调，做好政策把握和工作衔接。2017年10月，习近平总书记在党的十九大报告中，对这项改革进行了再动员再部署，要求深化国家监察体制改革，将试点工作在全国推开，组建国家、省、市、县监委，同党的纪律检查机关合署办公，实现对所有行使公权力的公职人员监察全覆盖。

2018年3月11日，十三届全国人大一次会议表决通过的宪法修正案，其中专门增写监察委员会一节，确立监察委员会作为国家机构的法律地位。3月20日，表决通过《监察法》，国家主席习近平签署第三号主席令予以公布施行。3月23日，中华人民共和国国家监察委员会在北京揭牌，全国各级监察机关基本完成组建。刚刚通过的宪法修正案及《监察法》对监察工作作出了规定，从而赋予了"监察"一词的法定含义。宪法修正案第一百二十三条规定，中华人民共和国各级监察委员会是国家的监察机关；第一百二十四条规定，中华人民共和国设立国家监察委员会和地方各级监察委员会，还规定，监察委员会的组织和职权由法律规定。根据宪法修正案,《监察法》进一步对"监察"的内容进行规定。《监察法》第一条规定,为了深化国家监察体制改革,加强对所有行使公权力的公职人员的监督,实现国家监察全面覆盖,深入开展反腐败工作,推进国家治理体系和治理能力现代化,根据《宪法》,制定本法。第二条对监察工作的指导思想等进行规定。第三条规定各级监察委员会是行使国家监察职能的专责机关,依照本法对所有行使公权力的公职人员(以下称"公职人员")进行监察,调查职务违法和职务犯罪,开展廉政建设和反腐败工作,维护宪法和法律的尊严。根据《宪法》的授权和《监察法》的规定,监委对六大类人员进行监督,从而使反腐败各项工作更加深入地发展,打虎更有力,拍蝇更有据,猎狐更有序,在各类触犯人民利益的腐败分子面前撒下了天罗地网。

二 国家监察改革确立了全新的中国特色监察制度

国家监察体制改革确立的全新的中国特色监察制度,实现了"最大公约数",正是势之所趋,符合人民利益,符合历史潮流,在全球范围之内引发深刻共鸣,备受好评,意义重大、影响深远。

(一)矗立起中国特色国家监察体制建设的重大里程碑

我们党和国家十分重视有中国特色的国家监察制度建设。在党的发展历程中,党历来重视建立有中国特色的党内权力结构,保证权力合理有效运行又受到监督制约。监察体制试点改革之前,我国担负反腐倡廉职能的机构有:党的监督机构纪委、政府系统的行政监察机构、隶属检察院的反贪部门,相关部门还包括审计部门和2007年成立的国家预防腐败部门。这些部门形成了一个多元化的反腐倡廉专门构架,多渠道、多形式地开展反腐败工作,取得巨大成就。但毋庸讳言,这种构架也存在较大弊端,主要表现在:一是尽管纪委在反腐败斗争中发挥了核心主导作用,但从法律层面来说,各机构之间缺少应有的执法监督联结点和枢纽部门。二是在监督对象上,存在"交叉带"和"空白带",造成对数量不菲相关人员的"漏监"和"虚监",有关机构要求涉案的非公领域人员配合工作于法无据。三是导致有的工作多方重复劳动。如廉政教育和预防腐败工作,纪委、预防腐败局及反贪局等多个单位都有相应内设机构负责此工作。四是几个机构客观上各自存在需完善之处。1993年,全国纪检监察机关自上而下实行合署办公,这是我国监察体制改革的开始。同年底,中央纪委、最高人民检察院、监察部建立三方联席例会制度,地方各级也建立这一制度。从这一制度可看到纪检、监察、检察等机关在反腐败斗争中高度合作的雏形。随着反腐败的深入,通过一定方式,协调好纪检、监察、反贪反渎等多家机构的关系,克服现有弊端,构建一个享有独立和权威法律地位的廉政工作体系,已是时之所趋。在将现有几个机构职能整合的基础上,通过修改宪法等重新界定监察机关的性质并修改完善相关法律法规,催生一个全新的反腐败工作机构——监委,专门负责反腐案件侦办及其他廉政事宜,从而构建集中统一、权威高效的监察体系,才是从根本上解决问题的措施。十八届中央纪委七次全会公报进一步指出:"整合行政监察、预防腐败和检察机关查处贪污贿赂、失职渎职以及预防职务犯罪等工作力量,成立省市县三级监委,构建集中统一、权威高效的监察体系。"本次监察体制改革既是对历史的继承,也是对中央之前一系列改革的总结和推进,有利于构建不敢腐、不能腐、不想腐的有效机制。习近平总书记在十八届中央纪委六次全会上强调:"要完善监督制度,做好监督体系顶层设计,既加强党的自我监督,又加强对国家机器的监督。"深化国家监察体制改革,目的正是通过完善党和国家的自我监督,不断增强自我净化、自我完善、自我革新、自我提高能力。组建新的监委,建立集中统一、权威高效的监察体制,取得了"1+1+1>3"的效果,是做好我国监督体系顶层设计的必然结果,体现了不断增强全面从严治党系统性、创造性和实效性的要求,极大地提高反腐败的能力和成效,在建设中国特色国家监察体制征程上矗立起一座里程碑。这个全新机构不是现有几个机构职能的简单叠加,而是应我国反腐败实际而锻造出来的一个机构,这里面涉及职能整合、人员转隶、流程再造等,是一个"凤凰涅槃"的过程。《监察法》第三条规定,各级监委是行使国家监察职能的专责机关,依照本法对所有行使公权力的公职人员(以下称"公职人员")进行监察,调查职务违法和职务犯罪,开展廉政建设和反腐败工作,维护宪法和法律的尊严。改革后,以一个新的国家反腐败工作机构——监委为枢纽的集中统一、权威高效的监察体制,出现在我国的社会政治生活中,这对于推进我国国家治理体系和治理能力建设具有极为重要的意义。

(二)形成一种适应反腐败工作需要的全新监察权

监察权是监察机构履行职责的基本权限。世界各国廉政机构都拥有足够大的反腐权力。改革之前,本应集中的反腐监督权分散到多个部门,影响到全局性的工作。纪委拥有的是党纪处分权,原来监察机关拥有的是行政监察权,反贪局行使的是刑事侦查权,这些权力行使的主体、客体都处于离散状态。追究一个贪腐行为需要辗转运用各种不同部门的权力,耗时长,效率低,而且还存在标准不一、衔接脱节等问题。比如,工作实践中,一些由异地反贪部门自办自诉的党员腐败犯罪案件,已经入狱服刑多年,由于反贪部门与纪委、行政监察机关沟通脱节,其党员身份继续保留,工资继续领取。一直以来,无论是实务界还是理论界,都有呼吁将三种指向同一对象的权力整合为一种权力统一运用的呼声。因此,通过国家监察体制改革,设立一个全新的、统一的反腐败专门机构——监委,通过进一步相应的立法,赋予其必要的权限。新设立的监委,由于是由党的纪检机关、监察机关、反贪部门等部门依法有机整合成立的,可以综合运用党纪、政务和法律手段,对所有行使公权力的公职人员进行综合监督和处置。可见,组建监委有利于解决监督手段和力量分散问题,提高反腐败在全面从严治党和国家治理中的效能,也有利于实现依法治国和依规治党的有机统一。监委实质上是反腐败机构，是监督执法机关。这就明确了国家监察履行作为反腐败专责机关的性质。在改革实践中，各地都妥善克服了一种现象——就是把构建专门廉政工作机构作为一种多部门联合办公的"物理反应"，有序实现了"化学反应"。所谓"物理反应"就是把相关的纪委、监察、反贪、审计等多个部门的人员召集到一起办公，需要什么权力就由谁出面。这种方式虽然见效快，改革成本较低，可解一时燃眉之急，但无法解决法律授权冲突问题，也无法解决来自不同机构人员身份认同问题，尤其是出现国家赔偿时，将陷入诉讼混乱状态。所谓"化学反应"，就是依托现有几个单位，依法依规构建一个全新的反腐败工作机构，将原来分散的反腐败权力进行整合调适，从而形成一种全新的反腐败权力。《监察法》第十一条规定，监委依照本法和有关法律规定履行监督、调查、处置职责。本条规定监委的职责既包括对公职人员开展廉政教育，对其依法履职、秉公用权、廉洁从政从业以及道德操守情况进行监督检查；也包括对涉嫌贪污贿赂、滥用职权、玩忽职守、权力寻租、利益输送、徇私舞弊以及浪费国家资财等职务违法和职务犯罪进行调查；还包括对违法的公职人员依法作出政务处分决定，对履行职责不力、失职失责的领导人员进行问责，对涉嫌职务犯罪的，将调查结果移送人民检察院依法审查、提起公诉，向监察对象所在单位提出监察建议。为保证监察机关有效履行监察职能，《监察法》在第四章对监察权作出规定。一是规定监察机关在调查职务违法和职务犯罪时，可以采取谈话、讯问、询问、查询、冻结、搜查、调取、查封、扣押、勘验检查、鉴定等措施。二是留置权。三是按照规定交有关机关执行的技术调查、通缉、限制出境措施。《监察法》的这些规定，主要整合了在改革前分散在反贪部门和监察机关的主要职权，吸收了纪委的相关职权，从而形成监委履职所需的全新权能。比如《监察法》第二十二条规定的留置权，借鉴了相关法律的规定，区别于原来党内的"双规"手段和《行政监察法》规定的"两指"措施，形成一种全新的法律手段。由于监委与纪委合署办公，纪委原有的反腐败权力依然保留，这样实际上我国的反腐败专门工作机构的反腐败权就是多维度的，可以在实际工作中综合运用。

（三）明确了监察对象的新范围

改革前，纪委、行政监察机关和反贪部门根据不同规定，对不同的对象进行监督，形成三个既有交集又有互不相干部分的三类监督对象。这种情况导致重复监督和"监督盲区"同时存在。数量庞大的行使公权力的人员没有受到有效监督。据资料反映，2015年我国查办的征地、医疗卫生、生态及扶贫等民生领域腐败犯罪案件涉案达32132人，其中非党员占45%，暴露出非党员公务员的纪律约束存在"空白地带"。此外，在企事业单位、基层群众性自治组织等中行使公权力的人员，也没有纳入原有监察对象范围。改革妥善解决了上述问题。习近平总书记在党的十九大报告中指出，组建国家、省、市、县监委，同党的纪律检查机关合署办公，实现对所有行使公权力的公职人员全覆盖，明确了国家监察体制改革的目标和方向。《监察法》第十五条规定，监察机关对六类人员进行监察。第一类是中国共产党的各级机关、各级人民代表大会、人民政府、监委、人民法院、人民检察院，中国人民政治协商会议各级委员会机关，民主党派各级组织和各级工商联机关的公务员，以及参照公务员法管理的人员；第二类是法律、法规授权或者受国家机关依法委托管理公共事务的组织中从事公务的人员；第三类是国有企业管理人员；第四类是公办的教育、科研、文化、医疗卫生、体育等单位中的从事管理的人员；第五类是基层群众性自治组织中从事集体事务管理的人员；第六类是其他依法履行公职的人员。根据上述规定，我们可以看出，《监察法》在确定监察对象范围这个关键问题上，摒弃了原来惯用的"身份标准"，进一步确立"契约标准"，即以"是否与公权力机关形成某种约定而实际履行公权力"为标准来划分监察对象范围，实现"从身份到契约"的转变。所谓"身份标准"，表现在纳入监察对象范围的组织和个人必须具备某种身份特征。1997年的《行政监察法》在监察对象范围上采用的是典型的"身份标准"①。第二条规定，我国行政监察对象为"国家行政机关、国家公务员和国家行政机关任命的其他人员"。2010年修订的《行政监察法》开始使用"契约标准"②。目前《监察法》规定的六大类监察对象范围采用的是"身份+契约标准"。第一类至第三类属于"身份标准"，第四类至第六类属于"契约标准"。中央纪委国家监委法规室编写的《〈中华人民共和国监察法〉释义》指出，临时从事与职权相联系的管理事务，包括依法组建的评标委员会、竞争性谈判采购中谈判小组、询价采购中询价小组的组成人员，在招标、政府采购等事项的评标或者采购活动中，利用职权实施的职务违法和职务犯罪行为，监察机关也可以依法调查；判断一个"履行公职的人员"是否属于监察对象的标准，主要是其是否行使公权力，所涉嫌的职务违法或者职务犯罪是否损害了公权力的廉洁性。③ 从上述解释可以更加明确地看到用"契约标准"确定监察对象范围的情形。事实上，第一类至第三类也属于"契约标准"适用情况，这些人员具备某种固定的身份，因此适用"身份标准"，但必须看到，他们与公权力形成的约定关系是长期关系，长期关系则成为一种身份特征。当然，就长远看，是否在全社会范围内将不廉洁的情形纳入监委的监督范围，需要根据反腐败形势的实际情况依法确定。

（四）形成了反腐败国家立法的新体系

反腐败的深入持久进行需要法律的支撑，综观以清廉闻名的其他国家和地区，不难发现，各个国家或地区均重视专门廉政立法的作用。比如说中国香港《廉政公署条例》《防止贿赂条例》、新加坡

---

① 1997年的《行政监察法》第二条规定，我国行政监察对象为"国家行政机关、国家公务员和国家行政机关任命的其他人员"。
② 2010年修订的《行政监察法》第五十条规定，行政监察对象增加了两类：一是法律、法规授权的具有公共事务管理职能的组织中从事公务的人员；二是国家行政机关依法委托从事公共事务管理活动的组织中从事公务的人员。
③ 中共中央纪律检查委员会中华人民共和国国家监委法规室：《〈中华人民共和国监察法〉释义》，中国方正出版社2018年版，第103—104页。

《反贪污法》、瑞士《反行贿受贿法》等。相当长的时期里，反腐败的法律及相关规定分散于不同的法律、法规之中，在中国的立法实践和反腐败实践中，长期缺乏一部廉政总法。改革前，党内监督已经实现全覆盖，而行政监察主要限于对行政机关及其工作人员的监督，覆盖面窄，二者不相匹配。在本次改革中，宪法修正案、《监察法》相继通过之后，监察体制改革的重要法律依据得以确立。十三届全国人大一次会议审议通过的宪法修正案在"国家机构"一章中专门增写"监察委员会"一节，并在其他部分相应调整充实有关监察委员会的内容，确立了监察委员会作为国家机构的法律地位，为设立国家和地方各级监察委员会提供了根本法保障，为制定《监察法》提供了宪法依据。随后，依据宪法制定《监察法》，以国家立法的形式，对监察工作的指导思想和领导体制、监察工作的原则和方针、监委的产生和职责进行明确，实现对所有行使公权力的公职人员监察全覆盖，赋予监察机关必要的权限，严格规范监察程序等，解决了我国反腐败实践中存在的反腐败力量分散、体现集中统一领导不够等问题，是非常有必要的。《监察法》作为一部对国家监察工作起统领性和基础性作用的法律，是对宪法修正案相关内容的具体化，有利于加强党对反腐败工作的集中统一领导，有利于在法治轨道上把反腐败引向深入。出台《监察法》贯彻落实了党中央在反腐败方面的决策部署，使党的主张通过法定程序成为国家意志，以立法形式将实践证明是行之有效的做法和经验上升为法律，将改革的成果固定化、法治化，以法律的形式全面填补国家监督空白，实现国家监察对所有行使公权力的国家公职人员的监督全覆盖，通过制度设计补上行政监察范围过窄的短板，真正把所有公权力都关进制度笼子，体现依规治党与依法治国、党内监督与国家监察有机统一，探索出一条党长期执政条件下实现自我净化的有效路径，将制度优势转化为治理效能，推进治理体系和治理能力现代化，为人类社会贡献中国智慧和中国方案。

《监察法》为监察机关依法履行职责、行使监察权力提供了依据。但仅仅依靠《监察法》还是不够的，还需要出台配套的法律法规，比如监察官制度等相关法律法规。同时，还应修改《刑事诉讼法》《人民检察院组织法》《公务员法》乃至《审计法》等相关法律及有关行政规章。此外，建议制定规范公权部门及其工作人员公务行为的法律法规，即基本适用各公权部门的统一的有关程序法。近几年出台的党内有关廉政法规体现了精细化、严密化、科学化的要求，应当成为统一的反腐败法律法规体系的重要组成部分。

第四章 《监察法》的理性价值

深化国家监察体制改革是以习近平同志为核心的党中央作出的事关全局的重大政治体制改革,是强化党和国家自我监督的重大决策部署。在宪法修正案通过之后,制定一部对国家监察工作起统领性和基础性作用的法律,有利于加强党对反腐败的集中统一领导,有利于在法治轨道上把反腐败引向深入。制定《监察法》是对党的十八大以来反腐败实践经验的理性总结,是对我国历史上监察制度的有益借鉴,为国际反腐败提供中国智慧和中国方案,意义重大、影响深远。

一 制定《监察法》是对党的十八大以来反腐败实践经验的理性总结

中国共产党的领导是中国特色社会主义最本质的特征,是中国特色社会主义制度的最大优势。以零容忍态度惩治腐败是中国共产党鲜明的政治立场,是党心民心所向。我们党高度重视反腐败斗争,无论是在革命斗争岁月还是和平建设时期,我们党都坚持不懈地开展反腐败斗争,全力以赴地确保无产阶级政党的先进性和纯洁性。党的十八大以来,以习近平同志为核心的党中央坚持反腐败无禁区、全覆盖、零容忍,以雷霆万钧之势,坚定不移"打虎""拍蝇""猎狐",不敢腐的目标初步实现,不能腐的笼子越扎越牢,不想腐的堤坝正在构筑。在深入开展反腐败斗争的同时,深化国家监察体制改革。依据宪法制定的《监察法》，以国家立法的形式，对监察工作的指导思想和领导体制、监察工作的原则和方针、监委的产生和职责进行明确，实现对所有行使公权力的公职人员监察全覆盖，赋予监察机关必要的权限，严格规范监察程序等，解决了我国反腐败实践中存在的反腐败力量分散、体现专责和集中统一不够等问题。根据《监察法》，各级监察委是行使国家监察职能的专责机关，对所有行使公权力的公职人员进行监察，调查职务违法和职务犯罪，开展廉政建设和反腐败工作，维护宪法和法律的尊严。监委履行监督、调查、处置的职责，填补了行政监察范围过窄的"空白"，充分体现了抓早抓小、防微杜渐、惩前毖后、治病救人方针。《监察法》规定用留置取代"双规"措施，并规定严格的程序，解决了长期困扰我们的法治难题。《监察法》明确提出：国家监察工作坚持标本兼治、综合治理，强化监督问责，严厉惩治腐败；深化改革、健全法治，有效制约和监督权力；加强法治教育和道德教育，弘扬中华优秀传统文化，构建不敢腐、不能腐、不想腐的长效机制。这些正是党领导反腐败斗争、加强党风廉政建设的重要经验。因此，通过制定《监察法》，把党的十八大以来在推进党风廉政建设和反腐败斗争中形成的新理念新举措新经验以法律形式固定下来，巩固国家监察体制改革成果，保障反腐败工作在法治轨道上行稳致远。

二 制定《监察法》是对我国历史上监察制度的有益借鉴

我国历史上任何强盛时期都非常重视发挥监察制度职能，早在秦朝开始就确立了监察御史制度。我国古代监察制度在提高国家治理效能、加强官员监督等方面，发挥了重要作用，包含有不少权力监督的科学举措。比如，监察权由最高权力产生并对其负责、监察机构设置独立严密、赋予监察机关较大监察权限、确保监察权独立行使、实现监察对象全覆盖以及对监察机关实现严密监督制约等。以唐朝为例，唐代形成"一台三院"的监察体制，其中御史台是独立于一切机构之外的监察机关，既是中央监察机关，又是三大司法机关之一，掌管纠察、弹劾百官违法之事，同时负责监督大理寺和刑部的司法审判活动。《唐六典》记载，监察御史"掌分察百僚，巡按郡县，纠视刑狱，肃正朝仪"，对国家的政治、经济、军事、行政、司法等一切事务无所不察。对此，德国前总统、法学博士罗曼·赫尔佐克在其《古代的国家——起源和统治形式》一书中指出，中国历代国家比任何一个其他国家都更多地对自己的官员进行监督，这样一种监察在所有的国家都是必要的。以习近平同志为核心的党中央从历史文化中汲取智慧、从治国理政中总结经验，积极推进理论和实践创新，加强顶层设计，在监察体制改革从试点向全面推开拓展、从局部向全局发展中引领改革持续深化。这次改革确立的监察制度，是对中国历史上监察制度的一种借鉴，是对当今权力监督制约形式的一个新探索。《监察法》规定，监察机关对六大类对象进行监察，实现对所有行使公权力的公职人员监察全覆盖。监委依照法律规定独立行使监察权，不受行政机关、社会团体和个人的干涉。又比如，《监察法》赋予了监察机关履职需要的相应权限，有权依法采取谈话、讯问、询问、查询、冻结、搜查、调取、查封、扣押、勘验检查等措施，依法行使留置权，依法采取技术调查、通缉、限制出境等措施，以及依法要求有关机关协助执行等，确保监察机关有履职需要的相应权限。《监察法》的相关规定，一方面服务和服从于我国反腐败斗争的实际需要，另一方面从一定程度来说也是对中国历史上监察制度积极因素的借鉴，充分体现了道路自信、理论自信、制度自信、文化自信。

三 制定《监察法》为国际反腐败提供中国智慧和中国方案

腐败是当今世界各国都无法绕开的一个共同问题，反腐败是当今全球治理重要议题之一。习近平总书记指出，自我监督是世界性难题，是国家治理的"哥德巴赫猜想"。党的十八大以来，以习近平同志为核心的党中央所采取的反腐败举措及取得的巨大成就，为其他国家和政党解决腐败问题、走出困境提供了新视野。2018年1月召开专门讨论反腐败主题的非洲联盟峰会上，不少非洲国家纷纷把目光投向中国、寻求借鉴。西班牙、越南、柬埔寨等国的执政党也纷纷学习借鉴我国的反腐败实践。我国80%的公务员、95%以上的领导干部是共产党员，党内监督和国家监察既具有高度内在一致性，又具有高度互补性。党的十八大以来，党内监督得到有效加强，监督对象覆盖了所有党组织和党员。这就要求我们必须根据我国实际构建国家监察体系。在深化监察体制改革过程中，党中央首先部署在各地开展深化国家监察体制改革试点，成立省、市、县三级监委，并与党的纪律检查机关合署办公，代表党和国家行使监督权和监察权。接着，通过宪法修正案，对监委作出专门规定。随后，审议通过《监察法》，将行使国家监察职能的专责机关纳入国家机构体系，明确监委由同级人大产生，对它负责，受它监督。通过"三步走"的战略部署，在反腐败斗争中，实现了把坚持党的领导、人民当家作主、依法治国三者的有机统一，展现了高超的政治智慧。制定《监察法》正是这一高超智慧的光辉结晶。《监察法》在立法技术方面与时俱进，充分体现了时代性和科学性。比如，《监察法》规定，监察机关办理职务违法和职务犯罪案件，应当与审判机关、检察机关、执法部门互相配合，互相制约。为保证监察机关正确行使权力，《监察法》对监督、调查、处置工作，尤其是留置权的行使等，作出严格规定。《监察法》还对反腐败国际合作专门作出规定。又比如，按照习近平总书记提出的"打铁必须自身硬"的要求，规定监察机关和监察人员必须接受人大监督、强化自我监督，以及规定监察机关及其工作人员的国家赔偿责任等。可见，《监察法》体现了非常先进非常科学的立法水平。3月20日，全国人大表决通过《监察法》后，中国创新和完善国家监察制度，以法治思维和法治方式开展反腐败工作，吸引了全世界的目光，来自美国、俄罗斯、法国、巴基斯坦、韩国、日本及相关国际组织、知名国际新闻媒体的多位国际人士作出了积极评价，纷纷认为，我国通过《监察法》，从根本上塑造规范、健康、常态化的反腐体系，将极大增强反腐败工作推进的力度和广度，对其他国家治国理政有着很好的启迪作用。美国政治学者、专栏作家阿尼尔·西格德尔说，中国刚刚通过的《监察法》意义重大，通过法律形式将反腐败的实践制度化是进行制度化建设和完善现代治理体系的重要一环。巴基斯坦中国委员会执行主任菲扎尔·拉赫曼说，中国的反腐经验对于"一带一路"沿线国家有着重要的启发意义，如果各国能够学习中国的反腐败经验改善国家治理状况，将有助于"一带一路"建设各项工作的顺利推进，中国坚持开展反腐败工作，并分享成功经验，将为世界反腐败事业做出更大贡献。可以说，以制定《监察法》为缩影，我国反腐败斗争的伟大实践和成就，在全球范围内破除了对某些固有反腐理念和路径的依赖，就如何依宪反腐、如何运用法治思维和法治方式反腐贡献了人类历史上的全新模式，提供了中国方案。

（本章原文发表在 2018 年 3 月 29 日《中国纪检监察报》，原题《中国特色监察制度的重要里程碑——写在监察法颁布实施之际》）

第五章　国家监察体制改革的法治创新

深化国家监察体制改革是事关全局的重大政治体制改革,是国家监督制度的顶层设计。改革中通过了宪法修正案,制定了《监察法》,以国家立法的形式,增加有关监察委员会的规定,确立监察委员会作为国家机构的法律地位,对监察工作的指导思想和领导体制、监察工作的原则和方针等进行明确,新组建的国家监察委员会与中央纪律检查委员会合署办公。2018 年 3 月 23 日,中华人民共和国国家监察委员会在北京揭牌,举行新任国家监察委员会副主任、委员宪法宣誓仪式。国家监察体制改革取得丰硕成果,打响了深化党和国家机构改革的第一枪,堪称本次深化党和国家机构改革的成功典范。

一　国家监察体制改革中的四大法治创新

2018 年 3 月 17 日,第十三届全国人民代表大会第一次会议审议通过了国务院机构改革方案,将中华人民共和国监察部并入新组建的国家监委。2018 年 3 月 21 日,中国共产党十九届三中全会通过《深化党和国家机构改革方案》。中华人民共和国国家预防腐败局并入国家监委。改革后,不再保留监察部、国家预防腐败局。综观本次改革,在法治创新角度体现出以下四个鲜明特点。

（一）机构融合

自人类社会出现政权实体以来，为防止公权力滥用，力保公权力的良性行使，各个国家以本国政治制度和政治文化为基础，发展出了类型多样的国家监察制度。中国特色监察制度权力来源于人民，以维护人民和国家利益为出发点和归宿。组建国家监委作为中国特色监察制度的创新之举，实质上就是反腐败工作机构，代表国家行使监督权。习近平总书记在党的十九大上指出，深化国家监察体制改革，将试点工作在全国推开，组建国家、省、市、县监委，同党的纪律检查机关合署办公。改革后的监委与纪委合署办公，用中国的老话说就是"一套人马，两块牌子"，代表党和国家对全体党员和全部公职人员进行监督，取得了"1+1>2"的效果，体现了依规治党与依法治国、党内监督与国家监督、党的纪律检查与国家监察的有机统一，推动全面从严治党向纵深发展，成为中国特色国家监察体制。

（二）对象汇合

《监察法》对监察的对象进行明确，包括六类：（1）中国共产党机关、人民代表大会及其常务委员会机关、人民政府、监委、人民法院、人民检察院、中国人民政治协商会议各级委员会机关、民主党派机关和工商业联合会机关的公务员，以及参照《中华人民共和国公务员法》管理的人员；（2）法律、法规授权或者受国家机关依法委托管理公共事务的组织中从事公务的人员；（3）国有企业管理人员；（4）公办的教育、科研、文化、医疗卫生、体育等单位中从事管理的人员；（5）基层群众性自治组织中从事管理的人员；（6）其他依法履行公职的人员。可以说，监察机关对上述六大类的公职人员和有关人员进行监察，实现了监察对象的全覆盖。一方面，实现全覆盖有利于"全保护"，将"庙堂"之上的巨贪绳之以法，及时清理腐坏肌体，有利于政治上层的纯洁，同时也将横行乡里的基层贪官缉拿归案，保护人民利益，有利于政权根基的稳固；另一方面，监察对象的全覆盖也彰显着监察机关的权威性。

（三）职能整合

深化国家监察体制改革的根本目的是加强党对反腐败工作的集中统一领导，把原来分散在监察部、国家预防腐败局以及检察机关的反贪污贿赂，其中还包括渎职、预防职务犯罪的职能整合在一起，组建新的国家监察机关。《监察法》对监委的职责进行了明确的规定，包括三项：对公职人员开展廉政教育，对其依法履职、秉公用权、廉洁从政从业以及道德操守情况进行监督检查；对涉嫌贪污贿赂、滥用职权、玩忽职守、权力寻租、利益输送、徇私舞弊以及浪费国家资财等职务违法和职务犯罪进行调查；对违法的公职人员依法作出政务处分决定；对履行职责不力、失职失责的领导人员进行问责；对涉嫌职务犯罪的，将调查结果移送人民检察院依法审查、提起公诉；向监察对象所在单位提出监察建议。此外，《监察法》赋予了监察机关履职需要的相应权限，即有权依法采取谈话、讯问、询问、查询、冻结、调取、查封、扣押、搜查、勘验检查、鉴定、留置12种调查措施。《监察法》的相关规定将原来分散在监察部、国家预防腐败局以及检察机关的职能进行了整合，并广泛地赋予了履行职能所需要的权限，这一方面服务和服从于我国反腐败斗争的实际需要，另一方面也体现了道路自信、理论自信、制度自信、文化自信。

（四）有序制衡

从良性分工及角度看，监察委员会与纪律检查委员会均是反腐败专职机构，但两者性质不一，分工有所不同。监委属于国家机构，而纪律检查委员会属于党内机构。监察委员会与纪律检查委员会合署办公体现着党政整合，但两者之间是实现良性分工，而非简单的职能重叠。监察委员会作为国家机构，监督范围更加广泛，包括所有行使公权力的公职人员，其职权可以归纳为三项：监督、调查、处置。监督即监督检查公职人员依法履职、秉公用权、廉洁从政从业以及道德操守情况；调查即调查涉嫌贪污贿赂、滥用职权、玩忽职守、权力寻租、利益输送、徇私舞弊以及浪费国家资财等职务违法和职务犯罪；处置即对违法的公职人员依法作出政务处分决定，对履行职责不力、失职失责的领导人员进行问责，对涉嫌职务犯罪的，将调查结果移送人民检察院依法审查、提起公诉；向监察对象所在单位提出监察建议。纪律检查委员会作为党内机构，监督范围为党的领导机关和领导干部，特别是主要领导干部，其职权也可归纳为三项：监督、执纪、问责。监督即对党员领导干部履行职责和行使权力情况进行监督；执纪即对党组织和党员违反党章和其他党内法规，违反国家法律、法规，违反党和国家政策、社会主义道德等，依照相关规定给予党纪政纪处分的行为；问责即由党组织按照职责权限，追究在党的建设和党的事业中失职失责党组织和党的领导干部的主体责任、监督责任和领导责任。

  从权力制衡角度看，监委与纪委在实现良性分工的基础上，也形成了严密有序的权力监督制约机制，以确保监督权力不被滥用。新组建的监察委员会整合了我国目前常见的多种监督权力和手段，权力的高度良性扩大是毋庸置疑的，在此过程中，需要同步研究强化对监察委员会监督制约的问题，妥善回应社会关切，在全社会形成支持改革、拥护改革的良好氛围。习近平总书记强调指出："监督别人的人首先要监管好自己，执纪者要做遵守纪律的标杆。"内部监督是指将全国监察委员会视为一个系统，通过在系统内建立监督机构和健全监督制度，从而达到对监察委员会的监督。中央纪委、监察部为强化对纪检监察系统自身的监督，率先增设了纪检监察干部监督室，防止队伍内部出现"蛀虫"。全国纪检监察系统也纷纷成立相应机构，开展相关工作。加强内部监督有利于从源头预防权力的滥用，来自监察委员会内部的监督有其独特的优势和不可替代的作用，应当成为监督的主要方式。在实际工作中，十分注重强化对关键环节的监督制约，注重强化上级监委（纪委）的监督，继续抓好"两个为主"，还重视建立健全相关制度来强化监督制约，比如制定监察人员执法过错责任追究制度，对违规操作、审查履责不严等行为、后果等进行规定，深化科学公正的执纪责任追究制度，建立领导干部插手具体案件办理的记录、通报和责任追究制度，建立特邀监督员队伍制度，加强社会各界对监委工作的监督。外部监督是指监察委员会系统以外各级党政机关、企事业单位、社会团体以及个人对监察委员会的监督，具体又可分为涵盖了党委、人大、政府、政协、舆论、群众等多种形式的监督。

二 国家监察体制改革在本次机构改革中的重大意义

（一）明确党治国理政法律主体地位

习近平总书记在党的十九大报告中指出，党政军民学，东西南北中，党是领导一切的。必须增强政治意识、大局意识、核心意识、看齐意识，自觉维护党中央权威和集中统一领导。政党与国家之间存在紧密的联系，在我国，中国共产党的目标是与国家目标高度吻合的，中国共产党治国理政的过程，是其自身存在的价值和意义，也是国家目标实现的必然途径。目前，党与政之间的关系依然表现为不稳定的授权关系和共事关系，这背离中国革命和现代化建设的实际，不利于党政关系的持久健康发展，不符合人民的根本利益。根据《宪法》修正案，国家监察体制改革将党政整合，以法治精神为指引，宪法、法律、党内规章的完善，将党的治理与党政关系的后续稳定纳入法治的轨道中，这是改变目前党政关系尚不稳定和党治国理政主体地位较为模糊的有益尝试。国家监察体制改革加强党对反腐败工作的集中统一领导，实现对所有行使公权力的公职人员监察全覆盖，使依规治党与依法治国、党内监督与国家监察有机统一，推进国家治理体系和治理能力现代化，有利于强化党的领导和全面从严治党，充分体现党的领导、人民当家作主、依法治国的有机统一。这也是笔者曾经撰文专述的"治权实体"的定位选择，也就是在宪法序言关于坚持党的领导相关论述立法规定的基础上把法律作为调控党政关系确定的手段，对党政关系的运作常态加以理论定型，从立法上明确了党在治国理政中的主体地位。

（二）导引政治体制改革

2018年3月21日，党的十九届三中全会通过《深化党和国家机构改革方案》，正式拉开了新一轮政治体制改革的序幕。本次改革将全面贯彻党的十九大精神，坚持以马克思列宁主义、毛泽东思想、邓小平理论、"三个代表"重要思想、科学发展观、习近平新时代中国特色社会主义思想为指导，牢固树立"四个意识"，坚决维护以习近平同志为核心的党中央权威和集中统一领导，适应新时代中国特色社会主义发展要求，坚持稳中求进工作总基调，坚持正确改革方向，坚持以人民为中心，坚持全面依法治国，以加强党的全面领导为统领，以国家治理体系和治理能力现代化为导向，以推进党和国家机构职能优化协同高效为着力点，改革机构设置，优化职能配置，积极构建系统完备、科学规范、运行高效的党和国家机构职能体系。习近平总书记在中央政治局会议审议深化国家监察体制改革方案时指出，深化国家监察体制改革是事关全局的重大政治体制改革，是国家监督制度的顶层设计。监察体制改革是带有全局性、根本性的深刻改革，涉及政治权力、政治体制、政治关系的重大调整。改革后，监察机关从人民政府中分离出来，专司国家监察职责。监察委员会由人民代表大会产生，对同级党委、本级人大及其常委会和上一级纪委监委负责，必将加强党对反腐败工作的领导，强化国家权力机关的监督职能，拓宽人民监督权力的路径，使党领导下的国家政权机关既分工负责又协作配合的制度更加完备。国家监察体制改革作为本次大部制改革的重点先行部队，其成功推进导引了本次新一轮的以推进党政整合为目的的政治体制改革。本次深化机构改革，除了将监察部、国家预防腐败局的职责，最高人民检察院查处贪污贿赂、失职渎职以及预防职务犯罪等反腐败相关职责整合，组建国家监察委员会，同中央纪律检查委员会合署办公以外，还包括组建中央全面依法治国委员会，设在司法部；组建中央审计委员会，设在审计署；组建中央教育工作领导小组，其秘书部设在教育部；中央组织部统一管理公务员工作，不再保留单设的国家公务员局等若干推动党政整合的改革措施。国家监察体制改革的成功推进，说明党政整合既是必要的，也是可行的，同时新构建的国家监察体制还将成为本次深化党和国家机构改革的助推力和重大保障。

（三）贡献人类政治文明建设新方案

本次国家监察体制改革是对党的十八大以来反腐败实践经验的理性总结，是对我国历史上监察制度的有益借鉴，为国际反腐败提供了中国智慧和中国方案，党政整合的创新与尝试也为人类政治文明建设提供了新方案。全国人大表决通过《监察法》后，中国创新和完善国家监察制度，以法治思维和法治方式开展反腐败工作吸引了全世界的目光，来自美国、俄罗斯、法国、巴基斯坦、韩国、日本及相关国际组织、知名国际新闻媒体的多位国际人士作出了积极评价，纷纷认为，我国通过《监察法》，从根本上塑造规范、健康、常态化的反腐体系，将极大增强反腐败工作推进的力度和广度，对其他国家治国理政有着很好的启迪作用。可以说，以制定《监察法》为缩影，我国反腐败斗争的伟大实践和成就，在全球范围内破除了对某些固有反腐理念和路径的依赖，就如何依宪反腐、如何运用法治思维和法治方式反腐贡献了人类历史上的全新模式，提供了中国方案。党政整合的创新与尝试也走出了人类政治文明建设的新道路，也就是按照区别于以高度集权为体系特征的"党政合一"模式以及西方议会政治为参照而推论出的"党政分开"模式，从而走出将党政视为一个密切联结而又相互制衡的"治权实体"的第三条道路。中国共产党因其意识形态的特质以及党在革命中深入中国社会底层而形成的超强的政治动员能力，使得其构建的"政党—国家体系"具有渗透性、辐射性、内聚性和整合性，这也是为人类政治文明建设的新方案进行的积极探索。

（本章原文发表在2018年6月《南方》杂志，原题《深化党和国家机构改革的典范之作》。）

第六章　国家监察体制改革的文化传承

我国正大力推进的监察体制改革，是以习近平同志为核心的党中央审时度势作出的重大战略决策，体现了全面深化改革、全面依法治国、全面从严治党的有机统一。改革充分借鉴了我国古代监察制度的积极因素，饱含优秀传统文化基因，充分体现了中华民族的文化自信。

一　我国古代监察制度的特点

民族的法制历史是一个民族进步所必不可少的丰厚资源和巨大动力。通说认为，我国古代监察制度发轫于战国时期，萌芽于先秦，正式形成于秦汉，发展于魏晋南北朝，成熟于隋唐，强化于宋元，严密于明清。其先后经历了御史台、一台三院制及督察院三个阶段。先秦各国相继取得兼并战争，以"官僚制取代世卿制"，于是"为治吏而察吏"的监察思想迅速萌发。秦汉以"官吏是治国之要，察吏是治国之本"[①]的监察思想，大力推行"强干弱枝"政策，御史台阶段形成了多元化的监察体制。监察机构定性于唐代，形成了"一台三院"的监察体制，其中御史台是专门的、独立于一切机构之外的监察机

---

① 张晋藩：《中国古代监察思想、制度与法律论纲》，《环球法律评论》2017年第2期。

关，对于维持地方吏治和地方政务发挥积极作用。宋元时期，全面强化中央权力，在"制衡相权"的监察思想下，基本沿袭唐朝。明朝"重耳目之寄，严纪纲之任"，三院制发展至都察院的一院制，使监察权力一体化，监察制度趋于系统化，无论中央和地方监察都细致严密，规模宏大。

总之，我国古代的监察制度源远流长，作为古代政治制度的重要环节，受到历代统治者的高度重视。中国古代盛世善治，也是监察制度厉行最好的时代。我国古代监察制度最初设计理念和功能紧紧围绕"维护国家整体利益，涤荡吏治污弊，实现公正的政治法律秩序"①。同时，形成了中央与地方一体的监察体系，对朝官、京官和地方官都有设置独立机构，几乎所有权力领域都纳入统一监管之中。

分析任何法律现象，要结合当时的具体社会现实，分析其背后的历史环境和历史条件。总体上我国古代监察制度处于不断发展和完善的过程中，虽然受到特定阶段的影响，但是呈现出一些共同特点。监察机关的独立性、权威性、精细化及垂直体系等这些出彩点也正是我们当代需要特别挖掘和借鉴的。

1. 来源于国家最高权力。御史台、监察御史都是直接受命于皇帝，成为皇帝的"耳目之司"，直接向皇帝本人报告。皇权至高无上，作为最高权力机关，皇帝直接决定监察官的考试、任选、派遣、晋升以及外调任职等。监察官员在进行监察职能时，直接对皇帝负责，不受其他任何官员的制约影响，从根本上有力地保障了监察机构独立行使监察权。②秦中央政府，设立御史大夫为副宰相，执掌群臣奏章，下达皇帝命令，对国家各个行政机关，对包括宰相在内的各级官吏，都有权进行行政监察，兼理国家行政监察与法律监督事宜。③

---

① 张生：《中国古代监察制度的演变：从复合性体系到单一性体系》，《行政法学研究》2017年第4期。
② 刘永昌：《我国古代行政监察制度及其借鉴意义》，《华中师范大学研究生学报》2010年第3期。
③ 怀效锋主编：《中国法制史》（第四版），中国政法大学出版社2015年版，第44页。

宋朝皇帝亲掌监察御史的任用权，朝廷按照地方划分派出监察御史专职负责一郡行政监察与法律监督工作。从部门地位看，明朝中央监察机构与省、部、院是独立行使职权，只对皇帝负责，不受其他部门的制约和限制。元世祖所说"中书朕左手，枢密朕右手，御史台是朕医两手的，此其重台之旨，历世遵其道不变"①。

  中央政府代表皇权，一切政治活动均围绕皇权进行。地方政府是皇权对地方的延伸。地方的稳定和对于中央的拥护对于政权的繁盛至关重要。秦朝中央设立御史大夫，地方设置监郡御史监察官员，对于维护社会稳定起了很大作用。为强化中央集权，汉朝由皇帝钦定，向全国各地派遣"监御史"，加强地方行政监察。汉武帝时期，把全国划分为十三个监察区，每处派刺史一人，作为固定监察官，加强地方的控制和监督。刺史受御史中丞管辖，按照汉武帝手订"六条问事"，监察地方官员，主要是官吏有无逾制行为，是否遵行皇帝诏令，执法是否公平，行政有无违法乱纪现象，等等。宋朝中央设置台谏，地方设置监司和通判，用于维护国家统治。

  2. 监察机构设置独立严密。我国古代监察机构基本上从行政体系剥离，从中央到地方，都有专门人员和机构设置，分工明确，对控制地方政治实行精细化管理，有力地提高了管理效率。由于御史与地方官相比，受关系网的束缚要少得多，因此在很大程度上防止和减少了地方官员徇私偏枉的现象。唐朝的御史大夫为台长，御史中丞为辅佐，"掌邦国刑宪典章之政令，以肃正朝列"。② 御史台下设台院、殿院、察院，分别由侍御史、殿中御史、监察御史组成，各有分工，又相互配合，有权弹劾百官，参决大狱，监督府库支出，及出使分察地方州县。

  另外，古代监察体系从中央到地方，分工明确，层次分明，体系严密。秦朝设置御史大夫之职，其位置仅在丞相之下。其下设置监察

---

① 《元典章·饬官吏》。
② 《唐六典·御史台》。

第六章 国家监察体制改革的文化传承

御史，受皇帝委派或者御史大夫派遣，对属下郡县进行行政监察与法律监督。唐朝的御史台既是中央监察机关，又是三大司法机关之一，掌管纠察、弹劾百官违法之事，同时负责监督大理寺和刑部的司法审判活动。明朝设立了从省至道，再至府州县的三级地方监察机构，明确空间范围的行使，包括浙江、广东、广西、山东、福建和云南等地属于国家重点监察地方上的十三道监察御史。另外汉朝十三州刺史部、唐朝十道、宋朝诸路监司、元朝二十二道肃政廉访司和清朝的十五道监察区等，均直属中央，独立建署。

3. 监察权限较大。监察机关因受到最高统治者的重视，监察权限围绕皇权加强而不断加强。御史台监察院的地位都是与国家最高权力机关、最高军事机关并列的位置。凡是属于行政违制、失误，造作不如法，推纠冤狱，体察职官任职，弹劾文武百官违法失职渎职等，都属于御史台的职权范围。

从权力行使形式上，有接受检举、控告、采访调查、深入部门定期检查、重大政事活动亲临现场督查以及考课监察结合等。① 例如，唐朝的监察御史是皇帝派出的鹰犬、耳目，"掌分察百僚，巡按郡县，纠视刑狱，肃正朝仪"②，对国家的政治、经济、军事、行政、司法、财政、宗教、文化、教育等一切事务无所不察。汉朝为提高县级政权的统治效能，郡守常常派遣属官督邮监察地方各县，协同各县追捕逃犯，镇压犯罪。宋朝要求监察御史"广揽兼听、信赏必罚，以收众智，以驭辟吏，百官向方而万事理"③。宋朝无论是路级监察官监司，还是府、州、军、监级监察官通判，均有权参与地方财政、人事、司法等政务，在参与过程中随时监督。④ 据《元史·刑法志》，肃政廉访使负有"饬官箴，稽吏课，内秩群祀，外察行人，与闻军国奏议，

---

① 贾玉英：《中国古代监察制度发展史》，人民出版社 2004 年版，第 363 页。
② 《唐六典·御史台》。
③ 《宋大诏令集》。
④ 卜宪群：《中国历史上的腐败与反腐败》，海峡出版发行集团 2015 年版，第 479 页。

理达民庶冤辞"等项职责。① 明朝都察院的监察职责也是无所不在,凡属于官府审判、赋役、会计、调度、官吏失职、渎职等方面的行为,都要"纠举之"。明朝文献中出现很多"不奉诏""不敢奉制""请不奉制",均论证监察官拥有很多职权。

4. 监察对象全覆盖。御史台的监察范围十分广泛,几乎全面深入基层政权,上达郡守、强宗豪右甚至考察皇帝,典正法度、察举非法、监察公卿百官之职务履行及考核。② 据《册府元龟》卷520《宪官部》记载了唐代御史监察五十一次事件中,其中二十七次涉及户部、司农寺、太府寺等重要部门。唐代的监察范围,既包括考察官吏的品德、操守和政绩,又监督地方官员和豪强的行为。③ 唐代台院监察范围几乎涉及所有国家机关,"三司推事"表明监察权力渗透到行政、司法部门。明代的监察亦无所不察,无人不纠。

只有进行有效的监察,才能减少官吏的腐败现象,克服官僚衙门的弊端。经统计,监察对象一般都包括纠察各级官吏的违法乱纪行为,劝课农桑,采买活动,索要或者收受贿赂,入茶坊酒肆者纠察,官府之间的书呈往来,对军官军征边事的监察,官员的选任、考课、奖惩、升降等人事监察,甚至农桑、水利和灾害监察、学校和社会风俗的监察(其教之不以道者,监察御史纠之;诸教官在任,侵盗钱粮,荒废庙宇,教养无实,从廉访司纠之④),"诸义夫、节妇、孝子、顺孙,其节行卓异,应胜表者,监察御史廉访司察之"⑤,以及对财政经济各个部门会计、赋役、司度、征收均有审计监察之权。

5. 内部约束机制齐全。我国古代对于监察权力的监督和控制,也有着一套齐全的约束性机制。首先,各个朝代统治者基本都以严密

---

① 怀效锋主编:《中国法制史》(第四版),中国政法大学出版社2015年版,第196页。
② 蔡放波:《中国行政制度史》,武汉大学出版社2013年版,第149页。
③ 怀效锋主编:《中国法制史》(第四版),中国政法大学出版社2015年版,第123页。
④ 《元史》卷103《刑法志》二,第2638页。
⑤ 《元史》卷102《刑法志》一,第2621页。

的监察法规明确行使监察官吏的职责、考核，以及失职、违法行为的处置等。例如汉武帝的"刺史问事六条"，隋炀帝"巡察六条"以及宋朝的《宋大诏令集》，《庆元条法事类》的《职制敕》《职制令》《监司互监法》等，元朝的《宪台格例》，清朝的《钦定台规》和《督察院则例》。在对待改革与法律的关系上，必须是用法律为改革开辟道路并提供保障。

其次，监察官互相监督，上下垂直体系内部的监督和其他机构的多重监督。汉代在御史台之外，还设立丞相司直与司隶校尉，三者同为中央监察机构，互不统属，但可互察。汉朝，官吏如有触犯，经刺史上报，朝廷依据法律对官吏所犯予以惩处。监察御史如果"举劾失当"，"并坐之"。魏晋时，御史台、司隶、尚书丞三者也可互相监督。明朝《宪纲》对互察有详细的规定，"凡巡按御史弹劾三司不职按察司官亦得纠巡按失职""巡按清军，巡盐刷卷御史，同事地方，固亦同寅协恭，亦要互相纠察，以清宪体"。① 中国古代的监察形式多样化，既有自上而下的垂直监察，也有部门之间的横向监督，有常态化的定向监察，也有临时性的特遣监察，有分级监察，也有对上谏诤封驳对下监督弹劾对左右交叉牵制，成为严密的设置独立的监察网络。

最后，通过道德层面的防范监管，即通过正统思想之教、纲常伦理之教、明主圣君之教和清官贤吏之教等方面深刻影响，形成监察官吏"宁鸣而死，不默而生"重要职业道德规范。②

6. 重视法制建设。在中国古代，随着监察体制的形成与发展，监察立法也相应地有所发展，由简单到复杂，由单项到法典化，内容广泛，形式多样，使得监察活动有法律的依据，不仅如此，监察立法也限定了监察权的行使，使监察官不得任意地超越法律之外行事，这也是古代以法为治的一种表现。清朝的监察法《钦定台规》，集历代

---

① 《大明会典》卷209，纠劾官邪。
② 赵映诚：《中国古代谏官制度研究》，《北京大学学报》（哲学社会科学版）2002年第3期。

监察立法之大成，内容包括训典、宪纲、六科、各道、五城、稽查、巡察和通例等八类，其完备性为世界所少有。监察立法产生于中华民族的文化土壤上，极具有特殊性，也具有典型性，同时又是中华法治文明先进性的表征。

7. 实行监察官特别选任制度。中国历代选拔监察官的条件，首先是道德品质，要刚正廉洁、忠于职守、不徇私情，敢于触犯贵族高官；其次，需科举出身，以保证其文化素养；最后，监察官一定要有地方工作的经验。有些王朝如明朝，由明太祖亲自选拔监察官，曾黜不合格者。由于监察官选任严格，历代出现了许多忠于职守、不畏权贵的监察官，因弹劾严嵩父子而下狱的监察官杨继盛在绝命诗中写道："饮酒读书四十年，乌纱头上有青天，男儿欲上凌烟阁，第一功名不爱钱。"

二 我国古代监察制度对我国国家监察体制改革的启示

我国古代监察制度在加强公权力监督制约方面发挥了很好作用，目前我国正在推进的监察体制改革充分吸收了相关历史优秀文化的积极因素。

1. 监察权来源于人民。我国古代监察制度依赖于皇权而生存和运作。依靠皇权的监察，始终缺乏群众基础，最终经不起历史的考验。人民是一切权力的来源，监察权力最终来源于人民。设立国家监察委员会是事关全局的重大政治改革。作为政治机构，习近平同志多次强调，国家监察体系要体现党中央关于中央纪委、监察部合署办公，中央纪委履行党的纪律检查和政府行政监察两项职能，"对党中央全面负责的精神"，"要坚持党对党风廉政建设和反腐败工作的统一领导，扩大监察范围，整合监察力量，健全国家监察组织架构，形成全面覆盖国家机关及其公务员的国家监察体系"。在我国，人民是一切权力的来源。我国的权力机关是由人民选举的并对人民负责的全国各级人民代表大会，设立国家监察委员会是事关全局的重大政治改革，必须获得全国人大的授权，在法治轨道上运行，对人民代表大会负责，接受人民代表大会的监督。我国宪法修正案规定，由人民代表大会组建一个专司国家监察的国家机构，实现权力的有效监督，体现党的主张和人民意志，《监察法》也对此问题作出专门规定，使得改革于宪有据，于宪有源。

2. 监察体制独立设置。历史经验表明，监察官不受外在非法干扰制约，只对最高权力负责，有利于其实现最大监督效能。改革前，我国反腐败机构呈"三足鼎立"的局面，反腐机构的繁多，弊端不少。只有将三种反腐力量良性整合，建立一个党统一领导下专司国家监察的反腐败机构，才能解决存在弊端，形成高效统一的专门监督机构。在党委领导下，纪委和监委合署办公，再将原来隶属检察院的反贪反渎和预防职能和人员整合、转隶过来，有利于力量整合，保证监督质量和效率。改革后成立的监委是一个"反腐败机构"，而不是一个"超级机构"，适当借鉴古代监察自上而下垂直监察，以"两个以上级为主"格局确保构建分工合理、协调配合、运行有序、严密精细化管理的监察体系。

3. 赋予监委履职所需职权。工欲善其事，必先利其器。中国古代历朝统治者为了保证监察有效，赋予监察机构足够的权力和手段，注重树立监察官权威，这可谓历朝通例。我国监察机构作为一个"全新体制"，依法赋予有效履行职能的措施和手段，行使"全面的调查权"，既区别于"依刑事诉讼法行使侦查职能"，也不是"按照行政法行使调查职能"。① 随着反腐斗争的深入，为保证监察机关有效履行监察职能，依法赋予监察尽量足够的监察职权，有利于保证监督的质量并能产生较大的压力和震慑力。因此，通过宪法和法律规定监察机关相应权限意义重大，比如有权依法采取谈话、讯问、询问、查

---

① 马怀德：《国家监察体制改革的重要意义和主要任务》，《国家行政学院学报》2016年第6期。

询、冻结、搜查、调取、查封、扣押、勘验检查等措施，依法行使留置权，依法采取技术调查、通缉、限制出境等措施，以及依法要求有关机关协助执行等。

4. 实现监察对象全覆盖。我国古代监察体系监督范围十分广泛，所谓"天网恢恢，疏而不漏"。通过改革，我国实现对所有行使公权力的公职人员监察全覆盖，这是全面从严治党向纵深发展的必然要求。改革后，我国国家监察体系实现对所有行使公权力的公职人员的监察进行全面覆盖，不留死角。除了将以往公务员以及参照公务员管理的人员继续纳入监督范围外，以往一些未纳入监察范围的人员群体必须接受监督。比如由法律授权，或者由政府委托来行使公共事务职权的公务人员，国有企业的管理人员，公办的教育、科研、文化、医疗、体育事业单位的管理人员，群众自治组织中的管理人员以及其他依法行使公共职务的人员等。

5. 监委接受有效的监督制约。律人者需先正己。古代监察权在相当长时期里发挥应有作用，与监察机构和监察官的严格自律和外部监督关系重大。"打铁必须自身硬"。改革中多措并举实现对监察权的有效监督制约，可以说，监委受到的监督是全方位、严密而有效的。一方面，高度重视思想政治工作，从思想上拧紧严格自律的总开关；另一方面，通过制度设计，监委运行规范与纪委监督执纪工作规则相衔接，内部严格受控；在收集、固定、审查、运用证据时，要求与刑事审判关于证据的要求和标准相一致；对打听案情、过问案件、说情干预的报告和登记备案，建立监察官不当行为申诉和责任追究制度。与此同时，监委接受同级党委和上级纪委监委、本级人大及其常委会、检察机关的监督以及民主监督、社会监督、舆论监督。

6. 重视监察法律制度建设。2018年3月20日，十三届全国人大一次会议表决通过《中华人民共和国监察法》，作为反腐败国家立法，国家监察法的通过，意味着国家监察体制改革成果进一步固化为法律制度。《中华人民共和国监察法》依法赋予监委职责权限和调查手段，特别是用留置取代"双规"措施，保证监察机关有效履行监察职能；专设监察程序一章，对监察、调查、处置工作程序作出严格规定，并在内部制约和监督方面规定了严格措施，确保监察机关正确行使权力；还从多个方面规定了对监察机关和监察人员的监督，确保党和人民赋予的权力不被滥用。正是重视监察法律制度的建设，通过强化纪法贯通、法法衔接，将监察体制改革试点一年多来的实践成果进行了一次深入的总结。

7. 建立监察官制度。《监察法》规定："国家实行监察官制度，依法确定监察官的等级设置、任免、考评和晋升等制度。"这意味着建立监察官制度成为国家监察体制改革的一项重要内容。在监察体制改革试点工作之初，浙江省就已经积极争取探索建立监察官制度，将监察委全部内设机构工作人员纳入监察官的适用范围，建立与监察官等级序列配套的相关制度，推进监察队伍专业化、职业化建设。随着国家监察体制改革不断深入，更多法律层面关于细化、充实监察官制度的工作也会进一步展开及完善。

（本章原文发表在2018年4月《南方》杂志，原题《我国监察体制改革饱含优秀传统文化基因》。）

第七章　监察委员会法律职能分析

2018年3月20日，十三届全国人大一次会议表决通过了《中华人民共和国监察法》（以下简称《监察法》），这是把党的十八大以来在推进党风廉政建设和反腐败斗争中形成的新理念、新举措、新经验以法律形式固定下来，巩固国家监察体制改革成果，保障反腐败工作在法治轨道上行稳致远的一个创制之举，意义重大、影响深远。本文力求结合《监察法》的相关规定和领会党中央有关新时期反腐败斗争的指导精神，对监委的法律职能作一个粗浅的分析。

一　调整监察部门法律职能的必要性

不可否认，深化国家监察体制改革之前的行政监察制度在惩治和预防腐败、规范行政执法等方面，在一定时期内发挥了重大的作用。但是，从整个国家监督体系的宏观层面来看，行政监察体制存在不少缺陷，尤其是党的十八大之后，随着中央反腐力度的加大，已经明显不能适应国家反腐败工作的新要求。具体体现在以下几个方面：一是国家反腐败工作机构众多，力量极为分散；二是反腐败机构独立性不足，同体监督导致反腐败工作面临诸多困境；三是反腐败机构地位较低、规格不够、权力受限。因此，优化整合反腐败机构力量，调整监察机关法律职能迫在眉睫、刻不容缓。党中央提出深化国家监察体制改革，设立国家监委有效解决了以上问题，极大地推动我国的反腐败工作走上法治化制度化的轨道，翻开我国反腐败工作的新篇章，具有重大的时代意义：一是设立国家监委整合了我国的反腐败工作力量，形成集中统一、权威高效的反腐败工作机构。国家监察委整合了目前人民检察院的反贪、反渎、职务犯罪预防部门，政府的行政监察、预防腐败部门等，这将有效地促进国家反腐败力量由分散走向统一，促进国家监委集中统一开展反腐败工作。二是国家监委实现了同体监督向异体监督的转变，提高了反腐败工作的独立性。国家监委由人大选举，与政府、法院、检察院并立存在，将有利于其独立行使国家监察权，独立开展反腐败工作，确保反腐败工作取得实效。三是将所有行使公权力的机关及其工作人员纳入国家监察的范围，实现国家反腐败工作的全覆盖。将我国立法机关、行政机关、司法机关、人民团体，甚至公办的教育、科研、文化、医疗卫生、体育等单位及其工作人员纳入国家监委的监察范围，实现反腐败工作全覆盖，并将进一步提高我国反腐败工作的范围和广度。

二 《监察法》关于监委法律职能的规定

党的十九大党章规定，党的各级纪律检查委员会的职责是监督、执纪、问责，这也是习近平总书记在中央纪委历次全会上多次强调的内容。《监察法》对监委的职责作出的"监督、调查、处置"规定，与党章规定纪委的监督、执纪、问责职责相一致。

（一）监督职责

监督是监委的首要职责。监委代表党和国家，依照宪法、《监察法》和有关法律法规，监督所有公职人员行使公权力的行为的合法性，确保权力不被滥用、确保权力在阳光下运行，把权力关进制度笼子。党的十八大以来，面对严峻、复杂的反腐败斗争形势，以习近平同志为核心的党中央带领全党进行了艰苦的探索。2016年10月，党的十八届六中全会通过了《中国共产党党内监督条例》，明确规定了党内监督的原则、任务、主要内容和重点对象，针对不同主体，明确监督职责，规定具体监督措施，实现党内监督全覆盖。监委的监督职责应当是站在纪委党内监督的高度上，充分运用监督执纪的"四种形态"（经常开展批评和自我批评、约谈函询，让"红红脸、出出汗"成为常态；党纪轻处分、组织调整成为违纪处理的大多数；党纪重处分、重大职务调整的成少数；严重违纪涉嫌违法立案审查的成为极少数），达到"惩前毖后、治病救人、抓早抓小、防微杜渐"的实际效果。

（二）调查职责

调查公职人员涉嫌职务违法和职务犯罪，是监委的一项经常性工作。它是监委开展廉政建设和反腐败工作、维护宪法和法律尊严的一项重要措施。调查的主要内容包括涉嫌贪污贿赂、滥用职权、玩忽职守、权力寻租、利益输送、徇私舞弊以及浪费国家资财等职务违法和职务犯罪行为，基本涵盖了公职人员的腐败行为类型。这七类行为都是党的十八大以来通过执纪审查、巡视等发现的比较突出的职务违法犯罪行为。

（三）处置职责

这项职责主要包括了四个方面的内容：1. 对违法的公职人员依法作出政务处分决定。监委根据监督、调查结果，对违法的公职人员依照法定程序作出警告、记过、记大过、降级、撤职、开除等政务处分决定。2. 对履行职责不力、失职失责的领导人员进行问责。3. 对涉嫌职务犯罪的，将调查结果移送人民检察机关依法审查、提起公诉。4. 对监察对象所在单位提出监察建议。

需要注意的是，监督是从"正面"规定的职责，范围广，比较原则，公职人员依法履职、秉公用权、廉洁从政从业以及道德操守情况都包括在内，《监察法》采取了概括的方式规定；调查是采用"具体列举+概括"的方式，根据《监察法》的规定，监察机关对所有行使公权力的公职人员的职务违法和职务犯罪行为都可以进行调查，但是基于工作的便利性和实效性，将涉嫌贪污贿赂、滥用职权、玩忽职守、权力寻租、利益输送、徇私舞弊以及浪费国家资财七种具体的职务违法、职务犯罪规定为调查范围；而处置则是采用"具体列举"的方式，针对违法犯罪情节，分别设计了相应的从轻到重的政务处分。

三　全面把握监委法律职能的三个维度

2018年3月11日通过的《中华人民共和国宪法修正案》及《监察法》分别从宪法、法律层面对监委作出了明确的法律职能定位，这关系到监察工作的立身之本，成为此次监察体制改革不可回避的必然要求。把握监委的法律职能，可以从以下三个方面入手：一是从机构本质把握监委的法律职能。监委实际上是党领导下的国家反腐败机构，国家监察体制改革的任务就是加强党对反腐败工作的统一领导，整合行政监察、预防腐败和检察机关查处贪污贿赂、失职渎职以及预防职务犯罪等工作力量，成立监委，作为监督执法机关与纪委合署办公，实现对所有行使公权力的公职人员监察全覆盖。二是从职能设置把握监委的法律职能。进行国家监察体制改革，旨在整合反腐败资源，形成统一的反腐败机构，破解"同体监督"难题，成立监委必将全面提升反腐机构的法律地位，在更大格局、更大程度上解决内部监督与外部监督的问题。三是从文化传承把握监委的法律职能。监察机构在国家权力结构中有着举足轻重的地位，自秦汉以来，御史大夫就与丞相、太尉并列"三公"，监察权也长期与行政权并列。中国革命先驱孙中山先生提出"五权宪法"（行政权、立法权、司法权、考试权及监察权分立），在民国时代"一府五院"的政体中，也设有专门的"监察院"。监察体制改革后，各级监委由同级人民代表大会选举产生，是行使国家监察职能的专责机关，从而形成政府、监委、法院、检察院并列的"一府一委两院"的格局。

四 把握监委法律职能须注意的几个问题

(一)作为政治机关的监委履职必须有效运用"四种形态"

深化国家监察体制改革是确立中国特色监察体系的创制之举,监委实质上就是反腐败工作机构,和纪委合署办公,代表党和国家行使监督权,是政治机关,不是行政机关、司法机关。在履行监督、调查、处置职责过程中,要始终坚持把讲政治放在首位,有效运用监督执纪"四种形态",不断增强反腐败工作的政治效果,推动形成风清气正的良好政治生态。这也是党的十九大新修改的党章中再次予以明确要求的内容。如何落实监督执纪"四种形态",应当从以下四个方面入手:一是抓"全",做到"既见树木、又见森林"。要面向全党,全面推进党的建设各项工作,全面落实党的"六项纪律",让每一名党员把党章党规、把政治纪律和政治规矩铭刻于心、落实于行,确保整片"森林"生态健康。决不能用惩处少数问题干部来替代对全体党员的教育,只见"树木",不见"森林"。二是抓"严",做到"言出纪随、寸步不让"。要把纪律挺在前面,用严明的纪律管住各级党组织和全体党员,使红脸出汗成为常态;对问题严重的,该组织处理的组织处理,该纪律处分的纪律处分。三是抓"早",做到"防患未然、惩前毖后"。克服"违纪只是小节、违法才去处理"的不正常状况,真正意义上做到小病有小病的批评教育、中错有中错的挽救措施、大过有大过的严肃惩处。四是抓"实",做到"对症下药、分类施治"。病在腠理、医之以汤熨,对出现苗头性、倾向性问题的,及时点刹、叫停,以发挥预防功能;病在肌肤、医之以针石,对存在小毛病、小问题的,及时给予党纪轻处分或组织处理,及时纠偏,以发挥惩戒功能;病在肠胃、医之以火齐,对严重违纪的,及时予以党纪政纪重处分、作出重大职务调整,以发挥挽救功能;病在骨髓、医之以猛药,对严重违纪涉嫌违法立案审查的极少数"害群之马",必须坚决清除,以发挥震慑功能。

(二) 监委工作基本方针是全方位着眼的

《监察法》第六条规定:"国家监察工作坚持标本兼治、综合治理,强化监督问责,严厉惩治腐败;深化改革、健全法治,有效制约和监督权力;加强法治教育和道德教育,弘扬中华优秀传统文化,构建不敢腐、不能腐、不想腐的长效机制。"这就是关于监委工作方针的规定。具体而言,有以下三个方面的内容。

一是"坚持标本兼治、综合治理,强化监督问责,严厉惩治腐败"。这里主要讲的是"不敢腐"的问题。党的十八大以来,坚持反腐败无禁区、全覆盖、零容忍,坚定不移"打虎""拍蝇""猎狐",反腐败斗争压倒性态势已经形成并巩固发展。人民群众最痛恨腐败现象,腐败是我们党面临的最大危险。只有以反腐败永远在路上的坚韧和执着,深化标本兼治,保证干部清正、政府清廉、政治清明,才能确保党和国家长治久安。当前,反腐败斗争形势依然严峻复杂,巩固压倒性态势、夺取压倒性胜利的决心必须坚如磐石。《监察法》的规定体现了党的十九大报告"坚持无禁区、全覆盖、零容忍,坚持重遏制、强高压、长震慑"的要求。

二是"深化改革、健全法治,有效制约和监督权力"。这主要讲的是"不能腐"的问题。《监察法》的规定体现了党的十九大报告中提出的"要加强对权力运行的制约和监督,让人民监督权力,让权力在阳光下运行,把权力关进制度的笼子"。解决不能腐的问题,不仅仅是国家监察体制改革和《监察法》的任务,其他各项深化改革任务和法律制定、修订工作都或多或少与此相关。《监察法》之所以规定这个内容,不仅是因为反腐败是我们的重要任务,也是因为看到反腐败不是靠某一个机关就能完成的事,必须动员各方面广泛参与,群策群力,建立起规范权力运行的制度机制。

三是"加强法治教育和道德教育,弘扬中华优秀传统文化"。这里讲的是"不想腐"的问题。党的十九大报告指出,"提高全民族法治素养和道德素养","深入挖掘中华优秀传统文化蕴含的思想观念、人文精神、道德规范"。法律是准绳，任何时候都必须遵守，道德是基石，任何时候都不能忽视。《监察法》明确将加强法治教育和道德教育、弘扬中华民族优秀传统文化作为监察工作方针，就是落实党中央的决策部署，从中华民族历史文化中汲取智慧，从实际出发实现监察工作理念思路、体制机制、方式方法的与时俱进。

（三）妥善履行监委法律职能应当做好内外衔接

1. 监委与纪委的内部职能衔接。由于全面推开的各级监委被定位为国家机关，依据《监察法》的相关规定开展工作，属于法律执行机构，而党的纪律检查委员会依据的是《中国共产党章程》《中国共产党党内监督条例》《中国共产党纪律处分条例》及《中国共产党问责条例》等相关党的规范性文件，属于党规党纪执行机构，因而合署办公之后必要面临纪律检查委员会执纪与监委执法之间的"纪法衔接"问题。因此，构建合署办公内部的"纪法衔接"机制应当考虑以下两方面问题：一是在内部分工基础上构建有序的衔接程序。纪委只负责"监督执纪问责"、监委只负责"依法监察"。但是党员干部的违纪行为与违法行为往往会出现重叠，从而引起执纪与执法的"竞合"问题。党中央坚持全面从严治党，提出"把纪律和规矩挺在前面"，因此"党规党纪必然要严于国家法律"。党员干部违纪不一定违法，但违法一定意味着违纪，对于这部分重叠的行为，既需要予以党纪处分，也需要予以国法处置，在已经实行执纪与执法事务分工的情况下，必然需要做好执纪与执法的有序衔接，也就是需要构建一套有序的衔接程序。二是"纪法衔接"模式从之前的"先后衔接"过渡到"合并办理"模式。改革之前党员干部职务犯罪在处理上按照"先后衔接"模式，即纪委立案审查完成后移送检察机关依法提起公诉，这样容易引起"重复劳动"以及对纪委"双规"程序的争议。实行"并列衔接"，即执纪部门在对党员干部进行纪律审查过程中一旦发现其涉嫌职务违法犯罪的，立即启动监察调查程序，这就意味着对同一案件由执纪和执法"同班人马"合并办理，但在程序上还是按照各自的要求进行，这就有效解决了"先后衔接"中存在的弊端。

2. 监委与公安机关的职能衔接。监委查办职务犯罪过程中，很多工作（查询、查封、扣押、搜查、勘验检查以及采取技术调查、限制出境等）都需要公安机关支持配合或具体执行，因此，在案件范围、审批程序、技术调查措施的种类和适用对象、使用期限、获取材料的运用等方面都需要出台相应的工作规范，在规范运作的前提下，尽量减少不必要的重复环节，避免因为出现冗长的"第二次审批"而影响监委的监督效率。建议在适当时候，可适当借鉴深圳市纪委在深圳前海廉政监督局试行的改革举措，也就是将公安局相关力量派驻到监委（纪委）机关，按照法律规定执行监委相关工作。

3. 监委与检察院的职能衔接。监察权和检察权的衔接主要体现在移送审查起诉上。第一，由于监委同时承担违纪审查和职务违法犯罪调查，其所取得的证据有一部分是否完全符合《刑事诉讼法》中关于提起公诉的内容，如谈话等内容，二者应当针对移送证据的范围进行界定，以促进监委对职务犯罪调查的规范性、严肃性与高效性相统一，并保障所移送言词证据能经得起审查起诉的检验。第二，反贪局人员转隶及职能划入后，一些人员及一些罪名对接目前还存在不清晰的地方，比如单位受贿等，能否由监委立案，还需要在实践以及立法解释中进一步予以明确。

4. 监委与法院之间的职能衔接。监察权和审判权某种程度上存在直接或者间接的衔接关系。《监察法》第三十三条第二款、第三款分别规定，"监察机关在收集、固定、审查、运用证据时，应当与刑事审判关于证据的要求与标准相一致""以非法方法收集的证据应当依法予以排除，不得作为案件处置的依据"，由此可见，监委调查职务犯罪的案件同样适用非法证据排除规则，调查所取得的证据要经过法庭质证才能作为定案依据。因此，监委应当与法院对有关的证据问题进行有效衔接，不仅能够促进监委执纪执法的规范化，也能大力推进目前我国"以审判为中心"的刑事诉讼制度改革。

第八章 监察权法律属性研究

深化国家监察体制改革，是以习近平同志为核心的党中央作出的事关全局的重大政治体制改革，是强化党和国家自我监督的重大决策部署，是推进国家治理体系和治理能力现代化的重大举措。通过改革，纪委与监委合署办公，将监察对象扩大至全覆盖所有公职人员，国家监察权成为国家权力的重要组成部分，形成了"一府一委两院"的全新格局，形成了一个全新的国家监察权（以下简称"监察权"）。监察权的设立，实行监察全覆盖，填补了此前行政监察范围过窄的短板，拓宽了人民监督权力的途径。而监察权基于将监察职责、手段以法律的形式加以固定，本文认为，监察权天然地具有人民性，其权能法定，权限适格，监察权被控制在合理范围内，乃良性可控之权。

一 监察权是人民权

无论是党章还是宪法，都体现着一切权力来源于人民、全心全意为人民服务的权力观。《监察法》明确规定，监委由同级人大产生，对它负责，受它监督，体现了监察权的人民性。

（一）监察权来源于人民授权

所有公权力都来源于人民的授权，国家之本，在于人民。人民民主专政是我国国体，充分体现了"人民性"的国家性质，是国家权力"属于人民,来自于人民并服务于人民"的根源所在。监察"乃位居上方加以监临、监视",这种位居上方的前提乃是权力民予。国家监察委员会作为独立的国家机关,其性质由"人民民主专政"的国体性质所决定,同样具有"人民性"。监委由人大选举产生,权力来源于人民,对人民负责,以维护人民和国家利益为出发点和归宿。权力来源的至高性,这不仅能回答监察权力来源的合法性问题,还树立其权威的法律地位。

(二) 设权过程人民参与

监察权的设立,坚决贯彻落实党中央决策部署,坚持人民至上,充分吸收各方面意见,认真回应社会关切,离不开征求意见、专家论证、人大审议等民主程序,人民群众广泛参与,处处体现着科学立法、民主立法、依法立法的原则。监察权的设权过程,积极汲取试点地区经验,全面征集社会公众、专家学者、人大代表、政协代表意见,数次提交人大常委会、人大会议审议,这些过程无不体现着人民参与的广泛性。2017年11月7日至12月6日,监察法草案在中国人大网全文公开,征求社会公众意见。召开专家会,听取宪法、行政法和刑事诉讼法方面专家学者的意见建议。草案送往23个中央国家机关以及31个省、自治区、直辖市人大常委会征求意见。《监察法》的调研、起草和修改工作,经过十二届全国人大常委会第25次、第28次、第31次、第32次会议的审议,并于十三届全国人大一次会议表决通过。纵观监察权的设权过程与《监察法》的颁布过程,不难发现,党和国家非常重视民意,通过人大代表的意见建议和社会公众的公开意见征集,人民群众广泛参与监察权的设权过程,充分体现了设权过程的人民性。

(三) 行权目的为了人民

《共产党宣言》提出:"过去的一切运动都是少数人的或者为少数人谋利益的运动。无产阶级的运动是绝大多数人的、为绝大多数人谋利益的独立的运动。"在我国，人民作为国家治理的主人，国家权力来源于人民，国家权力的行使始终坚持人民主体地位，反映人民意愿，国家权力的行使机关具有天然的"人民性"。国家监察权属于人民，由人民授予，国家监委作为国家权力机关的重要组成部分，把人民群众的呼声作为第一信号，回应人民群众对惩防腐败、建设清明政治的根本要求，其"人民性"特质彰显。腐败伤民，反腐利民，以往腐败分子违法成本过低，而对于非党员的村委干部和国企员工，则陷入了反腐的法律监督空白区域，无疑让法律对腐败分子的威慑力大为降低。设立新的监察权实现对所有行使公权力的公职人员监察全覆盖，"打虎"、"拍蝇"、"猎狐"三管齐下，防范人民授予的权力被滥用，确保人民通过公权力的保障而获得更多更公平的改革发展成果。

二　监察权是有限权

纪委监委合署办公，监督范围更广，国家监察权成为国家立法权、行政权、司法权之外的新权力，监委是不是超级机构成了各界新的担忧。监察体制改革后，监察对象扩大，据统计，反腐机构重组后，全国监察系统人员增加10%，监督对象增加200%[1]，如山东监察对象由改革前的62.7万增加到215.2万，监督的群体更为庞大，但依据《监察法》的相关规定，纪委和监委合署后并非超级权力机关，并没有过多增权的行为[2]：通过制定国家《监察法》，依法赋予监委职责权限和调查手段，用留置取代"双规"措施，以立法形式将监察权限予以规定，将监察权限限定在合理合法范围内。监察权的行使却更加规范，具有监察权能法定、手段法定、权限适格的特点。

---

[1] 《监察法颁布反腐开新篇　四大亮点引领反腐败国家立法》，《人民日报·海外版》2018年3月26日。
[2] 杨晓渡：《纪委和监察委合署后并非超级权力机关》，《人民日报》2018年3月6日。

（一）权能法定

制定《监察法》，把党的十八大以来在推进党风廉政建设和反腐败斗争中形成的新理念、新举措、新经验以法律形式固定下来，确保监察权行使的合宪性、合法性，巩固国家监察体制改革成果，保障反腐败工作在法治轨道上行稳致远。监委的权能法定，《监察法》规定：监委依法实施监察，履行监督、调查、处置三种职责。具体而言：一是对公职人员开展廉政教育，对其依法履职、秉公用权、廉洁从政从业以及道德操守情况进行监督检查。二是对涉嫌贪污贿赂、滥用职权、玩忽职守、权力寻租、利益输送、徇私舞弊以及浪费国家资财等职务违法和职务犯罪进行调查。三是对违法的公职人员依法作出政务处分决定；对履行职责不力、失职失责的领导人员进行问责；对涉嫌职务犯罪的，将调查结果移送人民检察院依法审查、提起公诉；向监察对象所在单位提出监察建议。

（二）手段法定

在本次人民代表大会上，先通过宪法修正案，然后再审议《监察法（草案）》，及时将宪法修改所确立的监察制度进一步具体化，通过完备的法律保证宪法确立的制度得到落实，是我们党依宪执政、依宪治国的生动实践和鲜明写照。国家通过立法赋予监委必要的权限和措施，将《行政监察法》已有规定和实践中正在使用、行之有效的措施确定下来，明确监察机关可以采取谈话、讯问、询问、查询、冻结、调取、查封、扣押、搜查、勘验检查、鉴定、留置等措施开展调查。尤其是用留置取代"双规"措施，并规定严格的程序，有利于解决长期困扰我们的法治难题，彰显全面依法治国的决心和自信。[①]

---

① 李建国：《关于〈中华人民共和国监察法（草案）〉的说明——二〇一八年三月十三日在第十三届全国人民代表大会第一次会议上》。

(三) 权限适格

与改革前的分散式反腐模式相比，监委的监察权限适格。以往纪委、行政监察、检察院反贪局等机关分散行使监察权，监察权的行使既存在交叉、多头管理的弊病，又容易受到行政权力的干预，还无法覆盖全部公职人员，监委的设立将监察权从分散的各机关进行剥离，有效集中反腐力量，合理配置反腐资源，规范权力行使的程序性，根除传统分散式反腐模式的积弊。腐败行为之间鲜少孤立，彼此之间存在诸多联系，分散式反腐模式为了实现反腐目的，不同机关分别行使调查权等，为反腐投入了大量的人力、财力成本，但机关之间彼此孤立，难以整合各机关资源，这种"超额成本"的投入，非但没有取得预期的反腐效果，反而因部门壁垒、制度障碍桎梏了反腐整体效能。改革后，《监察法》第十五条将监察对象明晰为6类，将监察权限定为3项职责和12项法定措施，这不仅做到了监察对象的全覆盖，实现了监察权资源的集约化，更实现了监察权行使的法定化和程序化。监察体制改革非但没有不合理的扩大监察权的行使，反而打破部门壁垒、制度桎梏，对监察权进行整合，同时，这种整合注重"尊重和保障人权"与"分权控制、协调配合"：《监察法》规定对不服人身和财产强制措施的可以申诉予以救济；对监察机关与监察人员的违法行为予以处罚，进行搜查、发布通缉令、限制出境等措施需要公安等机关予以配合；证据标准采用刑事审判的要求和标准；谨慎使用"留置"这一强制措施，规定严格的使用程序和留置时间。[①] 这都是对监察权的限定，防止监察权被滥用。

与我国历史上的监察机构对比，监委的权限适格。历史上，监察机关作为维护皇权统治的重要权力机构，受到最高统治者的重视，监察权限围绕皇权加强而不断加强，御史台监察院的地位都是与国家最

[①] 如在山西省的试点改革中，谨慎使用留置措施，从试点启动至2017年6月19日，山西省省级监委实行留置9人次，次数少于调取（1329人次）、查询（1697人次）、讯问（114人次）、扣押（46人次）、鉴定（18人次）。

高权力机关、最高军事机关处于并列的位置，凡属行政违制、失误，造作不如法，推纠冤狱，体察职官任职，弹劾文武百官违法失职渎职等，都属于御史台的职权范围。例如唐朝监察御史"掌分察百僚，巡按郡县，纠视刑狱，肃正朝仪"①，对国家的政治、经济、军事、行政、司法、财政、宗教、文化、教育等一切事务无所不察。宋朝监察御史"广揽兼听、信赏必罚，以收众智，以驭辟吏，百官向方而万事理"②，无论是路级监察官监司，还是府、州、军、监级监察官通判，均有权参与地方财政、人事、司法等政务，在参与过程中随时监督。③明朝文献中出现很多"不奉诏""不敢奉制""请不奉制"，均论证监察官权限之大。

与其他国家、地区的监察机构对比，监委的权限适格。为了确保反贪污机构的工作成效，其他国家和地区都赋予了反贪污机构足够的调查权力，因为反贪污机构面对的是掌握公权力及其他社会资源的特殊社会成员。瑞典的议会监察专员的权力范围包括建议权和起诉权：议会监察专员根据调查或视察的结论，有权对不适合当代社会发展的法律法规提出修改建议；瑞典宪法规定，议会监察专员有权对违反法律法规、贪污腐败、玩忽职守的官员向法院起诉。起诉权是瑞典议会监察专员特有的监督权力。我国香港的廉政公署其权限不仅包括调查贪污受贿，还调查选举的公平与公正；调查的对象不仅针对公共机构以及公务员的贪污，也针对私营机构，对公私领域全覆盖，又能随时跟进新的腐败领域；还被赋予独立调查权，除行政长官外，廉政专员不受任何其他人指示和管辖，调查措施包括逮捕、扣留和批准保释的权力，必要时亦可使用武力，可以携带枪支和手铐，廉政公署有逮捕的权限，不需手令直接逮捕。与之相比，我们监委的权限可称得上"保守"了。

---

① 《唐六典·御史台》。
② 《宋大诏令集》。
③ 卜宪群：《中国历史上的腐败与反腐败》，海峡出版发行集团2015年版，第479页。

三 监察权是可控权

权力可能导致腐败，绝对权力导致绝对腐败。历史上，我国监察官的权限很大，监察机构作为反腐机构极易引发新的腐败，如明朝一度缺乏对都察院的有效监督与制约，部分监察御史"假御史之名，扬威协众，恣意贪淫"。以史为鉴，在推进监察体制改革中，十分注重同步强化对监委的监督与制约，从内部和外部两个维度强化对监察权的监督与制约。《监察法》通篇体现了强化监察权制约的思想，针对监委履职的不同环节，都提出了严格的控权要求，设置了明确的程序，要求监察机关和监察人员自觉接受外部监督，加强自我监督，健全内控机制，内部监督和外部监督相结合。《监察法》专门在第七章用九个条文（第五十三条至第六十一条），就如何对监察机关和监察人员的监督作出明确规定。

（一）内部控制严密

内部监督有利于从源头预防监察权的滥用，改革中，通过在系统内建立监督机构和健全监督制度实行对监委的内部监督。

1. 对关键环节的监督制约。为防范监察权的风险，采取权力分解、相互制衡手段，对监委内部业务流程进行全过程的介入和监控，防控关键环节，建立了严密高效的内部监控机制。《监察法》对监察机关履职过程关键环节的监督制约作出明确规定，要求监察机关应当严格按照程序开展工作，如建立问题线索处置，调查、审理各部门相互协调、相互制约的工作机制，对调查、处置工作全过程的监督管理（该法第三十六条）；如调查人员采取12项调查措施时应出示证件，出具书面通知，二人以上进行，对重要取证工作全过程录音录像，留存备查（该法第四十一条）；如采取留置措施时应由监察机关领导人员集体研究决定，并应经批准或备案，且对留置时间有严格限定，如一般不得超过三个月，特殊情况下可延长一次（该法第四十三条）。

2. 上级监委的监督。监委采取党委和上级监察委双重领导体制，上级监委领导下级监委的工作，明确了上级监委对下级监委的监督权。监委通过"两个为主"自觉接受监督：一是监察工作以上级为主：在相关线索处置、查办中，监委在向同级党委主要负责人报告的同时，必须向上级监委报告，在一定程度上减少被同级党委干扰的可能性，防止地方监察权出现分散主义、地方保护主义倾向，发挥上级监委对下级的监督作用，从而保证中央监委统一领导全国监察工作；二是干部提名考察以上级监委会同组织部门为主，通过加大上级监委选人用人的权重，落实上级监委对下级监委的领导和监督。

3. 内部监督机构与追责制度。一方面，建设监委内部监督机构。2014年3月，中央纪委成立干部监督室，眼光向内、刀刃向内，专门监督自己人，实践中已取得较好效果，这一做法通过《监察法》加以明文规定，监察机关设立内部专门的监督机构等方式，对监察人员建立打听案情、过问案件、说情干预登记备案制度，制定保密、回避、脱密期管理和辞职、退休后从业限制制度，以确保建立忠诚、干净、担当的监察队伍。另一方面，建立监察人员执法过错责任追究制度，对违规操作、审查履责不严等行为、后果进行制裁，加强对监察人员执行职务和遵守法律情况的监督，深化科学公正的监察责任追究制度，把权力关进制度的笼子。《监察法》第六十一条和第六十五条规定，对监察人员工作重大失误、严重违法与9类违反规定的行为，追究负有责任的领导人员和直接责任人员的责任，构成犯罪的，依法追究刑事责任。

（二）外部控制严格

为监督和制约监察权，在健全严密的内部监控机制的基础上，还实行严格的外部监控机制。

1. 党的领导与监督。监委与纪委合署办公，始终在党中央坚强领导下开展工作，自觉接受党中央的监督。通过党委书记定期主持研判问题线索、分析反腐形势，听取重大案件情况报告，对初核、立案、采取留置措施、作出处置决定等审核把关，党对监察工作关键环节、重大问题的监督实现了制度化和常态化。党委各个工作部门的相关职能也涵括了对监委的相应监督与制约，比如组织部门凭借对监委工作人员个人相关事项报告和干部任免职能，对监委工作人员实行监督。

2. 人大、政协监督。《监察法》第八条和第九条规定监委由同级人大产生，对其负责，接受其监督，在人民代表大会制度的政体框架内，这一规定实现了人大机关监督权的实体性和有效性。该法第五十三条规定各级监委应当接受本级人民代表大会及其常务委员会的监督。各级人民代表大会常务委员会听取和审议本级监委的专项工作报告，组织执法检查。县级以上各级人民代表大会及其常务委员会举行会议时，人民代表大会代表或者常务委员会组成人员可以依照法律规定的程序，就监察工作中的有关问题提出询问或者质询。以上规定，人民代表大会常务委员会通过听取和审议监察机关的专项工作报告、人大代表或者常务委员会组成人员询问或者质询监察工作，监察权置于人大的监督之下。人民政协的主要职能是政治协商、民主监督、参政议政，政协机关通过建议和批评实行对监委及监察人员的监督。

3. 司法监督。这里所说的司法监督主要指的是检察院、法院对监委业务流程的监督，形成了监委调查、检察院起诉、法院审判的工作机制，也体现了司法机关对监察机关的监督。检察院的侦查权随着反贪、反渎等部门转隶而转移到监委，但是还保留着原有的起诉权，对监委移送的案件形成事实上的业务监督关系。《监察法》第四十七条规定，人民检察院经审查，认为犯罪事实已经查清，证据确实、充分，依法应当追究刑事责任的，应当作出起诉决定。人民检察院经审查，认为需要补充核实的，应当退回监察机关补充调查，必要时可以自行补充侦查。法院在审理检察院起诉的案件时，通过对案件的性质进行严格的认定、对案件证据进行审查判断、对检察院的量刑建议进行慎重考虑，从而实现对监委侦办案件过程中权力的监督。

4. 民主监督、社会监督、舆论监督。《监察法》规定，监察机关应当依法公开监察工作信息，接受民主监督、社会监督、舆论监督。

（本章主体内容发表在 2018 年 4 月 26 日《中国纪检监察报》理论版头条，题目为《监察权是符合党和人民意志的宪定权》。）

第九章　监察对象范围的界定

监察对象范围的界定是国家监察工作的起点，是监察权行使的基础，涉及监察机关的管辖权。只有明确监察对象的范围，清晰监察对象界定的标准，才能充分发挥国家监察的效能，规范和约束公权力。可见，如何界定监察对象范围，这是国家监察体制改革中应重点解决的一个关键问题。在本次国家监察体制改革中，通过宪法修正案及《监察法》，用国家立法的形式把监察机关对"所有行使公权力的公职人员进行监察"固定下来，既明确了监察对象的范围，还在明确监察对象界定标准方面实现质的飞跃。

一　监察对象的概念及比较分析

监察对象，是指监察活动指向的客体目标。笔者认为，监察对象，是指新组建的监察机构依法监督的组织和人员。改革之前，监察对象就是行政监察对象，根据原《行政监察法》相关规定确定。改革后，监察的范围不限于行政权，而是涉及国家公权力整体的监督和制约。根据《监察法》第三条的规定，各级监委是行使国家监察职能的专责机关，依照本法对所有行使公权力的公职人员进行监察。

事实上，监察对象范围不是恒久不变的，无论是纵览我国古代监察史，还是横向分析当今国外有关国家可见，监察对象也处于不断变化调整之中。

第九章 监察对象范围的界定

中国古代监察制度的建立以及监察官职的设置，以其体系之完备、内涵之丰富而在人类政治制度史上占据了重要的地位，也显现出鲜明的历史价值和借鉴意义。早在商周时期就认识到"国家之败，由官邪也""乱臣不难破国""除奸之要，存乎治官"，必须加强官吏的管理和控制，百官竭尽所能效力君主，臣僚不敢枉法徇私，则可以达到"天下安、国家富"太平盛世。中国古代监察机关为御史组织，从形成之日起，"百官"作为其专门监察对象。秦汉时期，御史中丞的监察范围包括纠察百官和统领监察官员，其中监察对象包括中央公卿百官、部刺史郡国二千石、侍御史及御史大人属官。西晋以后，御史中丞监察对象进一步扩大，"从皇太子以下无所不纠，初不得纠尚书，后亦纠之"。[①] 西汉御史"察举非法，受公卿群吏奏事，有违失者举劾之"，"于国家政事得失，生民休戚，百官邪正，虽王公将相，亦宜纠察"。[②] 明代都察院的职责为"主察纠内外百司之官邪"[③]。总体而言，我国古代监察对象主要是涉及上下一切文武官员的职务履行及考核[④]。古代中国界定监察对象范围大抵为"各级官吏"，纠举不法官员，"彰善瘅恶、激扬浊清"，保持官员的廉洁性。

西方古希腊、古罗马的监察制度表现为民众大会和监察院，都强调对于国王或执政官的制约。因为行政权往往属国王或执政官所掌，故必须突出对其监督制约。西方中世纪的监察制度主要是一种弹劾制度，对象多为"达官贵族"。古代世界中拜占庭的巡按使、西班牙的察访使，都是古代社会代表性的监察制度，均为监督检查地方官。

目前我国香港地区完备的廉政法律体系，包括《廉政公署条例》《防止贪污条例》《防止贿赂条例》等，将监察对象"政府部门、公私营机构及非牟利机构"均纳入反贪范围。香港廉政公署直接对特首负责，实行"大小皆打"，对腐败"零容忍"，全面肃贪以及高效廉

---

① 《通典·职官六》。
② 《汉书·朱博传》。
③ 《明史·职官志二》。
④ 蔡放波：《中国行政制度史》，武汉大学出版社2013年版，第149页。

洁的办事作风，加上广大市民的支持，使得香港成为亚洲数一数二的廉政地区。①

瑞典王国是君主立宪制的国家，1809年《瑞典政府组织法》创建"议会监察专员"公署（ombudsman）②，代表瑞典议会对行政及司法机构以及法律法规的使用情况进行监督。另外，还设有"政府监察专员、种族歧视监察专员、新闻监察专员"等专门事务监督专员履行监察职责。《议会监察专员指令法》中规定"行使公共权力的人遵守法律、法规及在其他方面履行他们的义务的情况"均为监察对象的范围。③ 议会监察专员对于所有的公共权力机关、企事业单位及其工作人员均有权进行调查、批评、建议以及提起控诉。

美国的监察长制度根源于美国本土的监察制度，经国会参议院同意，由总统任命，向总统和国会负责。1978年《监察长法案》规定，监察长可以根据情况独立调查，"政府雇员、行政长官以及相关企业，只要认为有必要的人员、机构"，监察长都可以调查。④

法国《预防腐败和经济生活与公共程序透明法》（即《反贪法》）制定于1993年，其主要内容是对最容易滋生腐败现象的一些行业和部门（如房地产业、公共服务业、公共市场、国际贸易、城市建设等）活动的透明度作出规定。

二　从身份到契约——确定监察对象范围标准的演变

新中国国家监察制度的发展经历了很多曲折的过程，随着社会不断发展而变更完善。其他国家和地区，随着公权力的运行和拓展，不

---

① 郭译仁：《中国廉政法制建设的进程与研究》，国家行政学院出版社2012年版，第52页。
② 我国译为议会督查专员、议会司法专员等。
③ ［瑞典］本特·维斯兰德尔：《瑞典的议会监察专员》，程洁译，清华大学出版社2001年版，第60—61页。
④ 刘明波：《国外行政监察理论与实践》，山东人民出版社1990年版，第219页。

同的历史阶段监察对象的范围也适时处于不断变化当中。笔者认为，各国确定监察对象范围标准基本按照"从身份到契约"演变。

1. 身份标准的确定

新中国成立后，我国监察对象范围一直处在变化之中。1949年《共同纲领》和1950年《政务院人民监察委员会试行组织条例》规定的监察对象范围是"各级国家机关和各种公务人员"；1955年《监察部组织简则》规定的是"国务院各部门、地方各级行政机关、国营企业、公私合营企业、合作社"；1990年《行政监察条例》规定的则是"国家行政机关及其工作人员和国家行政机关任命的其他人员"；1997年《行政监察法》第二条规定，我国行政监察对象为"国家行政机关、国家公务员和国家行政机关任命的其他人员"。《共同纲领》《政务院人民监察委员会试行组织条例》《监察部组织简则》《行政监察条例》《行政监察法》规定监察对象尽管具体范围有所不同，但都带有明显的"身份标准"的色彩。可以说，"身份标准"是我国划分监察对象范围的传统标准。

所谓"身份标准"，表现在纳入监察对象范围的组织和个人必须具备某种身份特征，即以行为主体是否具备国家机关以及公务人员等确定身份作为判断监察对象的范围：对组织而言，必须有"国家行政机关"的身份；对个人来说，必须有"国家公务员"的身份或是获得行政任命。笔者认为，"身份标准"中身份的任命可以扩展为"委托""审核""指定""任命""聘任"等，只有身份确定的实质，具体形式要件可以揽括实际中的各种形式，甚至缺乏任命形式的，也属于监察对象范围。例如，《关于对未经各级政府及其部门任命的企事业单位、街道办事处行政负责人管辖问题的答复》中明确规定，该类人原本应该被任命的，因各种原因缺乏任命形式的，也属于监察对象。尽管如此，在公权力运行系统中，一些获得国家任命行使公权力，也即是具备"身份资格"的人员并没纳入监察对象范围。比如2005年《公务员法》将原来不属于《行政监察法》管辖范围的"党群系统"的公职人员囊括到公务员的范围中。这一块人员主要包括人大机关、政协机关、各民主党派机关、"两院"等国家机关的公务员以及工青妇等人民团体的公务员。国家监察体制改革前，这些并不属于行政监察对象范围。此外，在反腐败实践中，属于混合所有制企业的中方产权代表由于没有政府任命状，行政监察机关也较难对其有效行使监察权。可见，《行政监察法》关于监督对象范围的规定存在较大盲区。据资料反映，2015年我国查办的征地、医疗卫生、生态及扶贫等民生领域腐败犯罪案件涉案达32132人，其中非党员占45%，暴露出非党员公务员的纪律约束存在"空白地带"。

关于确定监察对象范围的"身份标准"，笔者多次提出：

第一，在理论上，以"身份标准"作为确定监察对象范围依据有违宪法设立监察权的初衷。毋庸置疑，宪法授权国务院开展监察工作，是为了保障行政权能够廉洁、高效运作。那么，监察机关就应当对整个行政权运行过程是否廉洁高效的情况进行检查督促。因此，确定监察机关监察对象范围的依据应当是"是否履行行政职权"，而不是是否具备某种"身份"。"身份标准"虽然在过去相当长的一个时期里基本上可以囊括因行使行政权力而需要接受监察机关监督的组织和个人，因为当时只有具备相应身份特征的组织和个人才能行使行政职权，不具备相应身份特征而行使行政权力的组织和个人很少见。但是，随着社会的发展，尤其实行市场经济以后，出现了国家与社会的分化，国家直接管理的领域有所收缩，社会管理领域有所扩大，伴随着"公务私化"、机构改革、国有资产授权经营，出现了大量的行政委托、行政授权行为，使越来越多的不具备前述身份特征的组织和个人可以行使行政权力或"准行政权力"。在这种情况下，"身份标准"并不能涵括所有行使行政职权的组织和个人。如果继续坚持这一标准，那么，监察机关只能对行使行政职权的组织和个人中的一部而非全部进行监督，难以对那些没有相应"身份"特征但实际行使行政权力的组织和人员进行监督，使大量实际行使行政职权的组织和人员逃逸于监察机关的监督之外，部分行政权力处于免受外部监督的状态，势必妨碍行政权的良性行使，对社会的发展造成不良的影响。否则，将有违"依法监察"的原则。这两种情况出现，显然与宪法设立监察权的初衷有违。

第二，在实践中，"身份标准"使我国的廉政监督领域存在较大的空白带。一般情况下，事业单位、国有企业和其他实际行使行政权力或"准行政权力"组织的负责人或法人代表多数由行政机关任命产生，监察机关可以对之行使监察权，但是，根据《行政监察法》的规定，这些组织不属监察对象范围。因此，监察机关可以监督这些组织的负责人或法人代表，却不能监督这些人员赖以履行职责的单位载体，尽管目前单位违纪问题大量存在。新刑法对单位犯罪的问题作出了专门规定，但在执纪领域缺乏相应规定，监察机关难以依法对这些组织进行监督。同样，对于实际行使行政权力或"准行政权力"人员，由于缺乏"行政机关任命"的身份特征，监察机关不能对之行使监察权。这样，在我国廉政监督的链条上，缺少了一个重要的监督环节，也就是监察机关日常的监督。这就意味着，对于这些组织和个人，只有在其出现了比较严重、可能追究刑事责任的问题时，国家才能由检察机关对其行使法律监督权，虽然当时也有主管部门、审计部门等多个主体的监督，而且还有内部自律机制，但效果不佳。[①] 在更多时候，它们并没有得到真正有效的监督。

2. 契约标准的初步确立

如果说，"身份标准"在我国监察法制建设史上曾经较好地满足了不同时期监察机关在划分监察对象实践上的需要，那么，在目前情况下，随着社会发展车轮的滚滚向前，这一传统标准与监察实践存在的冲突越来越明显，其不足之处不能不引起我们的高度关切。

[①] 原因是：第一，从内部监督来说，由于受到其体制和专业性不强等因素所限，行业和部门自律机制的监督效力非常有限；第二，从外部监督来说，主管部门的监督有鞭长莫及之虞，检察机关监督作为法律监督手段一般伴随严重后果出现而行使，审计机关由于缺乏相应的处分权难以独立完成监督工作。伴随着1998年国务院机构改革，我国向各国有大中型企业派出了特派稽核员。这一举措目前看来效果不错。但是，特派稽核员制度也存在一些问题，比如管理问题、受监督问题、全国范围内机构设置问题和与监察、审计等部门的关系协调问题，都悬而未决。

我国古代监察制度的范围广泛，及于中央和地方的一切部门，政治、经济、文化的所有领域，无所不察。经统计，我国古代监察对象一般都包括纠察各级官吏的违法乱纪行为，劝课农桑，采买活动，索要或者收受贿赂，入茶坊酒肆者纠察，官府之间的书呈往来，对军官军征边事的监察，官员的选任、考课、奖惩、升降等人事监察，甚至农桑、水利和灾害监察、学校和社会风俗的监察（其教之不以道者，监察御史纠之；诸教官在任，侵盗钱粮，荒废庙宇、教养无实，从廉访司纠之①）、"诸义夫、节妇、孝子、顺孙，其节行卓异，应胜表者，监察御史廉访司察之"②，以及对财政经济各个部门会计、赋役、司度、征收均有审计监察之权。中国古代监察制度纠举不法，权力"职无不监"。从以上论述我们可见，尽管行政契约是近现代法学史上的概念，但中国古代监察制度中的这种以事项来确定监察权行使的现象，不局限于主体的身份，可以说带有"契约标准"的色彩。因此，我们可以说以"契约标准"确定监察对象范围在我国是有历史渊源的。就世界范围来看，主要国家和地区，比如美国、瑞典和香港等，其监察对象范围的确定采用的也是"契约标准"。

根据我国2010年修订的《行政监察法》第五十条规定，行政监察对象增加了两类：一是法律、法规授权的具有公共事务管理职能的组织中从事公务的人员；二是国家行政机关依法委托从事公共事务管理活动的组织中从事公务的人员。这在一定程度上采用了"契约标准"，即以是否与公权力机关形成某种约定而实际履行公权力为标准来划分监察对象范围。从身份的标准逐渐转为由职权和行为判断的"契约"标准，从而在我国监察工作发展史上初步确立了"契约标准"。毋庸置疑，"契约"标准相对于"身份"标准来说，更加科学，也更加符合实际。

---

① 《元史》卷103《刑法志》二，第2638页。
② 《元史》卷102《刑法志》一，第2621页。

三 《监察法》界定监察对象范围采用的是"身份+契约"标准

我国国家监察体制改革之前,党内监督已经实现全覆盖,而依照《行政监察法》的规定,行政监察对象主要是行政机关及其工作人员,还没有做到对所有行使公权力的公职人员全覆盖。笔者认为,在我国监察体制改革拉开帷幕之后,党和国家对监察对象范围的确定实现了从"身份"标准转变为"契约标准"。《监察法》界定的监察对象范围为"所有行使公权力公职人员"的全覆盖。《监察法》第十五条规定监察机关对下列六类公职人员和有关人员进行监察。中央纪委国家监委法规室对这六大类人员作出了解释①。

第一类监察对象主要包括八方面人员:一是中国共产党机关公务员。包括:中央和地方各级党委、纪律检查委员会的领导人员;中央和地方各级党委工作部门、办事机构和派出机构的工作人员;中央和地方各级纪律检查委员会机关和派出机构的工作人员;街道、乡、镇党委机关的工作人员。二是人民代表大会及其常务委员会机关公务员。包括:县级以上各级人民代表大会常务委员会领导人员,乡、镇人民代表大会主席、副主席;县级以上各级人民代表大会常务委员会工作机构和办事机构的工作人员;各级人民代表大会专门委员会办事机构的工作人员。三是人民政府公务员。包括:各级人民政府的领导人员;县级以上各级人民政府工作部门和派出机构的工作人员;乡、镇人民政府机关的工作人员。四是监委公务员。包括:各级监委的组成人员;各级监委内设机构和派出监察机构的工作人员,派出的监察专员等。五是人民法院公务员。包括:最高人民法院和地方各级人民法院的法官、审判辅助人员;最高人民法院和地方各级人民法院的司

---

① 中共中央纪律检查委员会、中华人民共和国国家监委法规室:《〈中华人民共和国监察法〉释义》,中国方正出版社2018年版,第106—114页。

法行政人员等。六是人民检察院公务员。包括：最高人民检察院和地方各级人民检察院的检察官、检察辅助人员；最高人民检察院和地方各级人民检察院的司法行政人员等。七是中国人民政治协商会议各级委员会机关公务员。包括：中国人民政治协商会议各级委员会的领导人员；中国人民政治协商会议各级委员会工作机构的工作人员。八是民主党派机关和工商业联合会机关公务员。包括：中国国民党革命委员会中央和地方各级委员会、中国民主同盟中央和地方各级委员会、中国民主建国会中央和地方各级委员会、中国民主促进会中央和地方各级委员会、中国农工民主党中央和地方各级委员会、中国致公党中央和地方各级委员会、九三学社中央和地方各级委员会、台湾民主自治同盟中央和地方各级委员会的公务员，以及中华全国工商业联合会和地方各级工商联等单位的公务员。

在我国，公务员身份的确定，有一套严格的法定程序，只经过有关机关审核、审批及备案等程序，登记、录用或者调任为公务员后，方可确定为公务员。根据我国《公务员法》的规定，公务员是指依法履行公职、纳入国家行政编制、由国家财政负担工资福利的工作人员。参照《中华人民共和国公务员法》管理的人员，是指根据公务员法规定，法律、法规授权的具有公共事务管理职能的事业单位中除工勤人员以外的工作人员，经批准参照公务员法进行管理的人员。比如，中国证券监督管理委员会，就是参照公务员法管理的事业单位。列入参照公务员法管理范围，应当严格按照规定的条件、程序和权限进行审批。

第二类监察对象是"法律、法规授权或者受国家机关依法委托管理公共事务的组织中从事公务的人员"。这主要是指除参公管理以外的其他管理公共事务的事业单位，比如，疾控中心等的工作人员。在我国，事业单位人数多、分布广，由于历史和国情等原因，在一些地方和领域，法律、法规授权或者受国家机关依法委托管理公共事务的事业单位工作人员，其数量甚至大于公务员的数量。由于这些人员也行使公权力，为实现国家监察全覆盖，有必要将其纳入监察对象范围，由监察机关对其监督、调查、处置。

第三类监察对象是"国有企业管理人员"。根据有关规定和实践需要，作为监察对象的国有企业管理人员，主要是国有独资企业、国有控股企业（含国有独资金融企业和国有控股金融企业）及其分支机构的领导班子成员，包括设董事会的企业中由国有股权代表出任的董事长、副董事长、董事，总经理、副总经理，党委书记、副书记、纪委书记，工会主席等；未设董事会的企业的总经理（总裁）、副总经理（副总裁），党委书记、副书记、纪委书记，工会主席等。此外，对国有资产负有经营管理责任的国有企业中层和基层管理人员，包括部门经理、部门副经理、总监、副总监、车间负责人等；在管理、监督国有财产等重要岗位上工作的人员，包括会计、出纳人员等；国有企业所属事业单位领导人员，国有资本参股企业和金融机构中对国有资产负有经营管理责任的人员，也应当理解为国有企业管理人员的范畴，涉嫌职务违法和职务犯罪的，监察机关可以依法调查。

第四类监察对象是"公办的教育、科研、文化、医疗卫生、体育等单位中从事管理的人员"。主要是公办教科文卫体单位及其分支机构的领导班子成员，以及该类单位及其分支机构中的国家工作人员，比如，公办学校的校长、副校长，科研院所的院长、所长，公立医院的院长、副院长等。公办教育、科研、文化、医疗卫生、体育等单位及其分支机构中层和基层管理人员，包括管理岗六级以上职员，从事与职权相联系的管理事务的其他职员；在管理、监督国有财产等重要岗位上工作的人员，包括会计、出纳人员，采购、基建部门人员涉嫌职务违法和职务犯罪，监察机关可以依法调查。此外，临时从事与职权相联系的管理事务，包括依法组建的评标委员会、竞争性谈判采购中谈判小组、询价采购中询价小组的组成人员，在招标、政府采购等事项的评标或者采购活动中，利用职权实施的职务违法和职务犯罪行为，监察机关也可以依法调查。

第五类监察对象是"基层群众性自治组织中从事管理的人员"。作为监察对象的基层群众性自治组织中从事管理的人员，包括村民委员会、居民委员会的主任、副主任和委员，以及其他受委托从事管理的人员。根据有关法律和立法解释，这里的"从事管理"，主要是指：（1）救灾、抢险、防汛、优抚、扶贫、移民、救济款物的管理；（2）社会捐助公益事业款物的管理；（3）国有土地的经营和管理；（4）土地征用补偿费用的管理；（5）代征、代缴税款；（6）有关计划生育、户籍、征兵工作；（7）协助人民政府等国家机关在基层群众性自治组织中从事的其他管理工作。

第六类监察对象是"其他依法履行公职的人员"。为了防止出现对监察对象列举不全的情况，避免挂一漏万，《监察法》设定了这个兜底条款。但是对于"其他依法履行公职的人员"不能无限制地扩大解释，判断一个"履行公职的人员"是否属于监察对象的标准，主要是其是否行使公权力，所涉嫌的职务违法或者职务犯罪是否损害了公权力的廉洁性。

上述六大类人员又可分为两大类：第一大类是以"身份标准"确定的监察对象，也就是具有固定特定身份长期行使公权力的公职人员；第二大类是以"契约标准"确定的监察对象，也就是主要看其是否行使公权力，所涉嫌的职务违法或者职务犯罪是否损害了公权力的廉洁性。比如，前述临时从事与职权相联系的管理事务，包括依法组建的评标委员会、竞争性谈判采购中谈判小组、询价采购中询价小组的组成人员，在招标、政府采购等事项的评标或者采购活动中，利用职权实施的职务违法和职务犯罪行为的，监察机关也可以依法调查。从以上分析可以看出，《监察法》确定监察对象范围的标准是"身份+契约"，在一定程度上实现了"从身份到契约"的转变。从而把执纪和执法贯通，保证党内监督和国家监督无缝衔接，实现了监督"狭义政府"到监督"广义政府"的转变，有利于强化对权力运行的制约和监督，把权力全面关进制度的笼子。① 2018年1月广州监委刚刚审结的"留置第一案"中，将一名既不是公务员，也非中共

---

① 袁曙宏：《深化国家监察体制改革的四重意义》，《中国纪检监察》2018年第5期。

党员的城管辅助执法人员纳入监察委的监察范围①,采用的就是比较典型的"契约标准"。

在确定监察对象范围这个问题上,改革留下了一些继续探索的余地。比如,公办的教育、科研、文化、医疗卫生、体育等单位中具体哪些人员属于从事管理的人员,需要随着实践的发展,不断完善。又比如,由原来反贪局负责侦查的一些与职务犯罪相关的非公职人员是否纳入监察对象范围,以及呈现为单位行为的职务犯罪涉及的集体,是否纳入监察对象范围,以及发生在私营企业中的不廉洁行为,涉及的个人及企业是否纳入监察对象范围,这些都需要在以后的监察实践中不断予以完善。

---

① 《编外、协管、非党员也逃不出国家监察的大网!从广州留置第一案说起》,中央纪委国家监委网站,2018年4月13日。

第十章　对监委权力的监督制约

监委实质上就是反腐败工作机构，代表党和国家行使监督权，对监委权力的监督制约必须予以足够重视，这既是国家监察体制改革本身的内在要求，也是全面从严治党的必然要求。

一　强化对监委权力监督制约的重大意义

1. 强化对监委权力监督制约是党中央极为重视的问题。信任不能代替监督，没有制约的权力是危险的。纪检监察机关从来不是天然的"保险箱"，一些纪检监察干部也存在贪污受贿等问题。中央纪委、监察部为强化对纪检监察系统自身的监督，率先增设了纪检监察干部监督室，防止队伍内部出现"蛀虫"。全国纪检监察系统也纷纷成立相应机构，开展相关工作。根据专题纪录片《打铁还需自身硬》显示的数据：党的十八大以来，中央纪委机关谈话函询218人，处理内部38人，其中组织调整21人，立案查处17人；全国纪检监察系统共谈话函询5000人次，组织处理2100余人，处分7500人。这些触目惊心的数字显示了中央纪委不回避问题、清理门户的决心，也说明了加强对纪检监察系统监督的必要性。根据中央的决策部署，新成立的监委涵盖了原来纪委、监察，还吸收了原来隶属检察系统的反贪反渎等部门，各级纪委和监委合署办公，反腐败的力量更集中了，反腐败覆盖面更宽了，纪委和监委的责任更重了，加强对其监督制约，丝毫不能放松，受到有效监督制约尤为迫切。在释放监察体制改革信号之时，习近平总书记在十八届中央纪委六次全会上要求："监督别人的人首先要监管好自己，执纪者要做遵守纪律的标杆。"习近平总书记在党的十九大报告中进一步指出，构建党统一指挥、全面覆盖、权威高效的监督体系，把党内监督同国家机关监督、民主监督、司法监督、群众监督、舆论监督贯通起来，增强监督合力。笔者认为，对新成立监委的监督制约，也应当自觉纳入这一体系之中。国家监察体制改革既是党统一指挥、全面覆盖、权威高效的监督体系的重要组成部分，也要受到这一体系的监督制约。可见，强化对监委监督制约必将是整个改革过程和改革后党中央极为重视的问题之一。

2. 强化对监委权力监督制约是改革题中应有之义。我们党历来重视强化对纪委权力的监督。《党内监督条例》第三十四条规定："各级纪律检查机关必须加强自身建设，健全内控机制，自觉接受党内监督、社会监督、群众监督，确保权力受到严格约束。"监察体制改革是一项系统性工程，旨在建立一个符合我国反腐败工作需要的反腐败机构。通过整合行政监察、预防腐败和检察机关查处贪污贿赂、失职渎职以及预防职务犯罪等成立监委，作为监督执法机关与纪委合署办公，实现对所有行使公权力的公职人员监察全覆盖。2017年中办印发的改革试点方案提出，要强化对监委自身的监督制约。因此，改革既要考虑监督权力重新整合配置的问题，也要考虑权力制约监督问题，这样才是系统完整的改革，否则可能影响改革取向以及改革后的运行效果。可见，在推进改革的过程中，解决对新成立反腐败专职机构权力实现有效监督和制约的问题，也是改革的重要组成部分。

3. 强化对监委权力监督制约是回应人民群众关切的需要。改革后，新组建的监委整合了我国目前常见的多种监督权力和手段。习近平总书记在党的十九大报告中指出，制定国家监察法，依法赋予监委职责权限和调查手段，用留置取代"双规"措施。根据《监察法》规定，新组建的反腐败专职机构将对所有行使公权力的公职人员依法实施监察，履行监督、调查、处置三种职责，可采取谈话、讯问、询问、查询、冻结、调取、查封、扣押、搜查、勘验检查、鉴定、留置十二项监察措施。监委权力的高度良性扩大是毋庸置疑的，这是服务和服从于我国反腐败实际的需要，也是实现监察对象全覆盖的必然要求。不受制约的权力必将导致腐败。对此，有人担忧如果这种权力高度扩张而没有得到有效监督，有可能演变成恶性膨胀。历史上，明朝撤销了御史台，将台、殿、察三院合为一体，建立了都察院，极大地扩大了监察机关的职权，但由于缺乏对都察院的有效监督制约，有些监察御史"不知官之清要，不知职之在乎纠人，乃假御史之名，扬威胁众，恣意贪淫"，导致改革失败。以史为鉴，我们在推进改革试点过程中就要同步研究强化对监委监督制约的问题，妥善回应社会关切，在全社会形成支持改革、拥护改革的良好氛围。

二 监委权力受到严密的监督制约

习近平总书记在十八届六中全会上的重要讲话中指出："对我们党来说，外部监督是必要的，但从根本上讲，还在于强化自身监督。"在对监委权力监督制约的路径上，我们应该深刻理解习近平总书记的重要指示精神，以监委内部监督为主、辅之以各类外部监督。《监察法》通篇体现了强化监委权力制约思想，针对监委履职的不同环节，都设置了明确、严格的控权要求。此外，还专门在第七章用9个条文（第五十三条至第六十一条），对监察机关和监察人员的监督作出专门规定，其中包括接受人大、司法机关监督，也包括信息公开、请托备案、回避、保密、申诉和重大失误责任追究等，体现了内部监督和外部监督相结合的指导思想。

（一）内部监督制约方面

新组建的监委与党的纪委合署办公，因此同样将受到来自内部的监督和制约。内部监督是指将全国监委视为一个系统，通过在系统内建立监督机构和健全监督制度，从而达到对监委的监督。加强内部监督有利于从源头上预防执法权的滥用,来自监委内部的监督以其独特的优势和不可替代的作用,应当成为监督的主要方式。《监察法》第五十五条规定,监察机关通过设立内部专门的监督机构等方式,加强对监察人员执行职务和遵守法律情况的监督,建设忠诚、干净、担当的监察队伍。

1. 监察权行使的关键环节受到严密监督制约。为了防范和减少廉政风险的发生,采取权力分解、相互制衡手段,对监委内部业务流程进行全过程的介入和监控,建立严密高效的内部监控机制。从目前实践的情况来看,"信访、检查、审理"是监委权力分布的三个重点环节,抓住了这三个重点环节,也就抓住了监督的核心所在。2017年1月颁布实施的《中国共产党纪律检查机关监督执纪工作规则(试行)》,明确细化了监督执纪工作的多个工作环节、流程的处理时限,包括了线索处置、立案审查、案件审理的期限,强化了自我监督的"防火墙",体现了对纪检监察部门权力监督制约的高度重视。监委成立后应当继续抓好规则的贯彻执行。当然,目前这三方面工作基本形成相对独立的状态,从权力制衡的角度看还存在一些改善的空间。比如,在信访举报中,可以全面实行"漏斗"管理,由上级监委对举报线索进行同步备案,实现统一管理,减少自由选择性的空间;在案件检查上,可以进行全程监督,分管领导及相关部门对办案人员的办案行为进行全程监督,负相应责任;在案件定性量纪环节,可以探索实行"圆桌审理",借鉴法院系统公诉案件的做法,让审理室人员与办案人员等共同参与,对审查、审理依据提出"当场质疑",以提高定性量纪的科学性。针对以上问题,《监察法》对监察机关履职过程关键环节权力的监督制约作出明确规定,该法第三十六条规定,监察机关应当严格按照程序开展工作,建立问题线索处置、调查、审理各部门相互协调、相互制约的工作机制。监察机关应当加强对调查、处置工作全过程的监督管理,设立相应的工作部门履行线索管理、监督检查、督促办理、统计分析等管理协调职能。在其他相关条文也有类似规定。

2. 监委加强内部专职监督。2014 年 3 月中央纪委成立干部监督室，眼光向内、刀刃向内，这个部门的职责就是专门监督自己人，实践中已取得较好效果。香港廉政公署自成立以来设立"L"小组作为内部调查及监察机构，由 1 名首席调查主任负责，下设 3 个小组，每个小组 4—5 人，专门负责调查所有对廉署人员涉贪、违反诚信等方面的投诉。"L"小组成立 40 多年来，较好发挥了监督制约作用，及时剔除内部"癌细胞"，有效防止廉政公署发生"病变"。香港廉政公署的这一做法对我们下一步监委干部监督室的建设有一定的启发意义："L 组"的办公地点不在廉政公署，人员、编制、办公地点对廉政公署内部人员也都是保密的，"L 组"直接向廉政公署执行处处长负责，避免了"手监督脚"的困境。虽然政治制度等方面存在较大的差异，我们不可能完全照搬廉政公署"L 组"的运行模式，但以下几方面具有一定借鉴价值：比如加强干部监督室专业化建设，尤其重视对人员德、廉方面的考察；实行垂直领导及"异点办公"；赋权增能，赋予必要的足以震慑内部监察工作人员的监督手段；限权上锁并完善有关的过错追究措施；借助外力，适度引入其他政府部门官员和社会贤达共同组成监督小组，作为干部监督室的延伸手脚和辅助力量。

3. 上级监委（纪委）的监督。党的十八届三中全会明确提出，推动党的纪律检查工作双重领导体制具体化、程序化、制度化，强化上级纪委对下级纪委的领导。在实践中，通过强化上级对下级纪委监督、落实"两个为主"来实现这个目标。新成立的监委继续抓好这"两个为主"自觉接受监督：一是案件查办以上级为主。在相关线索处置、查办中，监委在向同级党委主要负责人报告的同时，必须向上级监委报告，在一定程度上减少监委被同级党委干扰的可能性，更好地发挥上级监委对下级的监督作用；二是干部提名考察以上级监委会同组织部门为主，通过加大上级监委选人用人的权重，强化上级监委对下级监委的领导和监督。"两个为主"是现行双重领导体制内从工作机制上解决监委监督制约的有效做法，既坚持了党对反腐败工作的领导，坚持了党管干部的原则，又保证了上级监委对下级监委的有效监督和制约。《监察法》第十条规定，国家监委领导地方各级监委的工作，上级监委领导下级监委的工作。这是从立法角度进一步明确了上级监委对下级监委的监督权。另外，申诉人对本级监委就有关申诉事项处理不服的，第六十条规定，可以在收到处理决定之日起一个月内向上一级监察机关申请复查，上一级监察机关应当在收到复查申请之日起二个月内作出处理决定，情况属实的，及时予以纠正。因此，上级监委通过对申请事项事实、依据、性质的复核，切实做到对下级监委的监督和制约。

4. 建立健全相关制度。制定监察人员执法过错责任追究制度，对违规操作、审查履责不严等行为、后果进行规定，深化科学公正的执纪责任追究制度。建立领导干部插手具体案件办理的记录、通报和责任追究制度。建立特邀监督员队伍制度，加强社会各界对监委工作的监督。建立重大案件通报制度，加强舆论监督，在不违反保密原则的情况下，适时向社会信息公开制度，等等。

（二）外部监督制约方面

在健全严密的内部监控机制的基础上，形成配套的外部监控机制。外部监督是指监委系统以外各级党政机关、企事业单位、社会团体以及个人对监委的监督，具体又可分为涵盖了党委、人大、政府、政协、舆论、群众等多种形式的监督。

1. 各级党组织监督。虽然试点中，实行的是党的纪检监察部门与监委合署办公的模式，但这并不影响各级党组织对监委的监督。《中国共产党党内监督条例》第三十七条规定："各级党委应当支持和保证同级人大、政府、监察机关、司法机关等对国家机关及公职人员依法进行监督。"这里所提及的国家机关及公职人员自然要将监委及其工作人员包括在内。有关工作涉及的重大工作部署、重大问题，及时向党委请示报告。党委的各个工作部门的相关职能也涵括了对监委的相应监督制约，比如组织部门干部监督职能部门的个人相关事项报告和干部任免监督等。在时机成熟时，可以将对下一级监委的监督纳入上级党委巡视（巡察）监督的范围。

2. 人大、政协监督。监察体制改革中，监委由同级人大产生，在人民代表大会制度的政体框架内，这一规定实际上已经间接地保障了人大机关监督权的实体性和有效性，也拓宽了人大行使权力的领域和实施监督的内容。《监察法》第八条规定，国家监委由全国人民代表大会产生，负责全国监察工作。国家监委由主任、副主任若干人及委员若干人组成，主任由全国人民代表大会选举，副主任、委员由国家监委主任提请全国人民代表大会常务委员会任免；还规定，国家监委对全国人民代表大会及其常务委员会负责，并接受其监督。第九条规定，地方各级监委由本级人民代表大会产生，负责本行政区域内的监察工作。地方各级监委由主任、副主任若干人及委员若干人组成，主任由本级人民代表大会选举，副主任、委员由监委主任提请本级人民代表大会常务委员会任免。还规定，地方各级监委对本级人民代表大会及其常务委员会和上一级监委负责，并接受其监督。这是从立法角度进一步明确了人大对监委的监督权。人民政协的主要职能是政治协商、民主监督、参政议政，对国家宪法、法律和法规的实施，重大方针政策的贯彻执行，国家机关及其工作人员的工作，通过建议和批评进行监督，因此对新成立的监察委也具有相应的监督制约作用。在改革实践中，一方面可在人大、政协内明确相应的职能机构，对口衔接对监委监察工作；另一方面，通过工作情况通报、议案（提案）办理等方式，实现常态化监督制约。

3. 司法监督。这里所说的司法监督主要指的是检察院、法院对监委业务流程的监督。《监察法》第四条第二款规定，监察机关办理职务违法和职务犯罪案件，应当与审判机关、检察机关、执法部门互相配合、互相制约。检察院的侦查权虽然随着内部反贪、反渎等部门的转隶而转移到监委，但是还保留着原有的起诉权，对于监察委调查后移送的案件形成事实上的业务监督关系。第四十七条规定，人民检察院经审查，认为需要补充核实的，应当退回监察机关补充调查，必要时可以自行补充侦查。对于补充调查的案件，应当在一个月内补充调查完毕。补充调查以两次为限。人民检察院对于有《中华人民共和国刑事诉讼法》规定的不起诉的情形的，经上一级人民检察院批准，依法作出不起诉的决定。法院在审理检察院起诉的案件时，对案件的性质进行严格的认定、对案件证据进行审查判断、对检察院的量刑建议进行慎重考虑，从而实现对监委侦办案件过程中权力的监督。

（本章原文精简版发表在《人民论坛》2018年第1期，署笔名"曹亘平"，题目为《对监察委的制约而有效——多把"连环锁"保监察权良性运行》。）

第十一章　中国特色监察官制度路径分析

《监察法》第十四条规定，国家实行监察官制度，依法确定监察官的等级设置、任免、考评和晋升等制度。习近平总书记在主持研究深化国家监察体制改革、制定监察法过程中，多次对监察队伍建设提出明确要求。习近平总书记关于深化国家监察体制改革系列重要论述，为构建监察官制度指明了方向，明确了目标，树立了行动指南。本文根据我国当前监察体制改革面临的实际，立足中国历史文化传统，结合我国自古以来监察官制度的演变，吸收国（境）外监察官制度的有益借鉴，对中国特色监察官制度的建立作些探讨。

一　建立监察官制度的现实迫切性

一是这是党中央在改革大局中明确的一项政治任务。在监察体制改革的试点阶段，继京、晋表示探索建立监察官制度后，浙江纪委省监委更加明确表示，监委全部内设机构工作人员将纳入监察官的适用范围。随着改革的不断推进，全国各级监委都已成立。中央纪委领导同志坚决贯彻落实习近平总书记重要讲话、指示精神，高度重视、态度鲜明，多次对构建监察官制度作出明确指示。《监察法》的规定落实了以习近平同志为核心的党中央作出的重要部署，为国家实行监察官制度确立了坚实的法律基础。

二是构建具有中国特色的国家监察体系的重要举措。监委是一个独立于"一府两院"的机构,它由人大产生,主要人员由人大任命,其行使的职责是国家监察,而行使此国家监察职权的工作人员即为监察官,不管是从出身、成立还是职责权限,监察官与一般公务员行使的行政管理职权大不相同。由于监委与纪委是一套人马、两块牌子,监委人员也是纪委人员,除了履行党内监督执纪问责等职能,按照《监察法》规定,还要以监察官的身份,对"所有行使公权力的公职人员"进行监督,同时还要开展全球化背景下的反腐败国际合作,监察工作全覆盖、高难度,对监察官的履职能力提出了更高的要求。以上种种,都是构建具有中国特色国家监察体系必须解决的主要问题。

三是加强与其他相关部门协作对接的需要。按照《监察法》的规定,监委的大量调查措施需要公安等相关部门配合实施。目前,法院、检察院和公安机关等系统都相应建立法官、检察官、警官制度,实行专业化管理。对从事监察工作的人员相应实行监察官制度管理,有利于加强和法院、检察院和公安机关的协调配合,以及工作上的有序衔接,有利于更加高效有力地做好监察工作。

二 中国古代监察官制度分析

从秦始皇开始便设立的监察官制度,直至隋唐,才发展较为完善。隋唐监察官的选任标准与程序极为严格,既对文化素养和个人品行有高要求,同时还注重基层任职经验和实际工作能力。为防止裙带关系,还会有一些关于任职资格的限制。[①] 为更好地完成监察职责,隋唐的监察官权限较为综合,与当时的司法和行政机关权力相互重叠、相互制约。隋唐的监察官不仅仅享有监察权,唐朝时负责监察的御史台在监察弹劾百官之外,还可以治理刑狱、独自审讯,提出惩治意见,报君主裁决。监察御史行使监察权的过程也相对独立,御史直

---

① 熊觉:《中国古代的监察官制度》,《学习时报》2017年10月13日第003版。

接向皇帝负责，御史弹劾百官，无须禀告御史大夫。宋代监察范围几乎已涉及所有国家机关和部门，监察机关对行政、司法、治安、财经、军队、选举等拥有广泛的监察权①，直到清朝，除了对官员、行政机关进行监察，清朝的监察官可以对事关国家政治的大小事务发表谏言②，"都察院专掌风宪，以整纲饬纪为职，凡政事得失，官员邪正有关于国计民生之大利害者皆得言之。"③ 为了加强对监察官的监督制约，中国古代一些朝代要求监察官员互相监督。汉代在御史台之外，还设丞相司直与司隶校尉，三者同为中央监察机构，互不统属，但可互察。汉朝规定，监察御史如"举劾失当"，"并坐之"。明朝《宪纲》对互察有详细的规定，"凡巡按御史弹劾三司不职按察司官亦得纠巡按失职"。

此外，清朝还设置了一系列监察保障举措，从制度上对监察官员的履职与人身安全进行保护，以充分保护廉政监察职能的发挥。首先是清廷准予廉政监察官员的"风闻言事"权，对出于公心的不实的贪腐举报信息享有豁免权，以保障监察御史大胆进言而无后顾之忧；其次是廉政监察官员的密折奏事权，此举给予廉政监察官员直接向皇帝密折检举弹劾的权力；最后是对于廉政监察官员的奖励提拔制度，清朝廉政监察官员的升职比其他官员快，有成绩的官员三年考核期满后一般可以得到升职机会。④

三　西方监察官制度分析

"二战"以后，西欧及其他地区国家发展进入繁荣期，现代政府也出现了机构膨胀和职权扩张的趋势，新型国家在社会转型过程中也

---

① 焕力：《中国历史廉政监察研究》，武汉大学出版社2015年版，第84页。
② 参见萧秦《中国古代行政监察官制述评》，河北史学会编《历史与现实论稿》，中国文史出版社1991年版，第53—61页。
③ 《清文献通考·职官六》。
④ 参见焕力《中国历史廉政监察研究》，武汉大学出版社2015年版，第171—173页。

面临着反腐和保护人权的要求,监察制度在此背景下开始在世界范围内广泛传播,其制度内容、适用范围等在演化发展中,演变出各种各样的监察制度模式。

古罗马的监察官制度体现了权力的制衡,它产生于公元前443年,监察官由公民大会选举产生,对上级权力机构执政官和元老院进行制衡,古罗马监察官本来是为了进行公民调查而产生,因对公民的调查同时也包含对公民品德的调查,尤其是对于元老等这些上层人士的调查尤为细致,最后发展到对公民进行道德监督,惩罚法律所不能及的部分,且监察官的惩罚对于个人影响甚巨。虽然古罗马监察官可以通过行使道德监督权、元老遴选权从而对元老院和公民大会形成制约,但是监察官本身是由公民大会选举而出的,而后者也可以通过财政等方式对监察官形成制衡;此外,和中国古代一样,古罗马也重视监察官之间的互相监督。监察官体系内部也存在自我监督,监察官同僚之间相互平等、互相有否决权。

目前被称为世界上最廉洁的国家——丹麦,其监察官制度确立于1955年,丹麦监察官由议会产生,只对议会负责,且独立行使职权时,议会不得干涉。丹麦监察官可以主动或者被动地对有问题的事项展开调查,一般情况下政府都会对监察官的建议作出回应。① 英国的行政监察专员制度属于十分完善且有效的监察制度。英国颁布《议会监察专员法》,详尽规定监察专员的核心使命、监察对象、职权限度和调查程序等。监察专员和法院管辖权互相重叠、补充,而非互斥。《议会监察专员法》给予监察专员高等法院全部的强制权。另外,还严格规范监察官的准入门槛、选入条件和程序、分类管理以及职务保障,以确保监察官的专业化、职业化建设。

---

① 参见赵红军、杜其航、胡敏《丹麦反腐败制度体系、政策和行为准则对中国的启示》,《学习与探索》2016年第12期。

四　建立中国特色监察官制度的建议

根据《监察法》的基本规定，立足中国历史文化传统，在吸收国（境）外有益经验的基础上，立足国情，形成具有中国特色的监察官制度体系，对监察官履职的政治、道德、廉洁等要求作出明确规定，实现权力、责任、义务、担当相统一，有利于监察机关工作人员增强工作的荣誉感、责任感和使命感，以更高的标准、更严的要求，依法履职尽责，为廉政建设和反腐败工作贡献力量，这也是深化国家监察体制改革过程中的重要组织制度创新，有利于推进国家治理体系和治理能力现代化。

（一）通过立法确保监察官独立性

《宪法》赋予监察委员会独立于国务院、法院、检察院的地位，为了增加监察工作的有效性和权威性，监察官制度应明确：第一，加强上级监委对下级监委的领导，切实落实"两个以上级为主"，尤其是在主要干部选拔和重大案件查办中，下级监委以对上级负责为主；第二，明确监察官管辖范围，完善案件交接制度，细化监察机关办理职务违法和职务犯罪案件的过程中，与审判机关、检察机关和公安部门等执法部门的相互配合工作，使监察官发挥职权优势，内部高效查案，外部及时移交；第三，监察官的监察职责对司法权和检察权具有补充作用，因而监察官在行使职权时，应享有一定的豁免权，即使案件未能达到《刑法》《刑事诉讼法》上的立案标准，在情况紧急、案件影响恶劣的情况下，监察官有权独立对该等事件行使监察权，且可豁免事后处分及国家赔偿。

（二）对监察官进行单独序列管理

与法官、监察官、警官类似，监察官工作专业性质强、工作难度大，应采用去行政化的单独序列管理。在建立监察官制度时，在将监委全部内设机构工作人员纳入监察官适用范围的大前提下，参考司法改革中法官"职务与职级并行、职级与待遇挂钩"改革的总要求，采取纵横两向分类，横向以内部职能为标准分工，将行政事务部门与专业职能部门适当区分。对于司法改革中推行的"员额制"建议不宜采用。如果采用员额制势必在纪委监委员工内部划分出两种身份的人，由此产生晋升、薪酬等方面的差异，不利于队伍团结，不利于后续岗位交流。横向分类后，应科学设置纵向层级，按照监察官培养的规律，以资历、经验、业绩等参照指标决定职级升降，实行薪酬待遇与职级挂钩。对于监察官的工资待遇，要坚持权责对等原则，突出责任和担当，参考有关专业干部队伍的待遇标准，综合考虑国家财政负担能力等，在监察官队伍中实行一定程度的"适薪养廉"。

在监察官任免、考评和晋升等制度设计上，要科学设立上下进退机制。监察官门槛要高、退出机制要强，尤其是要细化规定违法违规监察官降低衔级、处分等条件，把重任落在从严建设队伍上。对于监察官的招募，建议借鉴历史上及香港和国（境）外的做法，授权由监委独立自主招聘，一般不再纳入普通公务员招聘，授权范围可至地厅级监委。适应新时代腐败行为高科技、隐秘性的特点，不应局限于法学专业，还要招募金融、经济、工程、计算机等专业的人才；鉴于反腐败工作对监察官综合素质要求很高，监察官序列还应设置人员编制，吸取具有一定社会经验和社会声望、在其他行业的人才，同时针对不同级别的监察官积极开展职业培训，以建设一支专业水平高、专业素质强的监察官队伍。

在监察官的招募条件中，除了对于专业素质的要求，对于应试者的政治素养、道德水平也应该采取科学、全面的方式进行考察，设置考评委员会，根据《监察法》的具体规定，使监察官的任免、登记、考核、惩戒等公平规范。

对监察官的招募实行高标准的好处在于，首先，可以精简监察官队伍，能够进来的都是精英，加上前面科学的层级设置，使得诸位优秀的监察官得以在一个科学的体制下高效工作；其次，与监察官职业培训制度配合，促进监察官终身学习、提高业务能力，也有利于监察官职业的长远发展；最后，与前述监察官纵横层级划分相配合，建立适当的内部分配机制，薪酬待遇直接与职级挂钩，有助于调动监察官工作的积极性，给予监察官与高技术含量、高工作强度相适应的薪资水平，通过保证监察官拥有一个较高的生活质量，从而保障监察官队伍一个较高的集体荣誉感和受人尊敬的社会地位，以促进监察官制度的长远发展。

（三）强化关键环节的监督制约

《监察法》中对监察官调查程序、留置措施适用的情形程序等作出了规定，对如何加强对关键环节的监督制约作出规定，要求监察官之间内部相互监督，监委接受人大和人大常委会、党委和司法外部监督等，如何实际落实这些监督制约，还需要进一步作出具体规定。

（本章原文发表在《深圳特区报》2018 年 8 月 28 日理论版。）

第十二章　国家监察体制改革其他热点问题

深化国家监察体制改革是以习近平同志为核心的党中央作出的重大决策部署,是事关全局的重大政治体制改革。制定《监察法》是深化国家监察体制改革的重要内容和关键环节。2018年3月11日,十三届全国人大一次会议表决通过的《〈宪法〉修正案》,其中专门增写监委一节,确立监委作为国家机构的法律地位;2018年3月20日,表决通过《监察法》,国家主席习近平签署第三号主席令予以公布施行。一时间,"监察"一词百度搜索结果多达几千万个,成为超级热词,吸引着大家的眼球。除了本书前述论及的几个重要问题外,以下几个问题也应引起足够重视。

一　"监察"一词宜依法规范使用

"监察"一词在我国是一个有特定含义的词语。这个词可是颇有历史。《诗经》中有云:"监观四方",郑玄笺曰"监察天下之众国",孔颖达疏云"监视而观察天下四方之众国"。在汉语文字学中,"监察"一词指的是对有关国家机关和公职人员的监督。在我国法学领域中,"监察"一词的特定含义来源于《宪法》和有关宪法性文件的规定。宪法修正案及《监察法》对监察工作作出了规定,从而赋予了"监察"一词的法定含义。宪法修正案第一百二十三条规定,中华人民共和国各级监委是国家的监察机关;第一百二十四条规定,中华人民共和国设立国家监委和地方各级监委。还规定,监委的组织和职权由法律规定。根据宪法修正案,《监察法》进一步对"监察"的内容进行规定。《监察法》第一条规定,为了深化国家监察体制改革,加强对所有行使公权力的公职人员的监督,实现国家监察全面覆盖,深入开展反腐败工作,推进国家治理体系和治理能力现代化,根据宪法,制定本法。第二条对监察工作的指导思想等进行规定。第三条规定各级监委是行使国家监察职能的专责机关,依照本法对所有行使公权力的公职人员(以下称"公职人员")进行监察,调查职务违法和职务犯罪,开展廉政建设和反腐败工作,维护宪法和法律的尊严。可见,"监察""监察工作""监察机关"等词都是法定的法律用语,不是谁随便想用就用的。但目前在我国有关国家机关系统中,由于历史的原因,尚有不少以"监察"一词命名的工作或部门。1989 年 8 月最高人民法院下发《人民法院监察工作暂行规定》后,法院系统内部设立监察部门。1993 年 8 月劳动部发布施行的《劳动监察规定》使用了"劳动监察"的提法。之后,有关部门又相继使用了"城管监察""经济监察""水上安全监察""希望工程全国监委""电脑网络安全监察"等词语。在一些商业部门内部也设有监察部门或机关,开展监察工作,似乎一切与监督沾边的事情都可以用这个词来表明家世。这种现象应当引起我们的注意。

使用"劳动监察""城管监察"等词语,混淆了"监察"一词的法律含义,有关部门应当予以重视,依法规范使用,以维护法律权威,用实际行动支持响应国家监察体制改革。

二 监察意识的培养与增强

监察意识的培养是监察工作的重要组成部分。培养与增强全社会监察意识是党风廉政建设的治本措施之一。做好培养与增强全社会监察意识的工作,在反腐败工作中有着重大的意义。在监察工作中,应当把培养和加强监察意识当作一项重要的工作来抓。

监察意识指的是人们关于监察工作及其工作人员工作的思想、观念、知识和心理的总和。关于监察意识的含义，需指出以下几点：

第一，监察意识是全体社会成员对监察工作的感知和认识，而不是某个机关、团体或某一部分社会成员的独有意识，它的主体既包括专门的监察工作者、党政机关干部，也包括广大的人民群众，所以，在培养和加强监察意识工作中应当把全体社会成员列为工作的对象。

第二，监察意识从结构上可分为廉政心理和廉政思想体系两部分，这是相互依存的两个认识阶段。廉政心理是廉政思想体系的萌芽和原始状态，是人们对监察工作认识的起点，廉政思想体系是在廉政心理的基础上产生的，是廉政心理处于更高级的认识阶段，在廉政制度的制定和实施中起着主导作用。认识到这一点，有利于正确评价当前全社会监察意识的现状及科学合理地安排好培养与加强监察意识的工作步骤。我们应当先行采用多种形式强化对全社会廉政心理的唤起和关注，进而逐步培养形成有中国特色的廉政思想体系。

第三，监察意识与监察工作相互依存、相互促进。监察意识与其他社会意识一样，既被社会存在所决定，而且积极地反作用于社会存在。它既是监察工作在意识上的反映，也反过来影响和约束监察工作的发展。良好的浓厚的监察意识促进监察工作顺利发展，消极的淡薄的监察意识必然对监察工作的发展造成负面的影响。

在当前形势下，培养与加强监察意识有着极为重大的意义，表现在：

第一，对广大人民群众而言，培养和加强监察意识有利于进一步促进创造清正廉洁的社会环境。这一点应分三个层次来分析：首先，对一般群众来说，培养浓厚的监察意识有利于使他们对反腐败工作路线、方针、政策有正确的认识，能充分理解到党中央反腐败抓廉政的决心和立场，积极主动地投身廉政建设工作中，不做监察工作的袖手旁观者；其次，对广大党政机关干部来说，培养浓厚的监察意识有利于促使党政机关干部恪尽职守、廉洁奉公，从而从源头上堵塞、杜绝腐败现象在党政机关干部中的滋生、发展；最后，对专门的廉政机关工作人员而言，浓厚的监察意识既有利于提高他们的工作水平，又能使他们能在一个理直气壮的反腐败工作环境中取得更大的反腐倡廉工作成果。

第二，对党风廉政建设和反腐败工作而言，培养形成浓厚的监察意识有利于促使反腐败工作跃上新的台阶。目前，监察全覆盖已深入开展，各项工作不断走上正规化和法制化，但从另一个角度上来说，还处在"摸着石头过河"的探索阶段，这不仅仅是由于体制改革还在探讨、待落实阶段，还由于一个时期以来，我们对监察意识的培养工作一直处在不统一、缺协调的状态中。培养和加强监察意识，形成有中国特色的廉政思想体系，使我们在理论认识上对监察工作达到一个新的高度，从而促使这项工作跃上新的台阶。

第三，培养和加强浓厚良好的监察意识，有利于促进更好社会风气的形成。浓厚良好的监察意识形成要求有深厚的道德伦理基础和系统协调的社会价值体系。党风、政风建设与良好社会风气培养有着很密切的关系，加强和培养监察意识，进一步做好党风、政风建设工作，对于杜绝和消除社会上以权谋私、钱权交易、贪赃枉法和贪污、收贿与腐化、堕落的意识，培养形成爱国、爱民、守法、勤勉节俭等良好的社会风尚，必然有相得益彰的促进作用。

培养与加强监察意识应当从以下几方面着手：

第一，培养与增强全社会的监察意识与学习贯彻党的十九大精神紧密结合。党的十九大是在我国改革开放和社会主义现代化建设的关键时期召开的一次极为重要的会议。全会的决议把中华优秀文化的社会主义精神文明建设提高到更突出的地位。培养与增强全社会的监察意识，提倡树立良好的风气，对于精神文明建设必然有很大的促进作用，我们应当把这两者紧密结合。

第二，培养与加强监察意识应当从廉政思想教育入手。应持之以恒地加强社会伦理道德教育，弘扬民族传统文化中与廉政建设有关的思想倾向，在党员干部中树立以廉政勤政为荣、腐化滥权为耻的思想。加强廉政思想教育,是培养与加强监察意识的基本措施。

第三,走专责机关与群众路线相结合的道路。专责机关指的是新成立的各级监委。监委应当在监察意识培养工作中起主导和带头作用。监委应运用报刊、电视、广播等舆论工具,强化廉政宣传工作,及时报道监察工作的动态,宣传党和政府的有关廉政措施,培养全社会的廉洁意识;同时,应当以多种形式宣传和发动,使各党政机关、企事业单位积极参与到监察意识的培养工作中来。组织群众性的对监察工作的大型讨论、思考,以举办专题讲座、专题征文等多种形式,使全社会对监察工作的关注形成一个持续的热潮并保持下去。

第四,把监察意识的培养工作与其他社会意识的培养有机结合起来。监察意识是一种特殊的社会意识,它与文化意识、工商业意识、竞争意识等各种社会意识共生共存。我们在讲培养和加强监察意识时,要避免孤立地把监察意识的培养工作与其他意识的培养工作分割开,我们除以专门的力量培养和促进监察意识的培养和形成外,还应当将这一工作与其他意识的培养工作有机结合,使之渗透、扩散到其他社会意识的培养工作中,使人们能够在更广泛的社会领域感受到深厚的监察意识的存在并自觉地维护和培养这一意识。

总之,培养和加强全社会的监察意识,是反腐败工作中根本性的一项措施,我们应当在现有基础上,把这一工作做好,确保国家监察体制改革和反腐保廉工作取得更大的成绩。

三 构建"微观反腐新格局"

改革开放 40 年来,中国的反腐败工作取得了较大成果,为改革开放的顺利推进做出了不可磨灭的重大贡献。但是,腐败的现象在一定范围内还是比较严重。事实上,任何一个国家的发展都难以避免地伴生着贪腐现象。目前亚洲廉洁排名第一的新加坡在 20 世纪 40 年代和 50 年代,贪污腐败横行无忌,腐化曾一度成为当权人物的一种生活方式,虽然 1952 年新加坡便成立了反贪污调查局,但是由于民众怀疑、担心遭到报复，加上配套法律制度的缺失，反贪污调查局没能发挥很大的功用。直至1959年，人民行动党成为执政党，总理李光耀誓言与腐败决裂，并采取一系列措施才使新加坡走上廉洁之路。这些措施主要包括：（1）制定《反贪污法》，规定极为严厉和详细的惩罚措施，并赋予反贪污调查局极大权限——有权在没有逮捕证的情况下，逮捕嫌疑人；有权没收贪污罪犯的全部贿赂；有权检查和冻结嫌疑人的银行账户，甚至可以查其家人账目；有权入屋搜查、检查和扣押认为可以作为证据的任何物品；有权进入各部门、机构，要求其官员和雇员提供调查人员认为需要的任何物品、文件和内部资料。（2）采取高薪养廉政策。（3）建立起非常有效的舆论氛围来监督和保证政府的廉洁。香港也有类似的经历。我国腐败高发的原因与社会发展的阶段有较大关系。腐败蔓延正是"中等发展陷阱"的一个最重要构成因素。在新的奋斗过程中，有必要引入一个新的反腐败新理念，那就是"微观反腐"。

1. 微观办案。反腐败是一项庞大、需要坚持不懈完成的系统工程。因此，在这过程中，不仅需要持之以恒的动力，而且需要防微杜渐，关注腐败小现象、官阶级别低的腐败分子，概而言之，即注重精细办案。一是广查小案。小事不查，何以查大事？反腐败不是抓典型、树标榜的形象工程，而是需要从小事着手，从细微之处狠抓狠打的实在工程。然而，我国在反腐过程中，却鲜有追查一些有损廉洁风气的小事。而以廉洁著称的新加坡却格外重视在小事上保持一贯的廉洁作风。有一个关于李光耀的廉洁小故事。一位名叫威尔逊·李·弗洛雷斯的人到新加坡时，曾打电话到李光耀的办公室。威尔逊请求李光耀为其所买的《李光耀回忆录》（下册）签名。而李光耀的秘书则解释说，每本由李光耀亲笔签名的回忆录，价值是1万新元（约合5万元人民币），售书的所有收入则将捐给慈善机构。可以看出，务实和有条不紊的作风是新加坡保持廉洁的重要品质，也是我国需要借鉴吸取的重要品格。二是严查小官。反腐败是一项系统工程，既要集中力量对付重大腐败分子，展示反腐决心，让其他官员引以为戒，不敢再越雷池一步；也要严查小官，加大惩治力度，使腐败分子无处藏身。当然，相对于重大腐败分子，可以简化打击小官犯罪的程序，从而形成不管官大官小，只要走上腐败的不归路，终将付出惨痛的代价的共识。三是狠查大案要案。必须明确的一点是，提出"精细办案"并不是意味着不查办大案要案，"不打老虎只打老鼠"。通过查办大案要案，集中查办一批层次较高、性质严重、影响恶劣的案件，才能体现我们党在反腐败问题上的决心和力度，才能彰显反腐败工作的威慑效果。因此，查办大案要案必须坚持不懈地抓下去。查办大案要案也有一个"精细办案"的问题，就是在办案过程中要体现"精细化、精密化"等要求，注重解剖典型，举一反三。

2. 微观廉教。教育有助于创造一个普遍谴责腐败的社会大环境，增加腐败分子的"心理成本"，实现"不敢腐""不能腐""不想腐"的治理目标。早在1974年香港便通过《廉政专员公署条例》，规定廉政专员的职责包括"教育公众认识贪污的害处"，"争取和促进公众支持打击贪污"。可见，香港很早便意识到反腐工作必须进行主观方面的教育工作。而我国缺乏相应的规定，反腐败的教育工作可谓任重而道远。教育可以侧重于以下两方面的内容：一是教育公职人员慎微。无论做什么工作，都要重视小事、关注细节，把小事做细、做透，公职人员更该重视细节，谨慎从事工作。同理，公职人员手握人民赋予的权力，其不经意间的一个决定或者无意识的一句话，都可能影响到人民群众的切身利益，而"群众利益无小事"，因此，有必要培养公职人员重视细节、谨慎工作的品格。唯有如此，公职人员才能重视并正确对待自己手中的权力，真正贯彻"权为民所用，利为民所谋"的方针。也只有教育公职人员慎微，才能在公职人员心中树立起廉洁与腐败的天然屏障。二是廉政教育从幼儿园抓起。"文化是制度之母"，文化价值观直接影响社会发展与进步。而文化价值观的形成需要靠教育，特别是基础教育。廉政价值观的形成也是离不开廉政教育，而廉政教育须从幼儿园抓起。只有从基础教育抓廉政教育，才能形成廉政的社会风气；只有在廉政的风气中，才能产生自觉拒腐、抗腐、以腐为耻的思想意识；只有牢固树立监察意识，才能实现廉政目标。从幼儿园抓廉政教育，从长远着眼，壮大廉洁者的队伍。通过对年轻一代的反腐败教育强化全民反腐败意识，动员全体社会人员参与反腐败行动，自觉监督、举报腐败现象，从而营造廉洁的政治氛围。三是对廉政建设涉及的宏观问题和精准问题进行思考、探索，不断丰富廉政文化的理论底蕴；在党员领导干部中，构筑马克思主义廉政道德观和正确的利益观，着力加强对广大党员干部的思想教育，并辅之以信念、美德、公德和职业道德等方面的教育，牢固树立正确的廉政观，从而筑起一道牢固的思想防线；同时要将反腐倡廉工作中一些成熟的经验不断上升为法规制度或者国家法律，建立结构完整、配置科学、程序严密、相互制约的权力运行机制和科学的规章制度。四是全力打造"廉洁型"社会。廉政文化建设离不开全体社会成员的积极参与。系统发掘本土优秀廉政文化。把现实和历史传统紧密集合起来，系统整理和挖掘我国的廉政历史文化，并使之与新时代的廉政思想、理念、制度和先进事迹结合起来，形成廉政文化建设不枯源泉。用廉政文化反击腐朽没落文化。反对"拜金主义""享乐主义"等腐朽文化，坚决反对"三俗"，提倡本土优秀文化，要自觉地把廉政文化建设纳入发展先进文化的大局，综合政治、法治、经济等手段，对抗腐朽文化的侵蚀。应发动广大人民群众参与廉政文化建设，把弘扬和培育反腐倡廉意识纳入国民教育和精神文明建设的全过程，使人们在日常生活中处处受到清正廉洁风气的感染和熏陶[1]，树立正确利益观，积极促进利益均衡格局建设。

3. 微观控权。防治腐败，不仅需要靠教育，而且需要完善相关的防控措施，实现有腐必查、有腐必究、查究必严的反腐观念。这是坚持主客观相统一的原则，只有建立一整套严密的防控措施，才能在客观上让腐败分子无处容身，形成"不能"腐败的外在约束力。具体而言，完善防控措施可以从以下三方面着手：一是权力分细。不受

---

[1] 姚文胜：《廉政文化建设专题研究》，《深圳特区报》2004年10月。

监督的权力必将导致腐败，没有细化的权力则易滋生腐败，因为没有细化的权力更容易出现监督盲点，出现"不受监督的权力"。因此，防控腐败极有必要细化权力、精准设岗，与此同时，有必要细化办事流程，使权力的行使适岗适量，且符合相关程序规定。只有这样，权力之间才能互相制衡，权责之间才能更加明确，这既有利于监督权力的实施，也更容易追究相关的责任人。从某种角度上说，这便能有效地挤占腐败分子的生存空间，有效地防止腐败。二是监控做细。监控措施是防止腐败发生的必要条件。当前我国的监控措施过于宏观，这使监控缺乏具体有力的指导，且未能落到实处，从而导致宏观监控措施形同虚设。防止腐败现象发生，需要细化监控措施，明确监督责任，比如说定期向公众、媒体汇报工作制度，等等。只有细化监控措施，才能使监控权利的行使有法可依、有章可循，才能保证监督措施落实到位。三是预算从细。预算直接涉及财政经济，是政府信息公开的重要部分，倘若预算不够详细，那么便容易出现虚列预算、虚增开支、虚耗财政等各种腐败现象。而廉洁政府往往注重财政的开支合理、透明，并尽量节俭，诚如新加坡前总理李光耀所言："从 1959 年 6 月执政第一天起，我们就确保税收的每一块钱怎么花都要有适当的交代，到达基层受益人手上的时候，一块钱照旧是一块钱，中途没有被抽调一部分。"因此，防控腐败就要保证政府各部门的预算尽可能详细具体、有凭有据。

4. 微观立法。反腐败的深入持久进行需要法律的支撑，综观廉政闻名的其他国家和地区，不难发现，廉政国家或地区均重视精细立法的作用。比如说香港的《廉政公署条例》《防止贿赂条例》，新加坡的《反贪污法》，瑞士的《反行贿受贿法》，等等。而我国现有相关法律规定，相对而言较为宽泛，缺乏具体的执行细则，因此，有必要从以下两方面加以完善：一是新立法从细。我国目前还没有关于监察官的单独立法，有必要尽快出台专门的相关法律。相关法律的制定务必要详细具体，比如说尽量规定监察机关人、财、物独立，并赋予其具体而又足够的反贪权力，等等。正如新加坡的《反贪污法》虽然只有 35 条，但因其详细具体的规定而使其成为反腐斗争的基本保障。二是修改老法从细。对已有法律的修改也需要详细具体，只有这样，才能实现法律规定的一致性，保障"有权必有责，用权受监督，违法受追究"的贯彻落实。另外，老法之所以需要修改是因为在社会的发展中，我们发现它的不足，那么假使我们完善它仍过于宽泛，则修改效用不大，起不到应有的效果，也便失去修改它的意义。因此，修改老法也应从细。

下 篇

第十三章　当代中国监察制度的演变

新中国的监察制度性质上属于社会主义国家的监察制度。社会主义国家的监察制度，建立在生产资料公有制基础上，是广大人民对经济、政治、文化等领域以及国家机关活动行使民主监督的形式，是人民群众行使民主权利、参加管理国家事务和社会事务的一种有效手段。作为社会主义国家的监察制度的一种重要形式，一经诞生便发挥日益重要的作用，在理论上渐成体系，在实践中显示社会主义特色。

社会主义的中国实行人民代表大会制，权力机关充分代表人民意志。这种政体便于人民管理国家事务，保证国家一切权力属于人民。建立在人民代表大会制基础上的国家监察制度采取国家专门监察机构与人民群众社会监督相结合的体制，便于人民对国家行政机关和公务人员实施监督，以保证国家方针、政策、法令、计划等的正确执行，使人民权益得到应有的保障。民主建设是一个渐进过程。1949年新中国成立以来，我国监察制度的发展按时间可分为以下五个渐进的阶段。

一　1949—1954年的监察制度

1. 创建。1949年4月召开的中国人民政治协商会议第一届全体会议通过了《共同纲领》和《人民政府组织法》。根据《共同纲领》第十九条和《人民政府组织法》第十八条、第二十一条的规定，组建中央人民政府政务院人民监察委员会。1950年10月24日政务院批准了《中央人民政府政务院人民监察委员会试行组织条例》，正式创立了社会主义中国的第一个监察机构——人民监察委员会。

2. 组织机构。在中央，人民监察委员会设四个厅和顾问、参事。各厅分述如下：

第一厅：掌管财政、银行、海关、合作、贸易、农业、林垦、水利各机关及企业部门的监察、纠举及对该机关或人员控告的处理之事项；

第二厅：掌管各种工业、铁道、邮电、交通、劳动各机关及企业部门的监察、纠举及对该机关或人员控告的处理之事项；

第三厅：掌管内务、公安、司法、制度、民族事务、华侨事务、文化、教育、卫生、科学、出版、新闻及不属于第一、第二厅之其他一切机关及其企业部门的监察、纠举及对该机关或人员控告处理之事项；

办公厅：掌管工作检查、会议及其他不属于第一、第二、第三厅之通常行政事项。

在地方，各大行政区、省（行署、市）、县（市）分级设人民监察委员会，接受同级政府和上级监察机关的双重领导。各级监察委对辖境内的各级政府机关、企业部门、人民团体设置义务职的监察通讯员。

1951年4月，人民监察委员会首先在政务院财政经济委员会所属的财政部、贸易部等七个部内，建立监察机构。1952年12月，在省（市）以上各级人民政府财政机关与国营财经企业部门建立监察室。各监察室受本机关、部门首长及上级机关监察室的双重领导，并受其主管机关的同级人民监察委员会指导。

3. 人民监察委员会的职权。根据《中央人民政府人民监察委员会试行组织条例》规定，人民监察委员会的职权如下：（1）有权监察全国各级国家机关和各种公务员是否违反国家政策、法律或损害人民利益，并有权纠举其中的违法失职的机关和人员。（2）有权指导全国各级监察机关的监察工作，颁发决议和命令，并审查其执行。（3）有权接受及处理人民和人民团体对各级国家机关和各种公务人员违法失职行为的控告。

二 1954—1959 年的监察制度

1. 设立。1954 年，中央人民政府政务院改为中华人民共和国国务院。根据《国务院组织法》第二条规定，建立国家监察部，取代原来的人民监察委员会。

2. 机构。监察部是中央监察机关，国务院所属财经部门设立国家监察局，受监察部和该部门双重领导，各该国家监察局所属各级国家监察机关改为由上而下的垂直领导。非财经部门的邮电、地质、卫生等系统的监察室和农业部、文化部的监察室，均改为内部的监察或检查机构，其任务和组织设置由各该部门自行规定，国家监察机关予以监察业务上的指导。

地方的监察机构，各省级行政区、设区的市和专员公署设立监察机关，各大行政区、县和不设区的市以及市辖区不设监察机关，由专置或省派监察组对之行使监察和检查权。

1956 年，对各级人民监察机关设置的人民通讯员进行了调整，本着"注重质量、重点设置"的原则，在重点地区、重点企业中酌量设置人民监察通讯员。

3. 职权。较之 1954 年以前，1954 年后我国监察部门的职权更具体些、扩大些。主要有：行政检查权。检查国务院各部门、地方各级国家行政机关、国营企业及其工作人员是否正确行政。审核权。检查国务院各部门、地方各级国家行政机关、国营企业执行国民经济计划和国家预算中存在的重大问题，并对上述单位、机关、企业和公私合营企业、合作社的国家资财的收支、使用、保管、核算情况进行监督。调查权。受理公民对违反纪律的国家行政机关、国营企业及其工作人员的控告和国家行政机关工作人员不服纪律处分的申诉，并审议国务院任命人员的纪律处分事项。

20 世纪 50 年代初，国家监察机关工作重点逐渐向经济领域转移，逐步加强对财经机关和国营财经企业部门的监督和检查。1952年在各级人民政府财经机关和国营财经企业部门设立了监察室，1955年将之改为国家监察局。国家监察局行使相当广泛、有实际内容的监察职权，有关规定见1952年12月27日公布的《省（市）以上各级人民政府财经机关与国营财经企业部门监察室暂行组织通则》中。

4. 撤销。1959年4月28日，由于种种原因，撤销了国家监察部。

从1949年成立人民监察委员会到1959年撤销国家监察部的10年中，监察机关在加强监督检查国家在过渡时期的各项政策法令的贯彻执行，监督检查国家建设计划特别是经济建设计划的执行，受理人民群众对政府机关和工作人员违法失职行为的检举控告等方面，做了许多卓有成效的工作，取得了不可抹杀的成绩。

三 1986—1997年的监察制度

1. 恢复。党的十一届三中全会后，我国的各项工作逐渐步入正轨。特别是随着社会主义法制的建立和健全，行政管理的科学化和法制化已经提上了国家生活的议事日程。为了加强对行政管理活动的监督与检查，加强行政效能，恢复我国行政监察制度的呼声成为全国人民的共同心愿。1986年12月2日，第六届全国人大常委会根据国务院的提请，决定在我国恢复并确立国家行政监察体制，成立各级行政监察机关。

恢复和重新确立的国家行政监察制度，与50年代相比，有以下几个方面的不同：（1）监察对象，减少了类似公私合营性质的公司、合作社及其工作人员，新增国家行政机关任命的国营企事业单位的领导干部；（2）领导体制由原垂直制和双重制的混合制改为单一的双重领导体制，地方各级行政监察机关既受所在人民政府的领导，又受上级国家行政监察机关的领导；（3）监察系统的派驻机构既受派出机关的领导，又受驻在部门的领导（以派出机关领导为主）；（4）除

50 年代的检查权、调查权和建议权外增加一定的行政处分权,减少了审核权。

1991 年,在恢复行政监察制度近 5 年之后,国务院正式公布实施了由其制定的《中华人民共和国行政监察条例》(以下简称《条例》)。《条例》根据宪法,参考 50 年代监察工作的有益经验,总结 1987 年以来的实践经验,对我国行政监察机关性质、领导体制、工作基本原则,机构设置及人员任免、调动、纪律要求,监察机关的职责权限、监察活动的基本程序等做了明确规定,是各级监察机关开展工作基本法规。《条例》公布实施,使监察工作走上了规范化、法制化的轨道,标志着我国行政监察制度飞跃上新的历史台阶。

2. 监察机构。根据我国《监察条例》关于监察机关的机构设置的有关规定。在中央,国务院设立监察部,受国务院的领导,是全国行政监察工作的领导机关。在地方,省级人民政府设立监察厅(局),省辖市、自治州市、市辖区、县(市)、旗人民政府设立监察局;地区行政公署、盟设立监察局。国家监察部、省、自治区、直辖市监察厅(局),必要时可在人民政府的有关部门设立派驻机构。

国家行政监察机关的性质是各级人民政府负责监察工作的专门机构,是社会主义法制建设的重要组成部分。它受所在地人民政府和上级行政监察机关的双重领导。地方各级行政监察机关主要干部的任免,必须征得上级行政监察机关的同意。

3. 监察权限。根据我国《监察条例》规定,我国新时期的行政监察权包括检查权、调查权、监察决定权和监察建议权四种权力。

(1)检查权。监察机关对国家行政机关及其工作人员和行政机关任命的其他人员执行法律、法规和政策情况进行的检查,具有一定的强制性,即监察机关在进行检查时,相对人有服从和协助的义务,否则将承担相应的法律责任。检查权的内涵主要有查阅文件资料、列席有关会议及询问等。

(2)调查权。监察机关的调查权不同于一般的调查权,有其特定的内涵。监察机关的调查权是监察机关对于需要进行审查立案的监察事项进行查询、取证的权力,是监察机关查处违法违纪行为的重要权力。这一权力包括一定范围的行政处置权。主要有扣留封存、通知银行暂停支付、责令停止损害等。

(3) 监察决定权。监察机关依法可直接进行处理的权力,其性质属于行政决定,以行政强制力为保障。决定的作出要经过严格的法定程序。重要的监察决定,应报经上级人民政府和上一级监察机关同意。监察决定一经作出,有关单位和人员必须执行。可以作出监察决定的情况有:一定范围的人事惩戒、奖励、依法没收、追缴、责令赔偿、责令采取补救措施以及对申诉案件的裁决。监察决定中的人事奖惩决定具有不受司法审查的性质,被处分人不服监察决定不能提起行政诉讼,只能通过行政复议和申诉途径解决。

(4) 监察建议权。对于监察事项涉及监察机关职权以外需要处理的情况,监察机关不能做出监察决定,只能通过监察建议的形式提出,交由有处理权的单位处理。监察建议权适用的范围较广,包括建议纠正、撤销,建议处分,建议处罚等。监察建议不同于一般的建议,监察建议权的意义在于既通过建议的形式界定了监察机关和其他部门的职责分工,又通过建议使有关部门在查处违法违纪中互相配合。

四 1997—2016 年的监察制度

1. 制定《中华人民共和国行政监察法》。1997 年 5 月 9 日经八届全国人大常委会第二十五次会议审议通过《中华人民共和国行政监察法》,该法重新确定了监察机关的性质、工作原则、管辖、职责、权限、程序以及法律责任,为行政监察工作提供了法律层面的保障,标志着我国行政监察工作进入了一个新的发展阶段。《行政监察法》在行政监察机关的机构、监察范围、职责、权限等方面基本承袭了《行政监察条例》的相关规定。之后,《行政监察法实施条例》于 2004

年 10 月 1 日起实施，对监察对象、派出的监察机构和监察人员、监察机关的权限、监察程序等方面进行了细化规定。

2. 修改《中华人民共和国行政监察法》。2010 年 6 月 25 日，十一届全国人大常委会表决通过了《全国人民代表大会常务委员会关于修改〈中华人民共和国行政监察法〉的决定》，对《行政监察法》进行了修改。此次修改扩大了监察对象范围，明确为 4 类单位和人员，即国家行政机关及其公务员，国家行政机关任命的其他人员，法律、法规授权的具有公共事务管理职能的组织及其从事公务的人员，以及国家行政机关依法委托从事公共事务管理活动的组织及其从事公务的人员；完善了举报制度，增加了泄露举报信息行为的法律责任；在法律上确立了监察机关对派出机构实行统一管理的体制；明确规定监察机关对监察对象执法、廉政、效能情况进行监察；增加了监察机关按照国务院的规定组织协调、检查指导政务公开工作和纠风工作两项职责；明确了监察机关依法公开监察工作信息的义务；增加了监察机关可以提出问责处理、完善廉政勤政制度两项监察建议的情形；完善了处分的执行程序。

五　2016 年以来的国家监察体制改革

2016 年 11 月，根据中央部署，北京市、山西省、浙江省三省市率先启动了国家监察体制改革试点工作；2017 年 11 月，十二届全国人大常委会第三十次会议通过《全国人民代表大会常务委员会关于在全国各地推开国家监察体制改革试点工作的决定》，国家监察体制改革试点工作在全国有序推开。改革的目标是整合反腐败资源力量，加强党对反腐败工作的集中统一领导，构建集中统一、权威高效的中国特色国家监察体制，实现对所有行使公权力的公职人员监察全覆盖。

2018 年 3 月，十三届全国人大一次会议相继通过宪法修正案和《监察法》，组建国家监察委员会，产生国家监察委员会领导人员，标志着国家监察体制改革取得重大成果。

第十四章　党内监察制度的发展历程

中国共产党自建立之初，就将党内监察确立为建党立党十分重要的指导思想和具体指引。本文根据不同历史时期的实际，将党内监察制度发展历程分为萌芽期、雏形期、成长期和成熟期四个阶段。

一　党内监察制度的萌芽期

1. 党的一大党内监察制度萌芽。党的一大通过的《中国共产党纲领》（俄文译稿）[①] 15个条文里就有两条规定了监督的问题（第十条、第十二条）。党的二大在党章中首次将"纪律"单独列为一章，强调中国共产党是无产阶级有严密组织和严格纪律的队伍，并明确提出了9条纪律要求，党的纪律建设有了实质具体内容。

2. 党的二大党内监察制度萌芽。二大党章针对党的纪律做了较为严格的规定。二大党章第一次明确阐释了民主集中制原则的基本思想。如"全国代表大会为本党最高机关""全国代表大会及中央执行委员会之决议，本党党员皆须绝对服从之""下级机关须完全执行上级机关之命令""本党一切会议均取绝多数，少数绝对服从多数"等。另外，党章规定了开除党员的条件，包括"无故连续二次不到会""欠缴党费三个月""无故连续四个星期不为本党服务"等，都

[①] 《中共中央文件选集》（第1册），中共中央党校出版社1989年版，第3—5页。

应该将之开除。除了党章，二大还通过了《关于中国共产党的组织章程决议案》（以下简称《决议案》）。《决议案》对党的组织纪律，特别是党员必须遵守的政治纪律做了严格的明确的规定，提出"凡一个革命的党，若是缺少严密的、集权的、有纪律的组织与训练，那就只有革命的愿望，便不能够有力量去做革命的运动"，并规定了党内纪律诸原则。

3. 党的三大、四大党内监察制度萌芽。党的三大、四大进一步作出相关规定。1926年8月，中共中央扩大会议发布了《坚决清理贪污腐化分子》的通告，要求各地党组织坚决清洗贪污腐化分子，制止党内腐化现象的发生和蔓延。这是迄今为止发现的中国共产党最早的反腐败文件。四大党章增加了"凡党员离开其所在地时必须经该地方党部许可，其所前往之地如有党部时必须向该党部报到"的规定。四大党章把三大党章规定党员"无故连续两次不到会"必须开除，调整为"无故连续三次不到会"。1927年6月，中央政治局通过《中国共产党第三次修正章程决案》，这是中国共产党历史上唯一一次不是由党的代表大会制定和修改的党章。《第三次修正章程决案》改动较大，包括党员、党的建设、监察委员会等十二个部分。《决案》提出"为巩固党的一致及权威起见，在全国代表大会及省代表大会选举中央及省监察委员会"，并具体规定了监察委员会的职权。这是党的历史上首次规定建立监察委员会，适应了党的发展需要，表明了党的逐渐成熟，呈现三个特点：第一，突出强调"严格党的纪律是全体党员及全体党部最初的最重要的义务"。第二，进一步完善了对组织和党员处罚的规定。之前党章，仅有开除党员的内容，现在增加了处罚规定。包括对党员个人的处罚，如"警告""留党察看""开除党籍"等；对组织的处罚，如"警告""改组""重新登记"等。第三，严格了违纪党员处理程序。《决案》规定，对于违反党的纪律行为，须"经党的委员会，党员大会，或监察委员会，依合法手续审查之"。

二 党内监察制度的雏形期

1. 中共中央监察委员会——党史上第一个专门党内监察机构。1927 年,中国共产党第五次全国代表大会在武汉举行,选举产生中共中央监察委员会,是中国共产党历史上第一个专门的党内监察机构。其组成模式参照苏联共产党监察机构的组织形式建立,由 7 名委员和 3 名候补委员共 10 人组成。中共中央监察委员会的建立标志着中国共产党党内监察制度的初步形成。《中国共产党第五次修正章程决案》中对监察委员会的职能有如下规定:为了巩固党的一致和权威,应在全国代表大会及省代表大会中选举产生中央及省监察委员会;中央委员及省委委员不得同时兼任中央及省监察委员;监察机关与党委关系是:中央及省监察委员应参加中央及省的委员会议,但只有发言权而无表决权;中央及省监察委员会作出的决议,不得由中央及省委员会取消,但中央及省监察委员会的决议,必须经过中央及省委员会的同意,方可生效并执行。如遇两者意见不同时,须将其移交中央或省监察委员会与中央或省委员会联席会议,如联席会议再不能解决,则移交至省及全国代表大会,或移交高级监察委员会解决之。党章第五次修正案中增设了第九章的最后一条提出:对于违反党的纪律的行为,须经党的委员会,党员大会,或监察委员会依合法手续深化之。中央监察委员会的设置,是中国共产党党内监察建设史上具有开创性意义的重大事件,为后来党纪检机构的发展奠定了基础。需要特别指出的是,中央监察委员会的组成成员 10 人中先后有 7 人牺牲在刑场或战场上,无一人叛党投敌,都经受住了革命战争和白色恐怖的洗礼。

2. 中央审查委员会。1927 年 8 月 7 日,中共中央政治局在汉口召开"八七"会议,通过了《党的组织问题议决案》,决定组织成立党的审查委员会,规定"每一党部委员会之下,现时须组织审查委员会(各省委就是审查委员会),审查各该党部之党员有否不可靠分子"。1928年6月，中国共产党第六次全国代表大会在莫斯科召开，六大党章规定，党的全国大会，省县市大会，选举中央或省市审查委员会，其职责为"监督各级党部之财政、会计及各机关之工作"。六大党章将原党章中的"监察委员会"改为了"审查委员会"。前者更加侧重于纪律检查，后者则侧重于财政监督。六大选举产生了以刘少奇任书记的中央审查委员会，同时将"监察委员会"一章从党章中删去，而增设"审查委员会"一章，明确规定各级审查委员会的职能和任务，中央审查委员会的主要职责是监督各级党部的财政、会计及各机关的工作。审查委员会强调的是对党内财务和机关工作行使监督职能，而对于处理党员的违纪问题，则由党员大会或各级党部行使。相较而言，纪律检查的任务比财政监督更繁重，把监委会改为审查委员会，不利于加强全党纪律。

3. 中央特别工作委员会。为了加强党内纪律监督，中央于1931年6月成立了中共中央特别工作委员会，设定职能为专门的党内监察和纪律监察机构，是对违纪党员进行情况调查的临时机构。

4. 中央党务委员会。随着中共党员数量的快速增加，在中共管理的苏区内出现了官僚主义、贪污浪费等腐败现象。1933年9月，中共中央作出《关于成立中央党务委员会及中央苏区省县监察委员会的决议》，根据这一决议，中央苏区各省县相继成立监察委员会。1934年1月，在党的六届五中全会上正式选举产生中央党务委员会，明确主要职责是查处违反党章、党的决议及破坏党纪的行为。《决议》要求，中央党务委员会以及省县监察委员会的任务是"以布尔什维克的精神，维持无产阶级党的铁的纪律，正确地执行铁的纪律，保证党内思想和行动的一致，监视党章和党决议的实行，监察违反党的总路线的各种不正确的倾向（官僚）主义及腐化现象等，并与之作无情的斗争"。中央党务委员会从成立之初一直到抗日战争时期都承担着党内监察职能机关的职责，发挥着党的纪律教育管理的作用。

5. 监察委员会再度确立为党内纪律执行机构。1938年9月起，中国共产党召开扩大的六届六中全会。毛泽东同志在党的六届六中全会上，总结了张国焘严重破坏纪律的教训，提出必须对党员进行有关纪律的教育，既使一般党员能遵守纪律，又使他们能监督党的领袖人物也遵守纪律，还要制定较详细的党规，以统一各级领导机关的行动。这次会议制定了一系列党规，包括《关于中央委员会工作规则与纪律的决定》《关于各级党委暂行组织机构的决定》《关于各级党部工作规则与纪律的决定》等。这些决定把党章的纪律要求具体化了，是对党章的重要补充。全会通过了一系列重要决定。其中，在《中共扩大的六中全会关于各级党委暂行组织机构的决定》指出："由各中央局决定，在区党委之下，得设监察委员会，监察委员会职权为：监督各种党的机关，党的干部及党员的工作与对于党的章程决议之正确执行；审查党的各种机关之账目；管理审查并决定对于违反党章党纪之党员的处分，或取消其处分；审查并决定所有要求恢复党籍或重新入党者之党籍；监察党员关于破坏革命道德的行为。"与之前对于监察委员会的相关规定对比，扩大了监察范围，规定更加明确。

6. 党章设定"党的监察机关"。1945年4月，中国共产党召开第七次全国代表大会，会议通过了新党章。七大党章提出：中央认为必要时，得成立中央及地方党的监察委员会，由中央和地方党委全体会议选举产生。各级监委在各级党委的领导下工作，决定或取消对党员的处分，受理党员的申诉。新党章取消了六大党章中"审查委员会"一章，新设"党的监察机关"一章，对监察机关的产生办法、任务、职权等体制机制作了明确表述。具体规定为：党的中央委员会认为必要时，得成立党的中央监察委员会及各地方党的监察委员会；中央监察委员会，由中央全体会议选举之。各地方党的监察委员会，由各地方党委全体会议选举，并由上级组织批准之；中央及地方监察委员会的任务与职权，是决定或取消对党员的处分，受理党员的控诉；党的各级监察委员会，在各级党的委员会指导下进行工作。新党章对于监察委员会的设置有了新的规定，中央监察委员会不再是平行于中央委员会的机构，而是由其领导开展具体工作。各级的监察机关同样是在相应的党委领导之下工作。党章的规定，明确了监察机构的地位及职责，为监察机构执行党的纪律、处理党员工作做好了制度保障。

从五大到七大，党内监察系统设立历经波折，党中央专门的监察机构始终未真正建立。但中国共产党领导人对于党内监察的认识不断提升，不断探索解决党内监察制度建设发展之路，为新中国成立后党内监察机构的创立和运行打下坚实基础。

三 党内监察制度的成长期

1. 纪律检查委员会成立。新中国成立后，中国共产党更加注重党风党纪建设，并于1949年11月作出了《关于成立中央及各级党的纪律检查委员会的决定》，正式成立了中央纪律检查委员会，省、市、县等各级相继成立了纪律检查委员会，标志着中华人民共和国正式监察机关的成立，也标志着我党监察制度建设进入一个新阶段。纪律检查委员会设立之初，被定位为省市党委党内纪律管理的助手和伙伴，党委为纪律检查委员会的上级部门。纪律检查委员会职能设定不能指导和管理下一级纪委工作，也不能对同级党委进行纪律检查。

1955年3月全国代表大会对监察结构进行修订，通过的《中国共产党全国代表会议关于成立党的中央和地方监察委员会的决议》规定：中央和地方要成立专门的监察委员会，以取缔原来的纪律检查委员会；同时在原有纪律检查委员会权力的基础上，赋予监察委员会更大的权力，即各级监察委员会自身有权力对可能的违反法律、违反党纪的问题进行监察。同时规定，党的中央和地方各级监察委员会有权检查和处理一切党员违反党章、党纪和国家法律、法令的案件。与纪律检查委员会不同的是，监察委员会对下级监察委员会有监察的权力。下级监察委员会要定期向上级报告，上级监察委员会可根据实际情况授意更改下级的决议。八大进一步丰富了党内监察内容，增加了两方面内容：一是监察委员会要积极受理党员同志的申诉意见；二是监察委员会要肩负更重大使命，对现行法律法规、党章和党纪下广大党员和干部的遵守情况。八届十中全会《关于加强党的监察机关的决定》，针对同级党委可能对监察委员会的不利影响，提到监察委员会应该专门选拔出来不参与其他岗位的工作，降低与同级党委的交叉可能，监察委可列席参加同级党委的会议；监察委报告可直接避开同级党委，直接向上级机构反映调查的情况。八届十中全会通过的决定有效保障了监察委员会工作开展的独立性，对规范党内监察发挥了重要作用。

2. 十年动乱时期，党的监察机关遭到破坏。九大通过的党章取消了党的监察机关。"文化大革命"期间，监察委员会因其独立工作受到反革命团体的破坏，中央和地方监察机关工作陷入瘫痪，党内纪律检查机构建设出现严重倒退。在1969年精简机构的背景下被撤销，委员会的干部和工作人员被下放改造。

3. 纪律检查委员会恢复开展工作。党的十一大针对党内监察现状，宣布恢复中央和地方纪律检查委员会，十一大党章虽然重新增设党的各级纪律检查委员会，但规定各级纪律检查委员会由同级党的委员会选举产生，并在同级党委的领导下开展纪律检查工作。这些错误不但继续在党内思想上引起混乱，而且在党章的表述中也显得前后矛盾，说法不一。直到十一届三中全会公开选举中央纪律检查委员会，定位纪律检查委员会是"维护党规党法、搞好党风"的专门机构。邓小平同志对新时期执政党的建设问题提出了一系列要求，要求改革党和国家的领导制度、干部制度、组织制度、工作制度。要克服官僚主义现象、权力过分集中的现象。要加强党风廉政建设，反对腐败，要有群众监督制度，要有专门的机构进行铁面无私的监督检查。

党的十二大又赋予纪律检查委员会新的权力和任务，即在原来的基础上协助党委整顿党风，负责党的路线、方针、政策等执行情况。同时，十二大提出了纪委机关双重领导体制，进一步强化了党内监察机关的监察职权。十二大党章明确阐明：党的各级纪律检查委员会由同级党的代表大会选举产生。党的各级组织都必须重视党的建设，经常讨论和检查党的工作。纪委机关双重领导体制即我党的中央纪律检查委员会隶属中央委员会,地方纪律检查委员会受上级纪律检查委员会和同级党委领导,地方纪律检查委员会委员在同级党委的代表中选举产生。这一制度的产生,增加了党的专门监察机关的相对独立性,有利于党内监察工作的自主开展。

四 党内监察制度的成熟期

1. 党的十三大至十八大之前党的监督机构建设情况。改革开放进一步扩大和深化,社会主义市场经济初步建立,对党内监督制度建设提出新的要求和任务。十三大党章提出要更加重视制度建设和发展党内民主。首次规定党组织讨论决定重要问题要进行表决,并将这一规定作为党的组织纪律的重要内容。党的十三届四中全会后,党内监督机构有明确的要求:改革开放要加强和健全党内监督;领导机关、领导干部,要有严格的党内监督。党的十四大首次把"从严治党"写进党章,正式成为管党治党、严明党纪的总遵循和根本原则。十五大党章延续了十四大党章对党的纪律和党的纪律检查机关的规定。十六大党章重点强调"依法治国"和强化法制意识,提出完善并丰富党内监督制度。同时,党的十六大将纪检机关的权责上升,为进一步夯实纪检部门的主体意识、责任意识打下基础。十七大党章将预防腐败体系建设提升到党的建设重要任务当中,不但在总纲中新增了相关内容,还第一次引入"标本兼治、综合治理、惩防并举、注重预防"的党风廉政建设十六字方针。党风廉政建设上升到新的高度。

2. 党的十八大之后党的监督制度日臻完善。党的十八大召开之后,全面从严治党不断向纵深发展,纪律检查工作不断取得新成效。党中央将全面从严治党纳入"四个全面"战略布局,把党风廉政建设和反腐败斗争摆到前所未有的新高度。习近平总书记将纪委的职责高度概括为监督执纪问责三项。

一是围绕严肃党内政治生活,充分发挥党内监督专责机关作用。把尊崇党章同执行新形势下党内政治生活若干准则、廉洁自律准则、党内监督条例、党纪处分条例、巡视工作条例、问责条例等党内法规贯通起来，加强对党内政治生活状况、党的路线方针政策执行情况监督检查。

二是狠抓八项规定精神落实及纠正"四风"。从中央政治局立规矩开始，从落实中央八项规定精神破题，纪检监察机关结合"三严三实"专题教育、"两学一做"学习教育，扎紧制度笼子，构建长效机制。把纠正"四风"的要求融入新形势下党内政治生活若干准则、廉洁自律准则，写入党内监督条例、党纪处分条例、问责条例等党内法规，不断健全作风建设制度体系。

三是落实"两项责任"。落实党风廉政建设责任制，党委负主体责任，纪委负监督责任。完善问责制度，强化责任担当。制定实施《中国共产党问责条例》，围绕党的事业和党的建设领导责任，综合运用检查、通报、诫勉、组织处理、纪律处分等方式，追究主体责任、监督责任和领导责任。各省区市党委和纪委、中央部委党组（党委）和纪检组建立健全约谈函询、述责述廉等制度。

四是全面开展巡视（察）工作。巡视是党内监督战略性制度安排，凝结着全面从严治党理论、实践、制度创新的重要成果，党中央两次修订《中国共产党巡视工作条例》，制定中央巡视工作五年规划、市县党委建立巡察制度的意见、被巡视党组织配合中央巡视组开展巡视工作的规定。实现任期全覆盖，发现问题、形成震慑，成为全面从严治党的利剑。

五是强化法纪教育和规矩意识。将党纪处分条例等党内法规纳入党委（党组）理论学习中心组学习内容和党校课程，印发严重违纪违法中管干部忏悔录，剖析典型案例，发挥警示教育作用。严明政治纪律，维护党的集中统一。严肃查处公开发表违背中央精神的言论和有令不行、有禁不止行为，解决无视政治纪律和政治规矩的"七个有之"问题，增强领导干部政治警觉性和政治鉴别力。教育引导党员领导干部时刻绷紧政治纪律这根弦，营造守纪律、讲规矩的氛围。

六是深化国家监察体制改革。推动纪检监察体制改革，完善党和国家监督体系，全面实现中央纪委和监察部合署办公。落实1993年党中央关于中央纪委、监察部合署办公的决定，实现一套工作机构、两个机关名称，中央纪委履行纪律检查和行政监察两项职能。推动双重领导体制具体化程序化制度化。创新体制机制，立足本届任期、立行立改。贯彻党中央深化国家监察体制改革重大决策部署，构建党统一领导、权威高效的国家反腐败机构，实现对所有行使公权力的公职人员监察全覆盖，加强党和国家的自我监督。

七是强化制度建设，推进标本兼治。将深化改革和制度创新有机结合，以党章为根本遵循，探究理论源头，组织制定修改11部党内法规。将《中国共产党党员领导干部廉洁从政若干准则》修改为《中国共产党廉洁自律准则》。修订党纪处分条例，实现纪法分开。明确政治纪律、组织纪律、廉洁纪律、群众纪律、工作纪律和生活纪律等六项纪律。修订《中国共产党党内监督条例》，构建体系制度，对中央委员会、中央政治局、中央政治局常务委员会及其成员的监督职责作出规定，加强自上而下的组织监督，发挥同级相互监督作用，强化党委（党组）及其工作部门、纪委（纪检组）的监督责任，推动党内监督同民主党派监督、群众监督、舆论监督结合，完善监督体系。

第十五章　古代中国监察制度纵览

中国封建监察制由谏官制和御史制两部分组成。谏官的主要职责是规谏君主的言行，有奉谏直言、封还驳正等方式；御史则是纠察百官，以弹劾等方式监察官吏的一举一动。监察百官的御史制经历朝发展，十分发达，机构和职掌相当完善，形成一整套规章制度，人为的因素较小。监察君主的谏官制则与各个皇帝对谏言的态度有直接关系，尽管在监察史上曾有某些朝代的谏官制度比较发达，但总的来说，规章化制度化的谏官制终究未能建立，谏官发挥的作用是十分有限的。

一　古代监察制度的产生和发展

中国的监察制度，源于尧舜时代的"禅让制度"。根据《尚书》和《史记》记载，尧舜想让位给某接班人，须经其他诸侯认可。《史记·五帝本纪》："帝舜推禹于天，为嗣。十七年而帝舜崩。三年丧毕，禹辞辟舜之子商均于阳城。天下诸侯皆去商均而朝禹。禹于是即天子位。"相反，禹也曾以天下授益，但受到诸侯反对只得作罢。那时的诸侯，相当于西方古代的贵族。所以说，中国古代这种认可与反对受禅者的制度，体现了类似于现代监察权之二的同意权和不信任权，其实质是贵族民主，而这种贵族诸侯对国家大事行使发言权的制度，比古罗马、希腊和英国早了一千多年。

但是，中国的传统监察制度，不是尧舜时代的贵族民主监察，而是御史制度和谏官制度。这二者在虞舜时代也已有雏形。《史记·五帝本纪》载："舜曰：'龙，畏忌谗说殄伪，振惊朕众，命汝为纳言，夙夜出入朕命，惟信！'"这里由龙担任的纳言之职，既是舜的喉舌，也是他的耳目，乃是监察人员。夏朝对官吏的监察活动在《政典》中就有体现，"先时者杀无赦，不逮时者杀无赦"，官吏若不严格按照命令和制度执行任务，同样会被追究责任。周朝将监察制度具体化，以小宰和中大夫二人担任监察。《周礼》载道："小宰之职掌建邦之宫刑，以治王宫之政令，凡宫之纠察。"又载："宰夫之职，掌法朝之法，以正王及三公六卿之位，掌其禁令。"小宰、宰夫是周朝的监察官，大宰身居天子左右以辅弼要职，主持监管；小宰纠察是非，依法裁断，具有纠察权和审判权。后代的御史和谏官源于斯。应当注意的是，周朝已有"御史"一词。《周礼》："御史掌邦国都鄙及万民之法令，以赞冢宰，凡治者受法令焉，掌赞书，凡数从政者。"可见这里的御史不是监察官，而是史官。

御史担当专职监察官是秦朝的事，这标志着中国监察御史制度的创始。秦开政务、军事、监察三权分立的先例。御史大夫作为秦朝中央监察机构的首长执治监掌，与丞相、太尉并列三公共参朝政。秦制明确规定御史大夫对丞相、太尉拥有弹劾权。御史大夫的主要职责，便是听命皇帝，进行监察和责罚。御史大夫下属御史中丞和侍御史等，具体执行监察权。在地方，设监察史巡察郡县。监察御史隶属于御史大夫，负责监察郡守和其他官吏，建立起了一套从中央到地方的御史监察制度。

御史监察制度在秦朝形成后，为汉所承，并加以改革。西汉时期在中央设置御史大夫的同时还下设御史中丞。御史中丞是御史大夫最为重要的属官，《汉书·百官公卿表》有载："掌图籍秘书，外督部刺史，内领侍御史十五人，受公卿奏事，举劾按章。"到了东汉，御史大夫不再兼掌监察，但御史中丞监察官吏的职能未变，并独立成署，即"御史台"也称"兰台寺"或是"宪台"。御史台设置使得御史职权重心更为偏向监察职责。由此，御史监察制度初具完备，监察权在此阶段逐渐与其他权力相分离成为独立的纠察官吏的职权。

直至唐朝，作为封建法制趋于成熟与完备的朝代，监察制度步入重要的发展时期，在这一时期形成较为规范的监察法律体系。唐设有专门监察法《监察六条》①以规范监察官的活动，并且在《唐律疏议》和《唐六典》中均能找到规范监察制度的法律条文。除此之外，与监察制度相关的内容还存在于令、格、式、敕等法律形式中，是监察法的重要载体。宋元明清阶段的监察制度已发展至完备程度。宋朝时期，御史职权进一步与其他权力相分离，监察范围涉及大大小小各级官员，"掌纠察官邪，肃正纲纪。大事则廷辩，小事则奏弹"②。元朝时期，御史台亦称"中台""内台"，虽然大体上沿袭唐宋监察制度，但独具体系。明清时期，监察制度随着封建制度的鼎盛，亦发展至顶峰，清朝时制定了我国古代监察史上最为系统规范的一部监察法典——《钦定台规》。此为我国御史监察制度的产生和发展的大致脉络。

御史制度是传统监察制度的两翼之一，另一翼言谏制度最早见于西周。西周时，设置采诗官"行人""道人"，到民间采诗，了解国情、民情，以调控施政得失。当时还设有询问民意的官吏——小司寇、乡大夫等官职，小司寇"掌外朝之政，以致万民而询焉：一曰询国危，二曰询国迁，三曰询立君"，乡大夫可掌"大询于众庶，则各师其乡之众寡，而致于朝"。西周设采诗官和询问官之职，将民众的舆论监察间接化、官僚机关化。民众意见不能直接奏闻天子，而是受到国家机器的制约，变成少数官僚阶层的建言、规劝，于是就产生宫庭化的言谏制度。

---

① 《新唐书》卷四十八所载《监察六条》内容是："凡十道巡按，以判官二人为佐，务繁则有支使。其一，察官人善恶；其二，察户口流散，籍帐隐没，赋役不均；其三，察农桑不勤，仓库减耗；其四，察妖猾盗贼，不事生业，为私蠹害；其五，察德行孝悌，茂才异等，藏器晦迹，应时用者；其六，察黠吏豪宗兼并纵暴，贫弱冤苦不能自申者。"

② 《宋史·职官志四》卷一百六十四。

随着奴隶主专制的强化，这些间接的舆论监督也被禁止。历史上有名的暴君周厉王执政时暴虐侈傲，国人谤王。"王怒，得卫巫，使监谤者以告，则杀之。国人莫敢言，道路以目。"① 春秋战国时期，由于新兴地主阶级竞相称雄争霸的政治需要，地主阶级内部的舆论监督又复苏起来。秦统一后，对社会舆论采取暴力镇压政策，"坑儒案"便是此政策导致的历史悲剧。与此同时，言谏制度遭到践踏，"群臣谏者以为诽谤"，按秦律，"诽谤者族，偶语者弃市"。②

二　监察机构

中国封建统治阶级，在国家政治管理上是颇有作为的。为了防止整个国家行政管理上的失误，一方面设置谏官言谏机构，以纠正管理指挥中心的决策违失；另一方面又设置御史监察机构，以纠正行政机关的执行违失，形成上下相互监临的严密的监察机构网络。

1. 御史机构。秦时设御史大夫寺，汉时沿袭秦制，以御史府为中央监察机构，负责对各级官员的监督和弹劾。东汉后又称御史台，体制初具规模，御史大夫职居丞相副贰，"在殿中兰台，掌国籍秘书，外督部御史，内领侍御史十五人，受公卿奏事，举劾按章"。③ 这里的"兰台"，由于聚集御史大夫以外的御史监察官，故被称为"御史台"。是我国历史上各个封建朝代行政监察机构的一个代名词。汉代的中央监察机构，除御史台系统外，还设丞相司直系统以及司隶校尉系统，丞相司直系统由丞相直接率领，职责是"掌佐丞相，举不法"。④ 代表丞相行使监督权，监督行政系统内的所有官吏，监察范围十分广泛。根据《监御史九条》和《六条察郡之法》的记载，监察的范畴主要涉及官邪的职务行为，不允许他们有以权谋私、仗势欺人、收受贿赂等

---

① 《史记·周本纪》卷一。
② 《史记·汉高祖本纪》卷八。
③ 《汉书·百官公卿表》。
④ 同上。

行为。此外,汉武帝于征和四年(前89年)设置司隶校尉系统,司隶校尉负责监察政府所在地的京畿地区,监管对象囊括了三公、封侯、外戚等所有京都官以及京师附近七郡的地方官,位高权重。御史台下还设置侍御史,为御史府内执行官员,"掌察举非法,受公卿群吏奏事,有违失举劾之。凡郊庙之祠及大朝会、大封拜,则二人监威仪,有违失则劾奏"①。东汉光武帝时期,由于原御史大夫一职被更名为"司空",且不再处理与监察有关的事务。此时御史中丞职能仍为纠察百官,因而办公地点从丞相府独立出来,至"御史台"为首席,直属皇帝派遣。御史中丞职权根据《后汉书》记载为"执宪中司,朝会独坐,内掌兰台,外督诸州刺史,纠察百僚",鉴于所掌监察职权之重要,中丞在朝会上享有独坐权力。东汉时期同样设置了司隶校尉,监察涉及朝政、经商、军事和人事推选上,显贵当权,光武帝甚至让其与御史中丞、尚书令一同享有朝会的独坐权。综上可知,大汉时期监察机构较秦时规模更为完备,机构内部的官员职权划分也更为清晰,中央监察机构呈现组织性趋势。汉代中央监察系统的严密组织,对澄清吏治、保证中央集权起到重要作用。

唐宋时,监察制度日臻完备,正如《唐律疏议》序所云:"盖姬周而下,文物仪章,莫备于唐"。御史台设三院,即台院、殿院、察院,体系严密,职掌分明。台院掌纠举百僚,推鞫狱讼。台院为侍御史办公所在,主理御史台日常事务,有"知推""知弹""知公廨""知杂事"四类侍御史。知推负责推鞫即审问事务;知弹则是负责向台长提起弹劾事项;知公廨的职责是常驻台内,"廨"即为台院办公地址;知杂事又称"杂端",由年资最老的侍御史担任人员管理,及台内运作相关事务。殿院掌察禁殿中(中央机关)官吏违失。殿中侍御史为殿院职位名称,负责纠察皇殿、宫廷之中的各种礼仪,同时还对于京畿之内的不端之事,无论所犯之人为何者,皆能举纠。察院掌巡按州县,分察百官,职责最为繁重。察院职责由监察御史掌执,

---

① 《后汉书·百官三》。

设有"六察御史""知左右巡""监军御史"等。六察御史职责最为重要,负责纠察六部即吏、礼、兵、工、户、刑;知左右巡负责每月对刑部、大理寺、东西徒坊、金吾县狱进行巡察;监军御史顾名思义是监察军队的职能。唐时期,对御史的选任亦有要求,"郎官御史,先与县令三考以上,有政绩者取。"① 可见唐代对御史官吏的选任非常严苛,监察御史担任过地方行政官,方可参与中央监察官的选任。此举既可以使得地方行政官保持工作热情,又保证了御史的素质。再而,御史长官被提为宰相的情况多,或兼任宰相,御史升迁空间大,使他们勇于纠举、敢于弹劾,监察制度得到迅速发展。

元朝注重地方监察,中央设御史台,与中书省、枢密院并列,成为当时三大中枢机构之一。御史台下置与唐宋时期基本相似,设有内台、殿中司以及察院。内台与前朝台院职能趋同;殿中司负责朝会时纠察百僚朝仪及考勤,"凡大朝会,百官班序,其失仪失列,则纠罚之;在京百官到任假告事故,出三日不报者,则纠举之;大臣入内奏事,则随以入,凡不可与闻之人,则纠避之";察院则主纠官邪贪赃枉法等职位行为的监察。② 御史大夫地位提高的同时,也有利于监察机构树立权威。地方设御史台,又称行台,全国二十二道监察区分置各道肃政廉访司,御史台与各道廉访司相衔接,构成全国监察系统,使封建监察体系进一步趋向完备。

明朝时,为进一步整顿政府和扩充中央监察机关,于洪武十五年(1382年)撤销御史台,将原来台、殿、察三院合为一体,建立都察院作为全国最高监察机关。都察院设左右都御史主领院务,左右副都御史和左右佥都御史协助掌理院务,属员主要是十三道监察御史,分察中央和地方百官巡失。对中央六部,与六科给事中共同派驻监临;对地方,则划分监察区,巡察州、县百官政事。此外,监察御史与都御史等堂上官之间各司其职,联系较少,独立性较强,监察御史负责

---

① 《唐会要·御史台》。
② 《元史·志第三十六·百官二》。

纠劾百官；考察各级官吏；巡按地方；参与廷推、廷议；纠察礼议；各种专差和临时派遣。

清朝对官吏的监督可谓达到极致，皇太极强调发挥监察机构的作用，宣布："凡有政事背谬，及贝勒大臣有骄肆慢上、贪酷不法、无礼妄行者，许都察院直言无隐。"① 其监察体系大致仿照明朝，以都察院为最高监察机构，将都察院体制与满洲贵族原官制相结合，进一步完善封建监察制度。初期，院部设承政一人，为都察院长官，相当于明朝的都御史。承政为朝廷重要大臣，位高权重，在朝会时可"置于议事之列"，承政之下，设左右参政、理事官、启心郎及额哲库，在承政领导下进行工作。后期对都察院进行改组，改承政为左都御史，参政为左副都御史，另设右都御史、右副都御史若干人，改理事官为监察御史。左都御史、左副都御史主管都察院监察事务，又称"堂官"，右都御史、右副都御史为地方督抚兼衔。

历朝设置的监察御史机构大致如上所述。至于机构中的官职名称各朝差异，现将黄本骥之历代职官表所列御史名称表附抄于下。

三代				御史中士、御史下士
秦	御史大夫	御史中丞	给事中	御史、柱下中
西汉	御史大夫、御史中丞按成帝以中丞为台主，故附列此表内，后仿此	御史丞、御史中丞、御史中执法、御史、内史、治书侍御史	给事中	侍御史
东汉	御史中丞、侍御史中丞	治书侍御史	给事中	侍御史
三国	（汉）御史中丞（魏）御史大夫、官正、御史中丞（吴）左右御史大夫	（魏）治书执法治书侍御史（吴）中执法、左执法	（魏）给事中	（魏）侍御史（吴）御史
晋	御史中丞	治书御史、黄沙治书侍御史	给事中	侍御史、殿中侍御史、禁防御史、检校御史

① 《大清会典事例》卷998。

续表

三代				御史中士、御史下士
宋齐梁陈	御史中丞	治书侍御史	给事中	侍御史、殿中御史
北魏	御史中丞	治书侍御史	中给事中、给事中、给事	侍御史、殿中御史、检校御史
北齐	御史中丞	治书侍御史	给事中	侍御史、殿中御史、检校御史
后周	司宪中大夫		给事中、给事中士	司宪上士、司宪中士、司宪旅下士
隋	御史大夫	治书侍御史	给事中、给事郎	侍御史、殿内侍御史、监察御史
唐	御史大夫，大司宪，左、右肃政台大夫	御史中丞	给事中	侍御史、殿中侍、御史、察御史
五代	御史大夫	御史中丞	给事中	侍御史、殿中侍、监察御史
宋	御史中丞	侍御史知杂事	给事中	侍御史、殿中侍、监察御史
辽	御史大夫	御史中丞	给事中	侍御史
金	御史大夫	御史中丞、侍御史、治书侍御史	给事中	殿中侍御史、监察御史
元	御史大夫	御史中丞、侍御史、治书侍御史	给事中	殿中侍御史、监察御史
明	左、右御史大夫，左右中丞，监察都御史，左、右都御史	御史中丞，左、右御史中，左、右副都御使	六科都给事中，左、右给事中，给事中	殿中侍御史、察院监察御史、十三道监察御史
清	左都御史	左副都御史	给事中	监察御史

2. 谏官机构。封建社会的言谏制度是在取缔舆论监督的废墟上建筑起来的。秦朝专制主义剥夺了封建地主阶级仅有的一点民主监督权利。但是，秦后的封建统治者为了使自己的施政失误能得到及时纠正，以维护其统治，于是选拔近臣侍官，组建专司进规献纳的言谏机构。

秦汉时，还没有独立的言谏机构。言谏官包括谏议大夫、侍中、给事中、光禄大夫，隶属于宰相府下。其中谏议大夫掌议论，无常员，多至数十人。至东汉、魏、晋、南北朝时，开始出现了专门机构，东汉称侍中寺，魏晋称门下省。南北朝时从门下省又分出集书省，专事言谏的职责，设有官职：散骑常侍、通直散骑常侍、员外散骑常侍、通直郎、员外散骑侍郎、给事中、奉朝请、常侍侍郎等，奉谏君主言行得失，并辅助君主处理奏章文书等。

隋朝时代的言谏制度比较发达，其行使言谏之职的机构为门下省和御史台，门下之制，隋唐承北周，只是隋时将门下省长官侍中改名为纳言，后又改为侍中。唐时，其名改亦为纳言，后几经变化，称为侍中。唐代的给事中隶属于门下省，在侍中及门下侍郎之下，其位正五品以上，职位甚重。"掌陪侍左右，分判省事。凡百司奏抄，侍中审定，则先读而署之，以驳正违失。凡制敕宣行，大事则称扬德泽，褒美功业，复奏而请施行；小事则署而颁之。"即给事中可驳回及纠正百官的奏折，甚至对皇帝的昭敕也可上奏请求修改。而谏官组织经常侍奉于皇帝之侧，谏官于贞观以后尤为皇帝所倚重。从制度上看，唐制规定，在宰相入内宫与皇帝探讨政事之时，谏官可参与讨论；而谏官与皇帝研讨政事时，无须提前通知宰相，从根本上保证了谏诤系统行使监督职能之路的畅通。

言谏制度至宋代已经发展到最后顶峰阶段。门下省机构分曹伸展，组成严密的监察网，各曹的职掌分解得更具有相对的独立性。宋代门下省按言谏、审驳两大职权，分设谏院和门下后省两个相对独立的部门。谏官以谏议大夫为长官，负责对皇帝进规献纳，谏正违失，其下又设鼓院和检院。鼓院掌受文武百官及士民章奏表疏，检院隶属谏议大夫，为进状的再审机关。门下后省，由给事中任长官，分治吏、户、礼、兵、刑、工六房，专司审驳事宜，其下又设通进司和进奏院。宋门下省的职权是进规君主，谏正百官，有权封还诏书，请求重拟，权任特重。

辽代的言谏制度出现衰落局面。辽仿宋制，但门下省形同虚设。元朝之后取消门下省，改设参事机构"商议中书省事"和"参院中书省事"，掌有类似唐门下省之权职。明清时，设通政使司和六科给事中，仍掌原来门下省的职事。通政使司"掌受内外章疏、敷奏、封驳之事"；六科给事中"掌侍从规谏，补阙拾遗，稽察六部百司之事"。①

明朝的监察体制总体沿袭唐宋旧制，但废除了唐宋以来的台院制，建立了都察院，废除了原属门下省的监管系统，设置六科给事中。洪武十五年（1382年），罢谏院，废除各种谏议大夫，把给事中设于六部之中。六部每设一科，分别称为吏、户、礼、兵、刑、工科。给事中直接由天子管辖，其权甚重。给事中以拾遗补阙、封驳奏章为主，偏重言事，具体职权是规劝皇帝；解答皇帝的疑问；封驳章疏、纠察中央官吏；监督六部；纠察朝仪以及监试；等等。明代两大监察系统分工明确，并且相互监督。不仅御史与六科给事中之间可相互纠劾，同属都察院内部的都御史与监察御史也可相互纠举。封建监察制度不断强化。但其中存在许多弊端与缺陷，如监察官吏的互相牵制，致使监察机构重叠、职权混乱；监察官吏之间互相结纳、朋党林立，政治日益腐败；等等。明代中期之后，中国封建社会走入晚期，封建统治者为了维护统治，在发挥监察机构作用的同时，采取各种方法操纵和防范监察官吏，使得监察工作更加混乱。

清初仿明制设立六科给事中，六科亦为独立机关，驻有印信，设给事中。给事中们围绕着清初制度建设及当时热门的剃发、逃人问题等展开了谏诤活动，在制度建设上的谏言大多被采纳，但涉及剃发、衣冠、圈地等问题上，统治者表现出坚决维护本民族利益的执拗。顺治三年（1646年），顺治帝申饬："自此谕颁发之日为始，凡章奏中再有人干涉逃人者，定置重罪，绝不轻恕"。② 此后上书谏言的给事中多被降罪，堵塞言路。雍正七年（1729年），将六科并归都察院。此后，科道合一，六科给事中成为都察院内部的监察机构。六科职掌

---

① 《明史·职官志》。
② 《清世祖实录》卷90。

名义上与明代一样掌封驳，但出于对皇权的畏惧，这一职责形同虚设，具体来说六科职责包括奏闻政事、分发科抄、封驳章疏、稽查百司、注销案卷、派遣专员巡察及参加皇帝御门听政等。给事中的谏议职能自宋起就已呈削弱之势，职能逐渐从"谏官"向"察官"发展。

三 监察权

中国封建监察官的职权，各朝代或大或小不很一致，但归纳起来，主要有以下八种。

第一，谏正君过、纠弹百官。谏正君过是谏官的权力，史称补阙拾遗或从容献纳。自秦至宋初，原为谏官的专职。谏官都是出入皇帝左右的侍从亲信，发现皇帝言行违失，可以通过不同方式谏诤。宋代谏官不但具有传统的谏诤功能，而且又增加了奏劾宰相百官的职能，从而实现"台谏合一"的政治传统[①]。清不改。所谓良药苦口，忠言逆耳"谏正君过"的权力并不是很好使的，因而在中国监察史上出现了戆谏、陷谏、尸谏、碎首谏、牵衣谏或扣马谏等典故。

纠弹官吏，史书称为"纠察百僚"，即对行政长官为首的各级官吏在施政中是否遵纪守法进行监察，守法而有政绩者升，违法而失职者弹劾，所以弹纠权中包含相当的奖惩权。自秦元朝，基本是御史的职掌。

第二，封驳诏书权。封驳诏书是指对于不恰当的诏书予以封还，以及驳回朝臣存误的奏章。此权西汉时原属丞相，后几经演变，南朝的梁陈开始规定给事中"省诸奏闻，文书意异者，随事为驳"。后经唐的发扬，成为给事中专有的职权，沿袭至清朝。此权力也为谏官拥有。谏官对诏书谕令如不当或违失，可以封驳或封还。门下省是主谏官机构，其权力居于宰相之位，北朝时"政出门下"，成为中央机构

---

① 贾玉英等著：《中国古代监察制度发展史》，人民出版社2004年8月第1版，第134页。

的决策枢要。唐宋时,与中书、公书并列为三相,同掌机要,共议国政。中书省长官出命,门下省长官封驳,尚书省长官奉行。一切诏令须经门下省审核、副署,方能发布生效。与谏正君过、纠弹百官的职权不同的是,封驳诏书权是以监察和审核朝廷要臣的政令决策而设置的。

第三,司法审判监察权。由于司法审判无论任何时期,都具有守护社会固有道德底线和正义观念,维护社会正常生活、生产秩序的功能,因而中国历代监察职能中都有对司法审判权的监督。御史自秦汉以来,便有参与或监督审判的权力。秦汉时期对司法的监督主要是以延尉到御史府核对法令内容为主。隋唐以后被视为法吏,兼理司法审判,对刑部、大理院实施司法监督。元代官修《宪台格例》中赋予御史纠正审判机构不合理或不合法错案的职权,且规范了御史必须参与重大案件和死刑案件的制度。作为谏官,唐代的给事中和明清两朝的刑科给事中,也掌有此项权力,"凡三法司奉旨于午门前鞫问罪囚,掌科官亦预",可见其有司法审判活动的监督权。

第四,政务审核权。史称"受公卿奏事"或"分察百司"。明清的给事中在这方面的权力很大。明朝的六科给事中,位卑权重,科政振肃,诸司惮之。清代的六科给事中,分六科对六部的政务进行审核监察。

第五,财务审核权。历代察官均有权监察仓库钱粮出纳,对国家赋税收支和行政衙门财政事务监督,纠举非法。以清代为例,清朝户部都察院户科专掌财政审计权。"凡在京部院各衙门支领户部银物,各衙门每月造册送户科察核,如有浮冒舛错者,指参。"① 户科给事中还有六项审计权:(1)稽核捐项;(2)稽核直省钱粮杂税;(3)稽核漕粮;(4)稽核盐课;(5)稽核户关;(6)审计财政支付。

第六,人事考核权。监察机关有考课百官功绩、荐举人才的权

---

① 《钦定台规》卷十五。

责,御史机关建立考绩档案。秦时,在考核官吏时,将之分为良吏和恶吏。地方监御史和令、丞认为过失较多,秉职不公的,"志千里使有籍书之,以为恶吏"①。这种考核官吏的记录簿籍,就是考核档案。汉、唐及以后历代台院,都有对官吏进行考课或课第的权力。

第七,审查礼仪、纠正朝会及祭祀违失的权力。史称侍左右和监威仪历代台院和给事中都有此权。封建王朝的大朝会、大祭祀,有一套等级森严的礼仪,由察官司掌。掌朝庭仪式,自秦汉始就落到御史身上。唐朝由殿中侍御史(殿院)专司"凡国有大礼,(御史大夫)则乘辂车以为之导","殿中侍御史掌殿廷供奉之仪式。凡冬至、无正大朝会,则具服升殿。若皇帝郊祀、巡省,则具服从旌门往来检查,视其文物之有方阙,则纠举之。凡两京城内,则分知左、右巡,各察其所以之内有不法之事"。② 这段文字基本说明察官司掌礼仪权的方式和内容。

---

① 《睡虎地秦墓竹简·语书》。
② 《唐六典》。

第十六章　秦汉时期监察制度概览

一　秦汉监察机关之设置及其职能

中国古代完整意义的监察制度产生于秦汉时期。作为我国古代监察制度初步形成阶段，这一时期的监察制度有一些重要创举。秦始皇统一六国之后，建立了专制主义的中央集权国家，为维护统治，避免出现吕不韦这样的权相，便改革机构设置：在中央设置了三公，即丞相，地位最高，辅佐皇帝过问政务；太尉，协助皇帝统领军事；御史大夫，由皇帝派往丞相身边，除了分管政务之外，兼理监视、监察职能。① 汉承秦制，御史大夫"内承本朝之风化，外佐丞相统理天下"②，汉代还制定了我国最早的地方监察法规《监御史九条》和《六条察郡之法》（又称《六条问事》），使监察制度逐步制度化、法治化。

秦汉时期的监察机构，从中央到地方形成了一个较为严密的独立系统。按其行使的职能范围，可分为三大系统：一是监督皇帝的谏官言谏制；二是察举弹劾百官的中央御史制；三是监察地方官员的州部刺史制。

秦始皇时期，地方设置了监郡御史和差遣御史监察百姓，但他仍

---

① 邱永明：《中国古代监察制度史》，上海人民出版社2006年版，第66、69页。
② 《汉书》卷83《薛宣列传》。

不放心，因此他还亲自巡行全国各地，检查地方吏治和民情。

（一）来源于皇权的监察权

作为天子的皇帝握有最高监察权，皇帝拥有对百官的督察和任免职权，而且通过巡视等方式强化监察，对地方进行管理。秦始皇在位时，经常"巡行郡县"，于始皇二十七年（前220年）"巡陇西、北地"，二十八年（前219年）"东行郡县"，二十九年（前218年）又"东游"，三十二年（前211年）和三十七年（前210年）也外出巡行，三十七年出游会稽时所立颂秦德石刻记载："监听万事，远近毕清，运理群物，考验事实，各载其名。贵贱并通，善否陈前，靡有隐情。"①

秦汉时期的谏官有谏大夫、太中大夫、中大夫、议郎和博士官，都是一批监督皇帝的特殊监察官。"凡大夫、议郎，皆掌顾问应对，无常事，唯诏令所使。"② 议论、应对，就是讽谏。臣下不能直接弹劾皇帝，只能取谏诤的方式批评和监督皇帝。讽谏其实就是委婉的弹劾。《汉官仪》："博士，秦官也。博者，通博古今，士者，辩于然否。"正因为博士精通天文地理，通达古今，皇帝有疑难事常请教于这些人。当承诏问对时，博士借天命，搬古今，纵横议论，直指为政之得失，直言然否。大夫、博士为中朝官，亲近天子，时刻盯着皇帝的言行，不失为一批竭忠尽愚的监察官。他们不受丞相、九卿的羁縻。

由于秦始皇统治时期，对社会舆论监督采取暴力政策，"有敢偶语诗书弃市"。对士阶层的议论，视为"妖言""诽谤"，言谏监督也遭到践踏，"群臣谏以为诽谤"。汉承秦制，民主监督权力有所回升，但谏官仍不敢冒犯龙颜。因此，秦汉两代的谏官的谏言奉劝制度，没有得到应有的发育。

---

① 《史记》卷6《秦始皇本纪》。
② 《后汉书》志25，《百官二》。

(二) 御史府的监察

秦汉时期的御史府,也称御史大夫寺、宪台,为主管监察的中央监察机关。汉代御史府居殿中兰台,故后世又称御史府为"御史台"。御史府具体职责:内领侍御史,对朝廷内外的百官行监察之权,有时甚至承诏治狱。西汉中期开始,除主要职掌监察中央机关及其官员外,还负责对地方的监察,如对部刺史的活动进行监督。

秦汉时期的御史府最高长官是御史大夫,御史大夫之下有御史丞、中丞。御史大夫由皇帝的亲信御史发展而来,它虽位居副丞相,但权限较大,既纠察百官,也可以监察丞相、弹劾丞相,"御史大夫,位次丞相,典正法度,以职相参,总领百官,上下相监临"①。御史大夫为三公之一,御史府和丞相府并列为汉朝政治的两大府,二府互相牵制。御史中丞是御史大夫的主要属官,"掌兰台秘书;外督捕刺史,内领侍御史,收公卿奏章,纠察百僚,休有光烈"②。御史府还设有侍御史,侍御史既是专称,又是泛称,据《历代职官表·都察院》记载,西汉侍御史有治书侍御史、符玺侍御史、绣衣直指御史、督运漕御史等职务名称。

(三) 丞相府的监察

三公之丞相掌行政事务,是百官之首,"掌丞天子,助理万机"③,所以丞相也兼有部分监察职能。如汉文帝时申屠为丞相,对怠慢无礼的文帝宠臣邓通纠劾,奏请诛除内史晁错。而丞相还对地方官吏行使监察之权。丞相的属吏丞相长史可以奉命出刺地方,对地方行政进行干预,主管监察检举。丞相府的监察与御史府的监察是相互独立的,相互之间没有隶属关系。御史府和丞相府的监察职责都只对皇帝负责。作为中央主管监察机构的御史府,其监察对象主要是中央

---

① 《通典·职官典》。
② 《初学记》卷12《职官下》。
③ 《汉书》卷19《百官公卿表》。

及其官员。兼理监察的丞相府，其监察对象是除诸侯王国之外直属中央的地方政府及其官员。

丞相府最重要的属吏丞相司直，在丞相府诸属官中位置最高，专司监察，"掌佐丞相举不法"。①丞相司直虽是主管行政事务的丞相府的官员，却只掌监察，不事行政，并常与御史府的官员相调任，如刺史得力常迁为丞相司直，丞相司直有过常贬为刺史。丞相司直不仅监察京师公卿百官，而且"助督录诸州"②，拥有对地方官员的责督之权。西汉时孙宝为丞相司直，知悉南阳太守"怀奸罔上，狡猾不道"，就"遣丞相使按验发其奸"。③

（四）司隶校尉的监察

汉武帝为强化京师长安及其近郊的治安，于武帝征和四年（前89年）初次设置司隶校尉官。其直接动机是武帝晚年，皇室贵戚多信奉巫术，于是临时设置督补"巫蛊"的官吏。汉武帝末年，"巫蛊"被用于朝廷内部封建统治集团之间的斗争，"是时，方士及诸神巫多聚京师，率皆左道惑众"④，因"巫蛊"牵连数万人。"司隶校尉，周官，武帝征和四年初置。持节，从中都官徒千二百人，补巫蛊，督大奸猾。后罢其兵。察三辅、三河、弘农。元帝初元四年去节。成帝元延四年省。绥和二年，哀帝复置，但为司隶，冠进贤冠，属大司空，比司直。"注引师古说："以掌徒隶而巡察，故云司隶。"⑤汉武帝设置的司隶校尉虽有监察性质，但属于特定情况下设置的临时性官员，监察的对象不是官员，而是以巫蛊为奸的人，这时的司隶校尉还不是完整意义上的监察官员。巫蛊事毕，武帝虽收回司隶校尉属兵，但司隶校尉一职却未撤销，而是保留下来，令其监察三辅（京

---

① 《汉书》卷19《百官公卿表》。
② 同上。
③ 《汉书》卷77《孙宝传》。
④ 《资治通鉴·卷二十二》。
⑤ 《汉书》卷19《百官公卿表》。

兆、右扶风、左冯翊)、三河(河南、河内、河东)、弘农七郡。成帝以后,司隶校尉的职权不断扩大,"职在典京师,外部诸郡,无所不纠"①,"以督察公卿以下为职"②。实际上,中央机关及其官员,京师附近诸郡长吏,住京贵戚及进京述职官吏使者等,均在其监察范围之内。因此,司隶校尉已成为以监察朝廷百官为主要职掌的常设监察官职,与御史府官员和丞相司直的职责相同了。

(五) 地方监察

秦时每郡设一监御史。惠帝时,三辅治安状况恶化,于是开始派遣御史监察三辅,后正式设立监郡御史。武帝时,监郡御史起不到监察作用,于是在元封元年宣布废止。元封五年(前96年)另置部刺史代替监郡御史,监郡御史的设置是加强中央专制主义中央集权的产物,主要作用是监察和牵制郡守,防止其权力过分膨胀。

郡守是一郡的最高行政长官,同时有监理监察职能。"太守专郡,信理庶绩,劝农赈灾,诀讼断辟,兴利除害,检察郡奸,举善黜恶,诛除残暴。"③ 其中"检察郡奸"显然属于监察职能,而作为一郡的最高行政长官,事务繁多,西汉中期以后就把监察事务交由属吏督邮进行。

由郡太守置督邮一职"掌监属县"④,"郡监县有五部,部有督邮掾,以察诛县也"⑤。督邮作为太守的耳目,专司监察,其职能是"分善恶于外",在监察过程中,对违法官吏的惩处必须上报太守,由太守下令执行。

县令长是县一级政府的主要行政长官,同时也兼司监察职责,县令长对属下各类官吏都有督察之权,随时考察他们的能力、品格以决

---

① 蔡质:《汉仪》。
② 《汉书·翟方进传》。
③ 《汉官解诂》。
④ 《通典·职官典》。
⑤ 《后汉书·卓茂传》。

定他们的升迁罢黜。在县令长的属吏中，廷掾一职除主持祠祀外，主要任务是监察乡、亭的官员，廷掾经常下乡，在所部内巡行，接触百姓，对所部官员明察暗访。

汉代对中央和边郡驻军也派御史监督，称"监军御史"。刺史的设置，由于监郡御史和丞相是并出共行监察之权，产生了不少问题，一方面职事重叠，各自为政；另一方面又因无固定监察区，往往造成疏漏，对郡县的管理难以奏效。汉武帝即位后，为加强专制主义中央集权，首先增加派遣官员对地方巡行，发现郡国存在许多问题而得不到监郡御史的举报，表明监郡御史已经形同虚设了。汉武帝"省察治状，黜陟能否，断治冤狱，以六条问事"①。六条是皇帝亲自制定的，它详细规定了刺史监察的职权范围。其中只有一条是"督察强宗豪右"。通过这六条，一则明确了刺史的职责，二则对刺史的活动范围进行了实际上的限制，谨防其滥用职权以权谋私，扰乱地方行政。刺史秩六百石，秩级相当卑微，而官位又低于郡守，但他们在行使监察权时，却代表中央，可以毫无顾忌地举劾二千石的郡国守相，其权力相当大，再加上赏赐丰厚，使大部分刺史忠于职守，戮力为朝廷服务，因而收到很好的效果。王明盛指出"刺史，其权甚中而秩甚卑"，顾炎武指出"夫秩卑而命之尊，官小而权之重，此小大相制，内外相维之意也"。又因刺史作为中央派出的监察官，不仅设置固定制所，便于就地监察和吏民检举告发，且定期巡行所部郡国，便于实地考察郡国守相治绩，广泛接触吏民百姓，能够更加有效地实现对二千石的监察。刘秀建立东汉后，将全国分为十三个监察区，称州，除京师洛阳由司隶校尉负责监察外，其余十二州设州牧为监察官，不久（42年）改为刺史。刺史被赋予六条以外的许多权力，日积月累，刺史手中权力越来越多，由监察长官发展演变为总揽一方军政财文的一级行政长官了。至此，从内容到形式完成了刺史一职的由监察官到行政长官的转化。刺史由单纯的监察官变成地方行政长官，最后发展成

---

① 《汉书·百官公卿表》。

为拥兵自守的割据军阀,其间经历了一个很长的发展变化过程。促使这一变化的除了复杂的政治、经济原因外,刺史的逐步越权是不可忽视的重要原因,顾炎武说:"自刺史之职下侵,而守令殆不可为,天下事,犹治丝而棼之矣。"

二　秦汉监察制度的作用与借鉴

(一) 作用

监察机构和监察官员的设置,是封建官僚机器内部的重要制衡措施,秦汉时期的监察制度在很大程度上保证了皇朝的各种法令、法规的执行,防止了各级官吏由于擅权谋私所造成的非法状态加剧与阶级之间的矛盾;同时,通过中央对地方的监察、丞相府与御史府这种内部之间的监察,巩固以皇帝为首的专制主义中央集权,防止地方割据势力与某个官僚机构权力的膨胀,有助于协调封建官僚机构的内部关系,保证了封建国家机器的正常有序的运转;也在一定程度上对吏治清明、维护统一、保证社会安定起到了积极作用。

(二) 借鉴

其一,各级监察官员分级层次分明,分工细致,职权明确,顺畅发挥监察机构的作用。各级监察官有明确的分工和职权范围,御史府里,御史大夫为最高长官,御史中丞为总管,其下有在殿中供职的侍御史及在府中分曹办事的御史员,以及负责具体事务的御史掾属。这样一来,御史府和丞相府并列为汉朝中央的两大府,丞相和御史大夫之间相互制约,达到平衡。地方则有刺史负责监察郡国,司隶校尉负责监察京师及近郊七郡,绣衣御史为临时派遣的监察特使,主要用以镇压农民起义,而司隶校尉又和绣衣御史形成制约。郡守及其属员督邮用以监县。

其二,监察权和行政权分离,有利于监察职能的充分发挥。中央监察机关御史府有权监察包括丞相在内的从中央到地方的各级官员,丞相府的各部政务要接受御史府的监察，在地方上，由州部刺史监察郡国。这种体制有利于监察机关及其官员放开手脚，大胆开展工作，不足之处在于地方郡监县由督邮负责监察属县，但郡守仍自监监察权，加之东汉以后，州刺史逐渐转变为地方行政长官，这些情况都大大影响了监察职能的实现。

其三，监察方式的多样性和灵活性，对地方的监察中，既有经常性的监察，有定期性的巡察，也有突击性的督察。如刺史每年8月"巡行所部郡国"，郡守"常以春行所主县"，"秋冬遣无害使"审察案情，至于临时突击督察，大多发生于突发的案情或农民起义的发生。如武帝时派绣衣御史去镇压农民起义，派遣司隶校尉"补巫蛊，督大奸猾"，说明当时的监察水平已达到较高水平。

秦汉时期的监察制度尽管形成了较为独立的体系，但对行政权力而言，其独立是相对的。这不仅是因为它所听命的皇帝是一个集行政、司法、军事和财政于一身的最高主宰，而且还因为在郡、县等地方的权力机构中，监察权和行政权仍紧密地纠结在一起。但纵观秦汉时期的监察制度，总体上是成功的，它促进了专制主义中央集权的建立和巩固，对秦汉时期的政治产生了多方面的深远影响，并为以后历代政治家所承袭和发展，它作为我国传统政治制度的一个重要组成部分，对于维护封建国家的长治久安，保证国家机器的正常运转都是不可或缺的，而它所体现的权力制衡思想就是对于今天的政治建设也有可取之处，值得借鉴和发扬。

第十七章　唐朝监察制度概览

一　监察机构的设置及其职能演变

由于唐高祖建立唐朝时忙于削平割据势力、统一全国，因此在监察机构的设置上大体继承隋朝的体制，设置御史台作为监察机构。御史台的监察骨干队伍设置为：御史大夫（从三品）一人为台长，又设置持书侍御史（从五品）和侍御史（从六品）各两人，殿中侍御史（从七品）四人，以及监察御史（正八品）八人，此为唐朝建立时监察机构的设置及其人员组成情况。

到了唐太宗李世民时期，唐朝已经实现全国大一统，李世民常以隋朝为鉴，十分重视国家治理，因此从贞观初年开始，李世民就以法治理天下，且尤为重视宪官，因此更加重视御史台的作用。李世民采纳御史大夫李乾祐的奏请，将殿中侍御史由四人增至六人，监察御史由八人增至十人。因此，御史台在贞观之治期间，以"弹纠不法"作为其主要任务，到了贞观末年，本由大理寺掌控询问和逮捕拘禁的权力也转移到御史台，御史台可以对被弹者直接逮捕，关进自设的监狱，独自进行审讯，直至提出惩处的意见，报君主裁决。

贞观二十三年（649年）六月，唐高宗李治即位，并于当年七月改持书侍御史为御史中丞。[①] 龙朔二年（662年），改御史台为宪台，

[①] 《册府元龟》卷三；《旧唐书》卷四《高宗纪上》。

御史大夫改为大司宪，御史中丞为司宪大夫。咸亨元年（670年），复称御史台、御史大夫和御史中丞。

武则天光宅元年（684年），改御史台为肃政台，并设置左肃政台和右肃政台，左右肃政台分别设置大夫、中丞各一人，侍御史、殿中、监察各二十人。此外还设置肃政台使六人，受俸于其任职的肃政台，其职掌与监察御史略同，但不久即罢。二台的职能，左肃政台"以察朝廷"，右肃政台"以澄郡县"。① 到中宗李显神龙元年（705年），改左、右肃政台为左、右御史台。②

到唐玄宗李隆基执政的先天和开元年间（712—741年），中央的监察体制更趋完善。主要表现在以下几个方面：

一是置御史台总管全国监察成为定制。在玄宗先天二年（713年），罢诸道按察使，专门设置右御史台掌地方监察，但该做法仍不便于统一管理，也遭到左御史台的反对。于是在当年十月再废右御史台，又置诸道按察使于御史台管领。③ 自此，中央只置御史台统领全国监察的制度，直到唐朝灭亡未变。

二是调整和稳定御史台监察官吏的编制。据《唐六典》《通典》《唐会要》等书的记载，唐玄宗开元年间对御史台监察官吏的定员、非定员及其品秩均有明确的规定。

三是形成他官兼、试、摄和检校监察官的制度。开元二十一年（733年），开始设置京畿都采访处置使，以御史中丞充任，并作为永久的定制。④ 到玄宗天宝年间，又以河东节度使李光弼为御史大夫、范阳节度使；以监察御史宋若思为御史中丞充置顿使，尤其在安史之乱以后，以他官兼试、摄、检校监察官衔之风更盛。如唐肃宗、代宗和德宗三代，几乎所有的节度使、观察使乃至刺史等官，多兼御史大夫或御史中丞、侍御史衔。这种状况的出现，一方面是由于御史台的

---

① 《通典》卷二十四《职官六·御史台》。
② 《唐会要》卷六十《御史台上·御史台》；《旧唐书》卷八《玄宗纪上》。
③ 同上。
④ 《唐会要》卷六十《御史台上·御史中丞》。

势力更加强盛，但另一方面也存在弊端，导致他官利用监察官的头衔，便于从事贪赃不法的活动，从而践踏了唐朝的监察制度。

四是建立了御史台下属的"三院"制度。根据史籍的记载分析，这一制度的形成应当是在唐玄宗开元年间。唐玄宗在开元年间亲撰的《唐六典》记载，在崔隐甫为御史大夫时御史台有"三院"。① 这无疑是指御史台下属的台院、殿院和察院。但三院御史的职事，直到唐德宗贞元年间才最后确立。御史台分置的三院，不但进一步完善了唐朝的监察体制，使三院各行其职，从制度上保证了监察职能的实施，而且三院监察制的出现，在我国监察制度史上是一个创举。

五是御史台职责范围的扩大。唐朝的御史台从建立起，一直以正朝廷纲纪，举百司素失②，弹劾百官和推鞫狱讼为其主要职责。但到唐玄宗开元时期，随着御史台组织机构的完善，以及三院监察官之间明确的分工，御史台的职责范围也不断扩大。

二 对地方州县的十道（后改十五道）巡按监察制度

除了在中央设置御史台，并建立"三院"制度外，唐朝的地方监察制度也十分具有特色并多为后朝所吸收与沿袭。

唐朝中央监察机关对地方州县的监察，一是御史台不定期地派御史出按州县，二是十道巡按。这是中央对地方州县的一种经常的巡回监察制度。担任十道巡按的官员，在御史之外，还可由其他官员充任，而且这个制度的形成经历了一个逐步完善的过程。

唐朝在地方实行州县两级政权，为便于中央对州县进行监察，在太宗贞观元年（627年），依"山河形便"，将全国地方的州县分属于十道监察区，分别为：关内道、河南道、河东道、河北道、山南道、

---

① 《唐六典》卷十三《御史台》。
② 《唐会要》卷六十《御史台上·御史台》。

陇右道、淮南道、江南道、剑南道和岭南道①，由御史台临时派遣十名大使巡行州县。尽管监察的内容仍使用汉六条，还未制定出新的监察条例，但巡察还是对州县官吏震动很大，不少州县官吏因此被罢免或贬职。可能是打击面太大，导致上告称冤者"前后相属"，玄宗遂命中书令褚遂良等对被贬黜的官吏逐个进行复审，报玄宗亲自裁决。高宗时，仍不定期派巡察使巡行州县。

武则天称帝后，为加强对地方州县的监察，于光宅元年（684年）置右肃政台，专掌"察州县吏善恶，风俗得失"。不久，又命左肃政台兼察州县。规定每年春秋两次出巡州县，春采风俗，秋行"廉察"，并由鸾台侍郎韦方质删定巡察条例为四十八条。② 在垂拱二年（686年），曾经尝试派遣九道巡察，时为凤阁舍人的李峤，目睹当时巡察的情况，指出："诸道按察使科条四十有四，至别敕令又三十。而使以三月出，尽十一月奏事，每道所察吏，多者二千，少亦千计，要在品德才行而褒贬之。今期会迫促，奔逐不暇，欲望详究所能，不亦难哉。"而且"今所察按"，又"准汉六条而推广之，则无不包矣，乌在多张事目也？"他进而认为出现这种状况，是由于监察条例的繁杂所致，而并非由于巡察使不正常履职或才干有限所导致。李峤为解决这个问题，提出以十州置一御史，并以"期岁为之限，容其身到属县，过间里，督察奸讹，采风俗，然后可课其成功"。武则天对李峤的方案做了补充，"下制折天下为二十道，择堪使者"，以改进对地方州县的巡察制度，但被众议所阻止，未能实行。③ 后来在天授二年（691年），又曾遣十道存抚使巡察州县。

中宗神龙二年（706年）二月，规定"凡十道巡按，以判官二人为佐，务繁则有支使"④，又选左右御史台及内外五品以上官二十人为十道巡察使，"委之察吏抚人，荐贤直狱，二年一代，考其功罪而

---

① 《通典》卷一百七十一《州郡二》；《旧唐书》卷三十八《地理志·总序》。
② 《通典》卷二十四《职官六·御史台》；《新唐书》卷四十八《百官三·御史台》。
③ 《新唐书》卷一百二十三《李峤传》；《册府元龟》卷四十三《台省部·奏议四》。
④ 《新唐书》卷四十八《百官三·御史台》。

进退之"。与此同时，又颁布了巡察使的"六察"巡按条例："其一，察官人善恶；其二，察户口流散，籍帐隐没，赋役不均；其三，察农桑不勤，仓库减耗；其四，察妖猾盗贼，不事生业，为私蠹害；其五，察德行孝悌，茂才异等，藏器晦迹，应时用者；其六，察黠吏豪宗兼并纵暴，贫弱冤苦不能自申者。"① 至此，唐朝对地方州县的监察制度基本完善。

睿宗景云二年（711年），遣按察使十道。睿宗时开创的十道按察使分察制度，使唐朝对地方监察的制度更趋完善，并为后代所沿袭，如元朝的提刑按察使、明朝的按察使，以及清朝的十五道监察御史，皆渊源于唐朝的十道按察使制。

开元二十一年（733年），唐王朝对地方州县的监察采取了一个重要的决策，即改十道为十五道。以为十道不够合理，就将地广人多的江南道改为江南东道和江南西道，又将山南道改为山南东道和山南西道；再将关内道即都城长安附近单立为京畿道，又将河南道即陪都洛阳附近单立为都畿道，还新置了黔中道，连同原来的十道共为十五道，这十五道各置采访使，以六条监察不法。

十道监察区与十五道监察区的根本不同点在于：前者是虚体，在各道没有驻地，不是地方的一级监察机构，而是中央派使者到各道对州县实行定期或不定期的监察；后者则是实体，在各道都设有驻地，是由各道采访使和判官等组成地方的一级监察机构。

天宝末年安史之乱后，由于藩镇专制一方，御史台对地方的监察失去控制，中央对地方的监察也就被大大削弱。

三 唐朝监察制度的积极作用

唐朝前期，即"安史之乱"之前，就总体上说，由于政治开明，经济繁荣，社会安定，君主重视发挥监察机构的职能，将监察制度的

---

① 《新唐书》卷四十八《百官三·御史台》。

推行，视为治理国家的一大决策，以巩固唐王朝的统治。故绝大多数的监察官吏，严格履行监察的职责，能认真弹劾不法的官吏，严肃审理案件，整肃朝廷纪纲，及时监督钱财收支。这对澄清吏治，"纠绳不法"，以法制治理国家，正朝廷纲纪，安定社会秩序，讲究封建礼仪，以及保证行政机关的正常运行等方面，发挥了重要的积极作用。

其一是弹劾不法以扬吏治。唐初因太宗实行"贞观之治"，社会稳定，朝政廉洁，这有利于诸御史行使职权，故监察官不畏强权，奋起对不法官吏进行纠弹。如贞观初，高季辅为监察御史，"多行弹纠，不避权要"。① 即使在安史之乱以后，仍有不少监察官以纠弹为己任。

其二是审理狱讼以法治国。唐朝视御史台为执法之地，故其监察官吏又称"法官"或"法吏"。御史台与其监察官吏通过惩处官吏不法，推鞫狱讼，平反冤假错案，对维护封建法制和以法制治理国家，发挥了积极的有效功能。

其三是纠正违失以振纪纲。掌国家纪纲，纠百官违失，监督官吏行为，建言国家政治得失，这是御史台的主要职责之一，唐朝的监察制度在这方面也发挥了相当大的作用。

唐朝监察机关之所以能在澄清吏治，以法治理国家，整肃纪纲，以及巩固封建制度等方面发挥了较为重要的积极作用，这与唐朝御史台有较为独立的监察权，重视台纲的整顿以及完善监察机构的体制有着直接的关系。如唐朝御史台内诸御史有明确分工，职责分明；台院、殿院和察院各有其职司；在监察制度上，纠弹、推鞫、分察尚书六部，分巡京畿内外，出使州县、知馆驿、监军、监决、监仓库、监岭南补选及十道巡按使及十五道采访处置使等一系列制度的全面确立，这就使唐朝御史台监察职能的发挥在法律制度上得到保证。

此外，唐朝在监察制度上创建的一系列制度，对宋元明清各朝的监察制度和职能的发挥，产生了深远的影响，为后世所承袭。比如唐朝御史台下属"三院"制及侍御史、殿中侍御史和监察御史的职责

---

① 《旧唐书》卷七十《高季辅传》。

分工，为宋金元诸朝所采用①；对尚书省六部的分察制度，后来演变为明朝监察的六科给事中制度；推鞫狱讼的"三司推事"制度，发展为后世的三司会审制度；十道巡按使的巡按制度，则是明清两朝各省巡按御史的渊源；金朝地方的按察司、元朝的二十二道肃政廉访司、明朝的十三提刑按察司、清朝的十五提刑按察司，以及中华民国的十六道监察区，最早皆源于唐朝的十五道监察区；唐朝御史闻风弹事，独自行使职权，以及拒绝执行君主调遣和错误决定的制度，均在不同程度上为后世所沿袭。

四　唐朝监察机构权力的削弱

唐朝近三百年的历史经验证明，监察制度实行的好坏，御史作用发挥的程度，与政治形势的变化和君主开明或昏庸无能有着极大的关系。

唐初，尤其是唐太宗"贞观之治"年代，社会稳定，政治清明，君主有为，能选用公正、敢言、贤良之士充当监察官，故御史多能执法无私，严格履行自身职责，监察机构的权力必能得到较好的发挥；反之，社会不安定，朋党之争激烈，宦官专横，君主无视法制以致昏庸腐败，而御史台长官再卷入权力之争，御史台的权力就必然被削弱，监察官变成君主滥用权力的工具，去为朋党卖命，充当宦官专横的帮凶。

尽管御史台具有独立的监察权，但御史行使弹劾、推鞫狱讼和纠正违失是否有效的最后裁决权，则掌握在皇帝手里。于是专制的皇帝即可利用御史大兴冤狱，庸懦无能的皇帝就可对监察官的奏劾是非不分，甚至包庇被弹者，并采用各种手段对监察官打击报复。这是监察权被削弱的根源所在，也是历代封建王朝监察权无法有效行使或监察

---

① 《宋史》卷一百六十四《职官四·御史台》；《金史》卷五十五《百官一·御史台》；《元史》卷八十六《百官二·御史台》。

权逐步削弱的通弊。

御史地位的下降，还表现在御史风闻奏事和独自弹劾被取消。如玄宗开元十四年（726年），御史风闻奏事被取消了，并规定劾状必须具告事人姓名。而且这时崔隐甫任御史大夫，又对御史实行"一切督责，事无大小，悉令谘决，稍有忤意者，便列上其罪，前后贬黜者过半，群僚侧目"①。宰相专权则更是如此。玄宗时李林甫为相，规定"御史言事须大夫同署"。

还应看到，御史台权力被削弱和御史地位的下降，究其原因，与台纲日趋松弛不振、御史互为倾轧、各为朋党、参与朋党之争、充当制造冤狱的酷吏，以及阿附权相和专横的宦官，有很大的关系，主要的表现形式有台纲不振、阿附权贵、结党营私、各为朋党以及纳贿权贵。

对于唐朝中后期监察机构权力的削弱和御史地位的下降，既要看到君主握有监察的最终裁决权，宰相擅权，宦官专横，这些阻碍监察权行使的外部因素；又要看到御史台自身台纲不振，御史阿附权贵，结党营私，各为朋党和纳贿权贵等，这些破坏监察权发挥的内部因素。只有结合内外部的因素，才能对唐朝中后期监察权削弱和御史地位下降作出历史的辩证的剖析。

---

① 《旧唐书》卷一百八十五下《良吏下·崔隐甫》。

第十八章　明朝监察制度之考鉴

一　明朝监察机关之设置及其职能

明朝是我国历史上一个具有转折意义的朝代，一方面，中国封建社会已走过了它的盛年时代渐已日薄西山，无可逆转地趋向腐朽与没落；另一方面，商品经济的繁荣、文化艺术的进步又透出新的希望。社会的发展已不安于旧有的模式，要寻找新的出路。然而，人类历史的发展往往充满了这样一个矛盾运动的形式，若社会政治的大权掌握在没落阶级的手中，其行政举措从总体上总是与社会经济、文化的发展方向相违背的。明朝政治的演变正是如此，它将日益成为社会发展桎梏的封建皇权专制制度推到了无以复加的高度。

明朝的政治体制在加强皇权专制方面有两点格外突出。其一是中枢决策机构的变革：废中书省及丞相，集一切权力于皇帝手中，后来虽然不得已衍生出内阁制度，但其法律地位终明之世都缺乏相应的规定；其二是强化监控机制，包括两项措施，一为建立皇帝私人的监察机关（特务机关）东、西厂及锦衣卫，一为加强国家行政体制内监察机构都察院、六科给事中及提刑按察使司的权力。

明代行政监察制度之完备、人员之庞大、权力之宽广，在明一代政治生活中地位之重要，皆傲视前代，且清朝都不可与其比拟。其中所具有的科学性与合理性，在整顿吏治中发挥了积极作用，但在实际运行过程中也存在破坏性，即滥施权威，推动官僚队伍中的派系之争。

明代监察机关分为三个系统：都察院、六科给事中及提刑按察使司。

（一）都察院

元顺帝至正二十四年（1364年），朱元璋在应天（今南京）称吴王，设立中书省、大都督府及御史台等政府机构，组织形式与元朝大体相同，其中御史台掌监察。朱元璋对御史台的工作非常重视，明洪武初年仍以御史台为最高监察机关。

洪武十三年（1380年），朱元璋借胡惟庸案对全国的官制进行了一次全面的大调整，在废除中书省不久，将御史台也废去。到洪武十五年（1382年）设都察院作为监察机关，设监察都御史八人，秩正七品；分监察御史为浙江、河南、山东、北平、山西、陕西、湖北、福建、江西、广东、广西、四川十二道，各道置御史三五人不等，秩正九品。当时都察院地位不高，所以一些秀才也能为监察都御史。十六年（1383年），升都察院为正三品衙门，改设左右都御史、左右副都御史、左佥都御史、十二道监察御史及经历、都事等官。翌年，又升为正二品，于是与六部品秩相齐，左右都御史与六部尚书并称"七卿"。永乐元年（1403年）改北平道为北京道。十八年（1420年）迁都北京后，罢北京道，增设贵州、云南、交趾三道。宣德十年（1435年），宣宗朱瞻基弃交趾而罢去该道，始定为十三道监察御史。以后在机构的设置上，无大变化。

监察御史虽然官品不高，但权威特重，所以直接晋升为佥都御史，甚至副都御史的例子很多。都御史（包括副、佥都御史）作为都察院的主管官员，"其职专纠劾百司，辨明冤枉，提督各道，为天子耳目风纪之司。凡大臣奸邪、小人构党、作威福乱政者，劾。凡百官猥茸贪冒坏官纪者，劾"①。可见，都御史一方面负责处理院内及

---

① 《明史》卷七十三《职官二》。

十三道的行政事务，另一方面也有行使监察、发表弹劾的权力。但从实际情况来看，似以前者为核心。

尽管都御史负责处理院内及十三道的行政事务，但都御史与十三道御史之间的领导与被领导关系与其他部门仍有很大不同。都御史对御史的纠举弹劾、参议国事活动不得指使和干涉；御史对文武官员提出弹劾时，不必事先咨请都御史，只需于发表弹劾后的当天（南京御史于三天之后）具揭帖向都御史汇报弹劾的内容即可。都御史固然可以因为御史有违法失职情节提出予以处罚，而御史也可以弹劾都御史。同时，《宪纲》规定，御史出巡回京，直接赴御前汇报工作，不需经都御史转呈。

明朝关于都御史与御史之间权力关系的处理方式，是在吸收了我国自汉唐以来许多相关经验的基础上，形成的一项非常有意义的政治技巧。它一方面维护二者之间的隶属关系，使御史的工作能得到检查与督促；另一方面，又考虑到了御史所负使命的特殊性，使御史在纠邪举蔽中能免受过多的干预和限制，更好地收到举奸揭恶、整饬吏治的效果。

（二）六科给事中

给事中始置于秦，西汉因袭，为大夫、博士、议郎等官的兼衔，职掌平尚书奏事、建言得失等。魏晋沿置，晋时已非加官。至南朝梁时，规定给事中掌"侍从左右，献纳得失，省诸奏闻文书意异者，随意封驳"[①]。自此开始有封驳诏勅的权力。唐宋时，给事中属门下省，掌封驳覆奏，定旨出郃等；宋代给事中分治六房，为明代给事中分科治事的先河。明代的给事中不仅组织庞大、人员众多，而且地位之重要已经远驾于唐代之上。

明代给事中始设于元至正二十四年（1364年），吴元年定给事中正五品，洪武四年（1371年）改为正七品。洪武六年（1373年）设

---

① 《隋书》卷二十六《百官上》。

给事中十二人，仍为正七品，分为吏、户、礼、兵、刑、工六科。据《明太祖实录》记载，此时给事中是职掌的"看详诸司奏启及日录意旨等事。凡省（中书省）府（大都督府）及诸司奏章，给事中各随所掌，执笔记录，具意旨可否于章奏之后，于文簿内注写本日给事中某钦记，以防壅遏欺蔽之虑。如有旨，皆纂录付外施行"。① 同年六月，升给事中为从六品。九年四月定给事中十人，并改为正七品。十年隶承敕监。十二年改隶通政司。二十二年改给事中为源士，增至八十一人，不久复改称给事中。

给事中一职在唐宋以前属于言谏之官，掌侍从规谏、封驳制诏；至于纠举官邪、监察百官，则是御史所拥有的职掌。但是，明代的给事中已是二者兼而有之了，而且更偏重于监察百官一面。所以，其职权比明前各代有了很大的扩张，因而在明代政治生活中的地位也更加重要了。明代六科给事中职掌主要有如下几方面。

一是诤谏建言。这方面从形式到内容，乃至可能出现的结果，与御史的诤谏建言没有什么两样。只是六科给事中掌"出纳帝命，封驳章奏"，稽察六部百同之事。凡谕旨下行，必须先送六科，通过审查无违反规章及失当之处后，才能抄发交付有关部门施行。所以，能明了国家施政的得失，在"议论政事，建言兴革"方面颇得近水楼台之便。此外，给事中建言的内容与御史一样无所限制。但就实际情形来看，六科给事中因日常工作在于稽察六部及其他各寺、监行政业务，对中央各部门的政情比较了解，因而，建言的内容多偏重于中央政事的兴革。

二是封驳章奏。这是明代给事中的中心工作，即对朝廷诏令、臣民章奏，认为有违反规章或处措不当情节所做的封还驳正。明朝是我国历史上政治相当腐败的一个时代，君主荒淫，权奸当道，更有宦官擅权蠹政。但是，国家制度在相当长的一个时期内没有出现大的动乱，明朝也延续了二百七十余年，实在有赖于六科给事中在严格审核

---

① 《明太祖实录》卷二百零九。

国家政令中所做出的贡献。顾炎武对此曾有过极高的评价：六科给事中掌科参，"六部之官无敢抗科参而自行者，故给事中之品卑而权重。万历之时，九重渊默，泰昌以后，国论纷纭，而维持禁止，往往赖科参之力"①。

三是注销案卷。即六科通过稽察有关案卷文书，以考察各衙门对依旨所处理的事务是否依限完毕，时效如何。如果发现有稽延迟误情节，则行参奏究治。明代六部与六科互为表里，相辅相成，六部为政务执行机关，而六科则从旁监督其工作成效。前述六科封驳之作用在于驳正六部处事之违误不当，注销的目的则在于纠举六部临事之稽延积压，二者相辅而行，实为一种严密之极的监督方式。

四是纠举弹劾。自永乐、宣德以后，六科渐渐拥有了纠举弹劾的权力。弘治初年在《明会典》上以法律的形式确定下来。给事中进行弹劾的对象及方式原则上与御史相同，但给事中因日常工作职在监察中央官，所以会典中规定的弹劾对象，中央为两京大臣，地方则为品秩较高、权威较重的地方官员。

（三）提刑按察使司

除都察院和六科给事中外，明代监察机构还应包括各省提刑按察使司。提刑按察使司，顾名思义包括"提刑"与"按察"，即司法与监察两方面，并且以监察为重。

明初提刑按察使司职专权重，与都察院内外均权，有"外台"之称，而按察使司官也被视为外官。因此，其时地方上一些纠举官邪、刑名诉讼皆为按察司官掌理，而在司法与监察两职权中，更着重于监察。从《大明官制》中我们看到，在外官制度项下，将治民之官作为一系统：布政司—各府—各州—各县，而按察司则另为一系统与治民之官相对立。

尽管按察使在品级上低于布政使（明代左右布政使从二品，按察

---

① 《日知录》卷九《封驳》。

使正三品),而在职权上是监督布政使的。这正代表我国政治制度史上的一大特色,即以低品级官员监督高品级官员。因二者品级不同,所代表的利益也不一样,因而能使其发挥相互钳制的作用。

按察司是受御史监督,从监察制度本身而言,是中央监察官监督地方监察官,同样也是低品级官员监督高品级官员,使两者发生相互钳制的作用。然而,这种相互钳制作用必须在某一前提下才能生效,即中央与地方监察权势力均衡的时候。一旦某一监察权过大,则必侵损另一监察权,使其功能变小,甚至功能全失,而形同虚设。明朝在洪武时期已有中央监察权扩张的趋势,永乐以后,中央与地方监察权的消长已有很大的变化;中叶以后,按察司所拥有监察权已微乎其微了。

二 巡按御史制度

明朝监察制度设计之严密不仅体现在其中央监察机关的设置,其地方监察制度——巡按御史制度也具有特色,这对维护明朝的统治发挥了极大的作用。

明代巡按制度在明建国初期即已形成。如《明太祖实录》记载,洪武二年(1369年)七月癸丑,"监察御史巡按松江,以欺隐官租,逮系一百九十余人至京师"[①]。可见明朝在建立全国性的统一政权不久,便已派御史到地方巡察。明代巡按御史出按,包括点差、巡察、回道考察三个环节,每一个环节都有许多必须遵循的规则。

(一)点差

点差即巡按御史的差遣点派。根据《诸司职掌》《宪纲事类》《明会典》及其他有关资料记载,明代巡按御史点差基本包括以下四方面:

---

① 《明太祖实录》卷四十三。

一是凡差派巡按御史，先由都察院拟定监察御史二人，由都御史在朝会时引至御前，由皇帝点差其中一员。

二是凡北方籍御史，例不差往南方巡历；南方籍御史，不任北方地区差务。明代南、北差的划分是根据我国不同地区地理、民情等的差异制定的。我国幅员广大，不单南北地理、气候差异很大，民情风俗有异，生活习惯不同；而且语言亦不相通，特别是南方地区方言土语繁多。所以不论北方籍的御史至南方巡历，还是南方籍的御史到北方边境巡历，都难于深入体察风俗民情、了解官场弊端，就是气候亦难以适应，给工作的开展将会造成多重障碍。明代差分南北便缓解了这一矛盾，因而是具有一定合理性的。

三是明代御史出差根据道里远近、事务繁简分为大、中、小三等。小差为御史初任试职时的差务，试职期满，经考核合格实授后，必须先任中差（专差），然后才能请点大差（巡按），不能违背这一程序。

四是巡按出差一般是轮差，即以中差御史差竣回京复命的先后为序进行差派。但轮差只考虑到了制度的划一及行政上的简便，却不能做到量才施用，使人地相宜。

（二）巡察

明代巡按御史衔命巡察州县，代天子巡狩，举凡吏政、刑名、钱谷、治安、档案、学校、农桑水利、风俗民隐，无所不察。小事当即处理，事大者奏请皇帝裁决，或候差满回京汇报工作时交中央有关部门处置。综合起来，其巡察任务主要有以下几方面：

一是考察吏政。考察地方官吏是否有违法失职情节，这是巡按史的主要任务。

二是照刷诸司文卷。即对各部门行过公文进行审查。对此，在《诸司职掌》内就分别针对府州县衙署中吏、户、礼、兵、刑、工六房的案卷检查做了仔细的规定。这也是作为评价官吏成绩优劣的一项标准。

三是复核和受理诉讼案件。巡按御史所至之处,首先须审录罪囚,复核已结案件,然后受理诉讼。

四是考察政教民情。乡村里社是封建国家的基础,只有乡里安宁,封建统治才能保持长治久安,这是明朝统治者明悉的。因此,明朝规定,巡按御史在巡按中必须深入乡里之中,咨访民情,了解他们的风俗习惯、生活状况及对现任官吏的评价;并统计里中善恶人数,督行乡饮酒礼,将所谓"志行卓异、可励民风"的"孝子顺孙、忠臣烈女、义夫节妇"上报朝廷,加表彰。对于鳏寡孤独,责成各府州县收入养济院,按月支给衣粮,加以赡养。

五是查勘农田水利及公共设施。《宪纲》规定,凡有荒闲土地的府州县,巡按必须责成该管官吏召民开垦,并将每年开垦田数缴报。农田水利如陂塘沟渠,公共建筑如桥梁道路、仓库房屋、城池驿站、学校校舍等,巡按都要亲自查勘,如有损坏,须督促及时修理。

(三) 回道考察

巡按御史巡历期满,回京汇报工作后,得由都察院堂上官对其任期内的成绩进行考核,考核称职的回道管事,不称职的酌情予以处罚,称为回道考察。

巡按回道考察,以《宪纲事类》为衡量标准,但《宪纲》全文95条,除有关监察官点差、选任部分不计外,宪纲、宪体、巡历事例、相见礼仪及刷卷条格等项,仍不下80余条,如果想依此逐一核实,事实上是很难办到的,也无此必要,这也是回道考察趋于废弛的原因之一。另外,明朝政治自中叶以后一扫前期相对清明的气象,大小官吏不是贪墨纳贿,便是尸位素餐、不理政事。明朝政治日趋腐朽,回道考察制度的废弛正是这一江河日下形势的反映。

三 监察制度对政治之影响

明朝统治者在吸取前代统治中成功经验的基础上,建立了一套完备的监察制度。这套监察制度规模庞大、结构谨严、人员充足,在整个政治体制中地位尊崇,是历史上其他任何朝代难以比拟的。

(一) 监察制度发挥的积极影响

在明朝内忧外患不绝如缕的二百七十余年历史中,内有皇帝的昏庸无道,权臣、宦臣的擅权乱政,外有蒙古人的屡次兵临城下及东南沿海倭寇的骚扰,尤其是人民的反抗斗争此落彼起、连绵不断。但是在前期一百余年中统治秩序始终不乱,中后期虽几度危机而社稷不倾,当是与监察机关作为封建官僚政治的"清洁剂",察举吏政、剔蠹除奸,缓和统治阶级内部及统治阶级与被统治阶级之间的矛盾,保证国家政令的推行密不可分的。

明代二百七十余年中,特别是前期,的确出现过许多优秀的监察官,他们继承了封建士大夫传统的以气节相标榜、以操守相砥砺的古君子之风和封建士大夫的"士气",忠直敢言,铿锵谠论、持正执法,为了维护封建统治的正常秩序,往往不惜付出血的代价。如洪武时御史韩宜可劾胡惟庸,嘉靖时给事中吴时来、御史王宗茂、邹应龙劾严嵩、严世蕃父子,天启时左副都御史杨涟劾魏忠贤,都是明代监察官弹击奸恶中著名的例子。他们的弹劾虽往往不能一举成功,却可以以此暴露奸臣的罪行,引起天下人的注目与公愤,最后在群臣的攻击下,达到剔蠹除奸的目的。

(二) 监察制度的败坏

政治腐败,道德沦丧,以及当权者对正直言官的无情折辱,致使言官的分化乃成为必然之势。他们纷纷放弃自己的理想与抱负,表现得斗争意志消沉,忧患意识淡漠,事不关己,袖手旁观,甚至投身浊流,以身事逆。

天启年间,就在党争愈益激烈,并且达到白热化的时候,宦官魏忠贤巧妙地利用党争的混乱拉帮结伙,培植势力,进而窃取了朝廷大权。在这股实际上影响到了朝廷命运的凶恶政治势力面前,身当风宪之任的言官们表现得怎样呢？除了东林党属的某些言官进行过几次攻击外，另外的言官则麻木不仁，听之任之。更有甚者，竟是一头扑进阉党的怀抱，为虎作伥，成为阉党乱政的爪牙与走狗，其中最著名的首推御史崔呈秀。

在政局与士风由治到乱、由清转浊的变化的时代，许多本来较为清正的监察官，在当时善恶难辨的政治旋涡中也难保其名节之尊，善始善终。与此同时，贪污纳贿之风在监察队伍中不断滋长起来。崇祯时期曾长期担任给事中的李清在他的《三垣笔记》中谈到了当时言路的贪贿情况。书中记道："崇被十五年，御史孙风劾给事中杨枝起、廖国遴，自入户垣（户科），从不守科发钞，非匍匐政府，则奔走吏部。以除奸扶正为名，卖官纳贿为实耳。"①

巡按御史在巡察地方过程中的表现更是肆无忌惮。一方面，肆意扩张权力，干扰了地方行政的推行，使地方行政长官在职权范围内不能发挥应有的职能，造成地方行政机制的严重失调。另一方面，也是贪污纳贿成风。崇祯时，梁廷栋曾作过这样一个估算："朝觐、考满、行取、推陞，少者费五、六千金。合海内计之，国家选一番守令，天下加派数百万。巡按查盘访缉，馈遗、谢荐，多至二三万金，合天下计之，国家遣一巡方，天下加派百余万。"②

监察制度的建立本来是为了督促和推进国家政事，防止贪污腐化，保证国家行政机器的正常运转的，但是，明中叶以后却渐渐走到了它的反面。随着明朝政治的日趋腐朽与没落，监察官员也不可遏制地卷入腐与贪的滚滚浊流之中，并且成为这股浊流的推动者，日益腐蚀和摧残着明朝统治的肤体，最终将它送上了死亡之途。

明代监察制度从法律规范来看不可谓不完备。其中许多具体的规范和技巧，如秩卑权重的权力制衡形式，巡按御史一年一代的巡历期限规定，监察人员在行使监察权中独立地位的确立，以及选任中对履

---

① 李清：《三垣笔记》上《崇祯》。
② 《明史》卷二百五十七《梁廷栋传》。

历、学历、品行的注重等等,从现代政治科学的角度来看,仍然包含着许多科学的因素。在明一代政治中,也的确曾发挥过作为官僚政治"清洁剂"的职能,为明帝国的繁荣作出了积极的贡献。但是,无论何种制度都不可能超然它所处的那个时代之外,政制在实际的运行中是与人事、政坛风气、社会心理紧密结合并互相作用的。明代监察机构职能的蜕变与败坏正是明代政治由盛转衰、由清返浊的结果,而同时又是这一政治发展大势的动因。对此,我们只有在对明代政治的动态分析中才能得到比较准确的把握,并对明代监察制度作出恰当的评价。

第十九章 孙中山"五权学说"下的监察制度

孙中山将国家权力分为政权和治权,认为政权应由"有权的人",即人民行使,包括"选举、罢免、创制、复决"权;治权则由"有能的人",即政府行使,包括"行政、立法、司法、考试、监察"权。其中对于监察,孙中山通过对中国传统的御史制度与谏官制度以及西方的分权制度的比较,糅合两种不同的监察制度,从而衍生出另一种新的监察制度。他认为西方"三权"中国会兼有立法权和监察权,权力太大,在实施过程中顾此失彼易被滥用。因此他主张作进一步分权,把国会监察权分给另一个独立的机关,该机关行使弹劾权,与立法、司法、行政、考试四机关并立存在。

一 五权宪法形成及发展的历史沿革

1904年3月,孙中山在美国同王宠惠等留美学生分析当时中国应实行的制度时,就已经对五权宪法的实行可能性进行讨论。翌年初,孙中山与留欧学生组织革命团体后继续对"五权宪法"进行公开讨论。同年8月20日,在日本东京成立中国同盟会,在同盟会会务进行秩序表善后事务的宪法自治项,明确列出行政、议政、审判、考试及监察五种治权的框架。

1906年,孙中山在与该鲁学尼等人的谈话中表达了对纠察制是我国固有的优良制度但被长期埋没的惋惜,希望在共和制度中复活纠察制,并且明确表明了将来在中国实行的是除立法、司法、行政三权外,还有考选权和纠察权的五权分立的共和政治。他说:"在我们的共和政治中复活这些优良制度,分立五权,创立各国至今所未有的政治学说,创立破天荒的政体,以使各机关能充分发挥它们的效能。"对监察权必须单独列出的原因,他答复道"监察制度于监督议会之外,并且要专门监督国家政治,以纠正其违法行为,这也是鉴于当今现行共和政治的缺陷。因为不论何国,只要是立宪国家,议会弹劾之权,根据各国的状况其权能强弱会有所不同,由此而生出无数弊害。况且从正理上说,裁判人民的司法权独立,裁判官吏的弹劾权却隶属于其他机关之下,殊非正当。"同年12月2日,东京《民报》举办创刊周年庆祝大会,孙中山作"三民主义与中国民族前途"的演说,更深入阐明五权分立的内容,即包括行政权、立法权、裁判权、考选权和纠察权在内的五权独立。他分析了英美宪法的弊端后得出"将来中华民国的宪法是要创一种新主义,叫作五权分立"的结论。他还提到监察权必须独立的思想来源和原因,"纠察权是专管监督弹劾的事。这机关是无论何国皆必有的,其理为人所晓。但是中华民国宪法,这机关定要独立。中国从古以来,本有御史台主持风宪,然亦不过君主的奴仆,没有中用的道理。就是现在立宪各国,没有不是立法机关兼有监督的权限,那权限虽然有强有弱,总是不能独立,因此生出无数弊病……裁判人民的机关已经独立,裁判官吏的机关却仍在别的机关之下,这也是论理上说不过去的,故此这机关也要独立。"

1914年,五权宪法渐有发展,逐渐摆脱了三权分立的西方议会制,根据五权分立的原理形成权力体系并建立五权结构,但更为细致的权力设立尚未形成。这一年成立中华革命党并颁布《中华革命党章》,其中第三十条对监督院职务作出规定:"监察党务进行;责备党员服务;察视党员行为;稽查党中账目;筹备监督院之组织。"

1915年1月,中国国民党召开第一次全国代表大会,会后,宣言明示民国应实行的五权结构和原则,即为"以孙先生所创之五权分立为原则，即立法、司法、行政、考试、监察五权分立是已"。1916年8月20日，孙中山在浙江陆同胞社演讲时，主张为解决三权鼎立的弊端，需采用五权分立，并肯定了三权外中国固有的弹劾权、考试权。他说："古时弹劾之制，不独行之官吏，即君上有过，犯颜谏诤，亦不容丝毫假借。设行诸近世，实足以救三权鼎立之弊。"1919年5月20日，孙中山在其出版的《建国方略之孙文学说——行易知难》一书第六章"能知必能行"中具体说明了五权宪法的政治制度，指出五个行政机关的名称及其与国民大会的关系："以五院制为中央政府：一曰行政院，二曰立法院，三曰司法院，四曰考试院，五曰监察院。宪法制定之后，各县人民投票选举总统以组织行政院，选举代议士以组织立法院，其余三院之院长由总统得立法院之同意而委任之，但不对总统、立法院负责，而五院皆对国民大会负责。各院人员失职，由监察院向国民大会弹劾之；而监察院人员失职，则国民大会自行弹劾而罢黜之。国民大会之职权，专司宪法之修改，及制裁公仆之失职。国民大会及五院职员，与夫全国大小官吏，其资格皆由考试院定之。此五权宪法也。"

1921年3月20日，孙中山在广东省教育会上发表了题为《五权宪法》的演说，设计出了完整独立的监察系统。他将从前中国已有的三权"考试权、君权（立法权、行政权、司法权）、弹劾权"分为"立法、司法、行政、弹劾、考试"五权独立架构。1923年1月1日，《中国国民党党纲》经孙中山起草修改定稿，其中规定五权宪法的五权为"二甲、立法权；乙、司法权；丙、行政权；丁、监察权；戊、考试权。以五权分立为原则，完成民国更进步之宪法"，考试从行政分出，监察从立法分出，监察权的概念正式提出。

1924年1月18日，《国民政府建国大纲》经中国国民党第一次全国代表大会审议通过，其中规定："（十九）在宪政开始时期，中央政府当完成设立五院，以试行五权之治。其序列如下：曰行政院；曰立法院；曰司法院；曰考试院；曰监察院。"同年，孙中山发表演讲，从"权能区分"的角度论述了人民群众在监察系统中的地位和作用，在南京政府及台湾政府的政府权力配置中形式上得到了逐步实施。1931年2月，蒋介石南京国民政府根据孙中山"五权学说"设立监察院，行使弹劾、审计、调查、纠举、建议等权限。监察院直隶于国民党中央执行委员会，1943年又改隶国民政府负责。1948年蒋介石"行宪"之后，又改为向国民大会负责。这个体制，国民党政府败退台湾之后，一直沿袭下来。

二 不同时期监察院的设计

（一）广州时期国民政府的监察院

1925年7月17日，在广州成立国民政府后进而公布《国民政府监察院组织法》，监察院于1925年8月1日正式成立，直隶并受国民党中央执行委员会监督和指导，"五权学说"下的监察制度开始得到实践。该法规定，监察院设监察委员五人执行院务，互选一人为主席，全院事务，均由院务会议议决，处理后由主席署名，以监察院名义行之。监察委员之下，分设五局及一政治宣传科。五局主管由五监察委员分别任职，第一局掌总务及吏治，第二局掌训练及审计，第三局掌监查邮电及运输，第四局掌监查税务及货币，第五局掌密查及检查。政治宣传科的负责人由国民政府指派，负责宣传党义及指导各党员及官吏遵守党规。分设的五局各设两科，每科设科长、科员、雇员，负责处理事务，但政治宣传科则始终未成立。关于监察院的职权，根据《政府改组令》第三条规定：监察院得监察国民政府所属各机关之官吏之行动，及考核税收与各种用途之状况。如查有舞弊及溺职等情事，应立即起诉于惩吏院惩办之。在监察院格局科职掌中更为详细规定监察院职权：监察吏治、调查人才、训练官吏、审计各机关收支、监察邮电运输及税务货币、秘密调查非法案件并搜集证据、选任官吏等应属考试院之职权。

1925年9月30日，对《监察院组织法》进行第一次修正，增设常务委员一人，由监察委员轮流担任，处理日常院务。五局一科改为三局、一处、一科，内部组织分设三局及秘书处、政治宣传科，各局分科办事。第一局掌考试、实业，第二局掌审计、财政，第三局掌吏治、训练，秘书处掌印信、文书、总务兴预审及起诉事项。经修正后的《监察院组织法》，除概括规定监察院有监察国民政府所属各机关官吏的权力外，还规定有如下权限：调卷与质疑，撤销与纠弹，检举与逮捕，侦查与预审，人才之登用，审查及考试之拟制与监视，交通与农工、商广之监察，国库收支之审计，租税制度和公债条例之审查与官场金融之监察，官吏行为之监察与治绩之考成，官吏之训练养成公牍程式之编定，监察事务之宣质。

1926年10月4日，《监察院组织法》经第二次修正，有如下变化：规定监察委员五人、增设审判委员三人，分别负责监察及审判事务；其他院内行政事务，则由委员会议处理；内部组织分设四科及一秘书处，秘书处负责印信、文书、会计、庶务等事项，第一科负责考察各种行政事项，第二科负责稽核中央及地方财政收支及统一官厅簿记表册事项，第三科负责弹劾官吏违法及提起行政诉讼事项，第四科负责审判官吏、惩戒处分及行政诉讼事项；另外设秘书长一人及科长四人，分管秘书处及各事项；必要时设监察委员若干人，逐日分赴行政、司法各机关调查；撤销局和独立分科的编制，将六科并为四科，监察院组织被进一步简化。修正后的监察院的职权有：发觉官吏犯罪、惩戒官吏、审判行政诉讼、考查各种行政、稽核财政收入及支出、官厅簿记方式及表册统一。此时的监察院既兼具行政法院检察院处性质，又兼具为公务人员的惩戒机关。

1926年1月，成立惩吏院，直隶于国民党中央执行委员会，受国民党的监督、指导及国民政府的命令。按规定，凡行政和司法官吏有违法失职的行为，监察院向惩吏院起诉，提出给予行政处分；涉及刑事犯罪，则将刑事部分提交司法机关处理。在接到监察院对违法失职官吏的起诉后，组成合议庭负责对官吏的惩处审理。合议庭由惩吏委员三人至五人组成，庭长为主席委员。设委员若干人，互选一人为主席委员；下设秘书处，并设秘书长、科长、科员、书记、雇员等。但于同年 5 月，将惩吏院撤销，改设审政院。而同年 10 月，审政院也一并撤销，该院职权合并于监察院。

（二）南京时期国民政府的监察院

1927 年 11 月 5 日，第三次修正《监察院组织法》。增设监察委员七人，监察委员议定关于弹劾、事务分配、院内行政。监察委员下设一秘书处，处理印信、文书、会计、庶务等事项；另分设三司，第一司掌考察各种行政、第二司掌弹劾官吏犯罪、第三司掌中央及地方审计及统一官吏簿记表册，同时设秘书长、秘书、司长、科长等分管处、司事务，分科办事。监察院职权较之减少：取消了审判行政诉讼权、改惩戒官吏为弹劾官吏、改稽核财政收支为审计中央及地方审计。1928 年 2 月，中国国民党二届四中全会决议，党、政、军同时改组，监察制度也改为专为财政之监督，成立审计院以行使财政审计权。1928 年 3 月 21 日公布《国民政府审计组织法》，规定了审计院为独立机构，行使审计监督国家的预算和决算，4 月 17 日，正式成立审计院。但过后将审计职权归入监察院，审计院内设于监察院。

1928 年 8 月，国民党二届五中全会发表宣言，决定根据总理建国大纲，设立行政、立法、司法、考试、监察五院。1928 年 10 月 3 日，中国国民党中央常务会通过训政纲领，其中第四条规定"治权之行政、立法、司法、考试、监察五项，付托于国民政府总揽执行之"。随后中华民国国民政府组织法公布，该组织法根据五权宪法的原理制定，明定监察院为国民政府最高监察机关，依法行使弹劾审计两权，监察委员名额由十九人增至二十九人，监察院院长提请国民政府任命。1929 年 2 月，通过新的《弹劾法》。该法规定监察委员对于公务员违法或失职行为，应以书面详述事实，附举证据，向监察院提出弹劾案。监察院长应分别指定监察委员 3 人审查，但不得指使或干涉弹劾事项，弹劾案如涉及刑事案件，惩戒机关应将刑事部分交该管法院审理。监察院得接受人民举发公务员违法行为之书状，但不得批答。

1929 年 6 月 17 日，通过的《治权行使规律》规定："在监察院设立后,一切公务人员之弹劾权皆属监察院。凡对公务人员过失之举发,应呈由监察院处理,非监察院及其所属,不得受理。其不经监察院而公然攻讦公务人员或受理此项攻讦者,以越权处理,监察院不提出质询者,以废职处。"训政时期的监察院于1931年2月2日宣告成立,审计院依法被撤销,另设立审计部,隶属监察院。由此监察委员人员不断增加。

1928年年末至1931年年初,监察院主要负责拟定监察法规和研究监察制度、收受来自各地人民投递的书状,并区别处理所投书状的性质。

1932年6月24日,公布修正后的《弹劾法》,增加两条规定:(1)弹劾案提出后,由全体监察委员按序轮流以3人审查,不由院长指定;(2)弹劾案经审查后,如认为应付惩戒,监察院即将被弹劾人移付惩戒,如认为不应移付惩戒,而提案委员尚持异议,即再付其他监察委员5人审查,为最后之决定。

与之相对应的各种办事通则于1933年制定,如《监察院秘书处各科办事细则》《监察院监察委员办公室办事细则》《监察院人民书状核阅办事细则》等法规,对于各科组室人员及职权详加规定,分科办事。《监察使属办事细则》于1935年5月12日制定,先后成立各个监察区的监察使属、统计室、会计室,两室均受院长指挥监督,并直接对国民政府主计处负责。

这一时期监察院的职权主要为弹劾与审计两权。为行使其弹劾权,并规定得向各官署及其他公立机关查询或调查,或派遣监察使分赴各监察区巡回监察。收受人民书状、监试权、对若干事项有监督或监视权。弹劾的对象包括一切公务人员,不论过失或违法,不论等级高低,弹劾权皆属于监察院。对于弹劾案的程序与审理为:各监察委员均可单独提出弹劾案,对于任何弹劾案,监察院院长均不得干涉,弹劾以书面详叙事实,不必附举证据,如认为被弹劾人违法或失职行为情节重大,有急速救济之必要者,提案人得附带为急速救济之请求。弹劾案提出后不得撤回,即由三位监察委员审查,其中多数认为应付惩戒时，监察院应即将被弹劾人移付惩戒。若弹劾案经审查认为不应交付惩戒，而提案委员有异议者，应即将该弹劾案移交其他五位监察委员审查，为最后之决定。

另监察院对于任何弹劾案，在未移付惩戒机关前，不得对外宣泄，唯原弹劾人或监察院为造成反对被弹劾者的舆论期间，往往在弹劾案移付惩戒机关后，将弹劾文公布，弹劾案经审查认可后，即由监察院移付有关惩戒机关，对于被弹劾人涉及刑事部分，监察院移付惩戒时，应另案移送法院侦办，并通知其主管长官被弹劾人所在的法院，弹劾案一经移付惩戒机关，除因该机关对移付之案件有延压，尚得提出质询外，弹劾程序即告一段落。

负责弹劾案的惩戒机关根据不同被弹劾的官员有：凡国府委员或监察委员被弹劾由中央党部监察委员会惩戒、凡国民政府政务官由国民政府政务官惩戒委员会惩戒、中央政府政务官以外委任职以上官吏及地方政府任职以上官吏被弹劾由中央公务员惩戒委员会惩戒、凡地方政府荐任职以再浓缩下官吏地方公务员惩戒委员会审理惩戒、民团指挥的弹劾依中央政治会议解释，由普通法院审理、一般军官佐之弹劾，依司法院之解释，由军政、海军各部交各该主管署司，按照陆、海、空军各项法规审议，关于政务官之惩戒，由经惩戒机关决定处分后，中央政治会议认为必要时得复核，惩戒决定书应呈报中央政治会议，国民党中央政治会议对政务官惩戒处分有决定权。弹劾案经送惩戒机关后，即依停职、调查、申辩与质询、议决等程序进行审理，若违法或失职，依情节轻重，得为免职、降级、减俸、记过、申戒等处分。

（三）抗战时期国民政府监察院

1938年4月1日，中国国民党临时全国代表大会通过抗战建国纲领，以整饬纲纪、惩戒贪官污吏为政治之重要纲要。1938年12月17日，国民政府为适应战时的需要，颁布《非常时期监察权行使暂行办法》，以充实该院职权，并强化其功能，除纠弹过失于事后外，还扩及事前监察。

抗战时期，地方视察的重视与事前监察的加强。工作纲要将视察分为一般视察和特殊视察。一般视察在中央以机关为单位，在地方以区域为单位，特殊视察则以事项为单位。战时中央的一般视察由监察委员及监察院与审计部之高级职员分组担任，视察行政院所属各部会署处局之施政情形，并择要考察中央国营事业机关业务情形。战时地方的一般监察，分由各区监察使团巡回监察与特派监察委员分期视察及巡察。抗战初期，监察院饬令各区监察使应随时出巡，至少两月一次。1938年，将四川分为七个视察区；各区派遣委员一人或二人，前往视察。1939年1月，制定《监察院第二战时监察工作实施纲要》及《战区巡察团组织规程》，分区组团视察中央各机关对战时各战区行政计划执行情况，并将地方划分为若干视察区，分区视察；将院内四科归并为三科，增设设计、议事两科及一工作考核委员会。1939年，派员视察陕南，并选派委员分赴各站区查考一切政治设施，及民间疾苦与冤抑。抗战进入第二期，一方增加监察出巡次数，另一方制订地方视察方案，将后方各省分为若干视察区，分期派员前往视察。

1940年，成立战区巡察团，巡察各战区，接受人民书状。1940年6月，制定《监察院战区巡查团组织规程》，组团前往战区行使监察职权，并加强各地区工作之进行。"其办法即以各区监察使属为总的组织，进行工作于所辖区域内，以本该院战区巡察团为横的组织，进行工作于前方各战区；而以赴派各省市分区视察之监察委员及随时派员为特定事项视察暨专案调查，为后方之政治查察。三方联系，互为运用。"为实现上述计划，"对内外组织力加强，于内，则修订各种办法规程，并将原有四科，归并为三科，而增置设计、议事两科及工作考核委员会；于外则将山陕监察使属，予以成立"。此外，又制定监察院关于战时三年建设计划实地情形大纲，设立视察组，分组视察。

1942年，以战时首都为重点，制定监察委员巡察首都地方办法，每月指派监察委员二人轮流巡察首都地方。至于特定事项视察，监察院对于精神总动员、兵役、物价、量政、建设、救济、禁烟等事项，每年均通过令各监察使、监察委员或其他调查人员随时注意具报。

1944年，根据《人事管理机构设置通则》规定，监察院增置人事室，其主任受部长之指挥监督，并承监察院院长之命，依法综理该室事务；设置设计考核委员会，以秘书长为主任委员，并指定参事、秘书各一人及各科科长、统计、会计、人事各室主任为委员。抗战时期，为适应非常，监察职权由消极而趋向积极，其具体表现即地方视察的重视与事前监察的加强。抗战胜利后，监察院修正内外组织，增加员额，将原来之五科增为六科，将战时所置之战区第一及第二巡察团，改为监察院第一、第二巡察团，分别出巡各收复地区，并将全国之监察区重行划分，自十六区增为十九区，除吉松合、黑嫩兴、西藏及蒙古等五监察区外，其余十四监察区，均先后提派监察史，设置办公。

1946年，全国战时机制奉令废止，监察院战区巡察团遂行结束。1947年1月1日，公布《中华民国宪法》，第九章规定监察院为最高监察机关，行使同意、弹劾、纠举及审计权，依法赋予调查权、纠正权、纠举权及弹劾权。监察院设监察委员，由各省市议会、蒙古西藏地方议会及华侨团体选举之。监察院设院长、副院长各一人，由监察委员互选之。这一年，为延揽各党派及社会贤达共同参与建国工作，监察委员名额且增为五十四人至七十四人。

三　监察院的职权

1. 弹劾权。弹劾权作为监察院最基本的权力，行使对象因经历了训政和宪政两个时期而有所变化，但总括而言对一切公务人员，上至总统、下至普通公务员因违法失职行为均可提出弹劾。根据《中华民国宪法》《监察法》《监察法实施细则》的规定，弹劾权行使需遵循提议、审查、移送及审理、公布、处理的严格程序：一般公务人员及司法院、考试院人员的违法失职行为，由监察委员一人以上提议、九人以上审查及决定后，向公务员惩戒委员会提出；总统、副总统的违法失职行为，经全体监察委员1/4以上的提议，全体监察委员过半数的审查及决议，向国民大会提出。弹劾案经审查认为不成立而提案委员有异议时，应将该弹劾案另付其他监察委员九人以上审查，作最后决定。

  监察院向惩戒机关提出弹劾案时，如认为被弹劾人员违法失职行为情节重大、有急速救济的必要，得通知主管机关急速处理；长官不作为，负失职责任。监察院认为被弹劾人员违法或失职行为有涉及刑事或军法，除向惩戒机关提出外，还应送交各该管司法或军法机关依法办理。惩戒或司法机关，一旦接受案件，应急速办理，并通知监察院办理结果，转知提案人员；超过三个月未有结果，监察院应质问主办人员，并对有故意拖延者，提出弹劾或纠举。

  2. 调查权。根据民国宪法规定，监察院在行使监察权时可向行政院及其各部会调阅所发布的命令及相关文件；并且按照行政院及其各部会的工作，分设若干委员会，调查一切设施。根据监察法规定，调查方式有设调查小组、派员持调查证调查、监察委员奉派或自动调查，自动调查需向秘书处登记、委托其他机关代为调查。根据《监察院组织法》规定，监察院行使职权时，调查该官署之档案册籍，遇有疑问，该官署人员应负责为其充分答复。1931年公布的《监察院调查证及其使用规则》规定调查员持调查证时，各该公署或机关的主管人员不得拒绝；必要时，调查员得封锁该项案件，并有权提走其全部或一部分档案材料；可查询该项案件的所有关系人，并调查其物证；持调查证可以要求地方法院、省县政府及警察局协助。1933年，国民政府颁布《监察院调查规则》规范调查权的行使。

  "宪政"时期，监察院行使调查权有如下规范。行使调查权时"得向行政院及其各部会调阅所发布之命令及各种有关文件"；遇有询问时"应就询问地点负责为翔实之答复"；调查中必须封存和携去的档案材料，"应经该主管长官之允许，除有妨害国家利益者外，该主管长官不得拒绝"；此外，调查权在行使过程中有紧急防范的作用，即"调查人员在调查案件时,如认为情节重大或被调查人有逃亡之虞者,得通知当地警宪当局协助,予以适当之防范"。"训政"时期,通过调查证便利调查权的行使;在调查过程中,可封锁案件和提走档案,要求司法、警察部分予以协助。

3. 纠举权。1938年8月,《非常时期监察权行使暂行办法》公布实施,其中第二条规定:"监察委员或监察使对于公务员违法或失职行为,认为应速去职或其他急速处分者,得以书面纠举。"被纠举的案件,经监察院院长审核后,即可送交纠举人的主管长官处理,"宪政"时期规定监察委员对公务员违法失职行为,得以书面形式纠举,再经监察委三人以上审理决定,且审理程序为二审制。

纠举案可转化为弹劾案,并移付惩戒机关。纠举案移送被纠举人的主管长官后,主管长官如认为不应给予被纠举人处分,应回复监察院并说明理由。主管长官从收到纠举书之日起一个月内,不予被纠举人以行政处分,又不说明充分理由,监察院可将该纠举案,不经一般弹劾案的审理程序,改作弹劾案,而后直接移付惩戒机关。

4. 建议权。1938年8月,《非常时期监察权行使暂行办法》公布实施,其中第五条规定:各机关或公务员对于非常时期内应办事项,奉行不力或失当者,监察委员或监察使得以书面提出建议或意见,呈经监察院院长审核后,送交各该主管机关或其上级机关。主管机关或其上级机关接到前项建议或意见后,应即为适当的计划或处置。

5. 纠正权。1946年制宪大会将建议权更名为纠正权。提起对象限制为行政院及各部会。监察院下设的各专门委员会行使纠正权,监察院经出席的各专门委员会成员过半数审查及决议通过,得提出纠正案,移送行政院及有关部会,行政院及有关部会接到纠正案后,应即为适当的改善与处置,并应书面答复监察院;两个月内未答复的,监察院得质问之,经质问后仍不满,监察院有权改提弹劾案。

6. 同意权。1946年11月,《中华民国宪法》第九十条规定"监察院为国家最高监察机关,行使同意、弹劾、纠举及审计权",明确确立了同意权。该权特指对部分人事任用的监督权。第七十九条规定和第八十四条规定"经监察院同意任命之"。同意权行使的程序为监察院收到总统提名的咨文后，举行秘密提名审查会，审查会由全体审查委员参加，推举监察委员一人为主席。审查完毕后，召开监察委员全体会议并进行投票，投票须有监察委员五分之一以上出席，出席的监察委员过半数同意，提名生效。投票议决后，将投票结果以书面形式咨送总统，有不同意者由总统另行提名。

7. 监试权。1933年2月公布《监试法》，第一条规定"凡举行考试时，由考试院咨请监察院就监察委员或监察使中，提请国民政府简派监察委员，但举行特种考试时，得由考试院咨请监察院派员监试"。

8. 审计权。监察院对国家财政行使的监察权，由监察院所设审计部独立行使。包括监督政府所属全国各机关预算之执行、核定政府所属全国各机关之收支命令及预算执行、稽核政府所属全国各机关财政上之不法或不忠于职务的行为。

审计人员如发现各机关人员在财务上有不法行为，应报告该审计机关通知各该机关长官处分，并得由审计机关报请监察院依法移付惩戒；涉及刑事，应移送法院办理，并报告于监察院。有紧急处分的必要时，应通知其机关长官从速执行，不执行则负连带责任；如负有赔偿责任，通知该机关长官限期追缴。对于审计机关通知处分的案件，各机关有延压或处分不当的，审计机关应查询，各机关应负责答复；不答复或答复不当者，由审计部呈请监察部核办，情节严重者可拒签该经费支付书。

第二十章　西方监察制度的产生及演进

西方行政监察制度从产生时就是用来监察贵族的，所以弹劾权成为其核心权力。资产阶级革命胜利后，监察对象变为以中央政府为主，监察权内容又增加不信任权、国政调查权和审计权等权力，这些权力由议会的专门监察机构行使，对中央政府实行有效的监察。所以，西方行政监察的特色是国家权力机关对主要执政者必要的制约和限制。

一　西方行政监察制度的产生

古罗马和古希腊，是西方文明的摇篮。西方的行政监察制度也源发于斯。古罗马于公元前509年建立共和政体，公元前443年设立监察官，负责编制户籍、监察庙堂、道路、财政税收并监察人民的品质等事务。古罗马监察官的最大权力，是推选当时三大势力之一的元老院的人选（另两大势力是执政官和国民大会），使声誉不佳的人失去当选的资格。与古罗马相比，古希腊的监察制度更显辉煌。公元前594年梭伦改革，由国民大会选举执政官和其他重要官员，并对之行使弹劾和惩罚等监察权。梭伦改革80多年后，"雅典民主政治之父"——克里斯提尼设立参议会，代表人民监督行政机关。这时创立了西方监察权的核心——弹劾权，这就是历史上著名的"贝壳弹劾制度"。它的内容是：任何公民可向国民大会检举某人应予放逐，该会先对此提控并举手表决，如果多数决定应举行贝壳投票，随即定期在各部落市场中设置投票箱，任何公民都可投票，把对方的姓名写在贝壳上，如果一万（最低法定人数）以上投票人的过半数主张放逐，那人就须在十天内离开国境，十年内不准回去。

作为西方监察制度的起源，古罗马、古希腊的监察制度并不具备一般监察制度的特征——监察官吏的行为并就其违法行为予以纠正或弹劾，只是贵族民主的监察制度。

1642年，英国新兴资产阶级发动了推翻君主专制的革命，宣告了资本主义时代的开始，建立了以"议会至上"为原则的近代资本主义政治制度。而由爱琴海吹来的民主监察之风，震荡着英国的资产阶级，在"主权在民"的原则要求下，以权力制衡为基础的限制王权监督政府官员的行政监察制度在英国得以确立。1689年，英国议会通过《权利法案》，规定国王无权废止法律，不得侵犯议会的征税权等条款，以明确的法律条文约束国王的权力，保障议会的权威。1701年，议会通过《王位继承法》，规定国王颁布的法令必须经有关大臣签署方使生效，而所有的大臣只对议会负责不对国王负责，英王真正成为"统而不治"的国家元首。由此英国议会所掌握的国家权力渐渐超越王权，而监督政府及其官员的行政监察权力也成为议会（或称国会）一项重要职能，议会既是国家立法机关，又是监察机关。这是当代西方监察制度的正式诞生。以英国为楷模，西方国家均以议会这个立法机关作为监察机关，对行政机关（政府）行使监察权，建立各自的行政监察制度。

二　西方监察制度的分类及构成要素

（一）西方监察制度的分类

1. 立法机构监察

作为西方国家代议机关的议会，在三权分立、分权制衡、以权力制约权力的理论思想影响下,监督政府行为、防止政府官员权力滥用成为议会的一项重要职能。其监督政府的主要形式有以下三种:(1)人事监督。既包括对政府官员人事任免上的监督,还包括对重要政府官员的职业道德、业务能力、工作态度等方面进行的人事监察。(2)政府经费监督。议会权力来自人民,是代表人民行使国家权力的机关,因此对以人民税收为主要来源的财政经费具有"政府钱袋监督人"的重要职权。议会在一定年限内有权按照法定程序和方式对政府机关预算、决算予以审议和监察。(3)政务监督。议会通过行使监察权的方式,对涉及政府内政及外交事务的所有行为进行监督,这是议会对政府行使的最为广泛的监督,因此监察权运作方式及程序是西方监察制度的核心,一般我们所说的西方监察制度也是以监察权运作来展开。

2. 行政机关内设监察

政府部门在内部设立专门机构,对行政机关及公务人员进行自主监督,为了避免内部监察机构受到外界不应有的干扰,导致不能实现应有的监督职能,西方国家纷纷赋予其相对独立性。如法国"监察团",美国"监察长办公室"等。

3. 司法行政监察

在西方资本主义国家,当公民、法人认为政府实施的某项具体行政行为侵犯其合法权益时可以诉诸行政司法机关或是普通法院,法院通过裁决认为该行政行为不具有正当性可以撤销,以此来救济公民被侵犯权利。本质上,是司法行政机关或法院以审理行政案件的形式,对政府机关行使职权的一种司法监督。除了行政诉讼的监督外,违宪审查监督是西方司法监督的另一种模式,通过审查行政机关制定的规范性文件,达到监督、约束行政立法权的效果。

(二) 西方监察制度构成要素

1. 监察权

监察权是议会监察制度的核心。西方国家议会的监察权,主要体现在对政府行政行为和对政府财政收支的监察。美国宪法学者盖罗伟（George B. Galloway）指出，美国的国会对下列五方面享有监察权：（1）对于总统委任行政人员和法官；（2）对于委任立法；（3）对于政府支出和公款；（4）立法的否决权；（5）对于外交事务。但就一般的西方监察权来看，概括起来有以下五种。

第一，弹劾权。弹劾是西方国家议会对政府机关或官员实施监察的重要权力。这个制度最早实行于英国。1376年，英国议会因营私舞弊案弹劾了拉第麦尔（Lord Latimer）和莱安斯（R. Lyons），这是西方议会最初使用弹劾权。在封建社会，资产阶级利用议会弹劾限制王权，随着资产阶级在议会占有优势，弹劾制度得到确立。尽管后来创始弹劾制度的英国废置弹劾制度，用不信制代替之，但许多西方国家特别是实行"三权分立"的总统制国家，广泛采用这种制度。

行使弹劾权的监察案件的立案和审判程序，因国情不同而有所差异。大致有以下四种情形：（1）由众议院（下院）提出弹劾，参议院（上院）进行审判，如美国；（2）由议会两院联合组成特别机构受理弹劾案和进行审判，如日本；（3）在一院制国家，由议会提出弹劾案，交宪法法院或普通法院审判，前者如法国，后者如比利时；（4）由特设审判机关弹劾法院（或称特级法庭、高级审判庭）审判，如法国。

第二，不信任权。在英国、法国、德国这些内阁责任制国家，议会如果不同意政府的政策和施政方针，可以提出不信任案，以此作为监察政府的手段。

行使不信任权的手段和方式：一是议会提出对内阁或内阁中某一成员的不信任案；二是议会拒绝通过政府提出的财政预算案、政府所缔结的条约，以及有关政府重要决策的议案；三是议会否决政府就某一政策向议会提出的要求信任案；四是议会提出反对政府提案的反对案；五是议会通过对政府的"谴责决议案或弹劾案"。

议会的不信任权是不轻易使用的。责任内阁制国家，政府为议会稳定多数的政党所控制，通过不信任案，也意味着议会置于被解散的命运。只有当反对党与执政党的矛盾达到不可调和的时候，才使用议会这种倒阁权。

第三，纠举权和纠正权。西方国家的议员有权对自己认为政府机关或官员在政策和施政方面存在的疑问提出询问，或进一步提出质询，并要求答复。这是议会监察政府最普遍的权力，也是议会（主要是反对党）批评政府、揭露弊政的方法。纠举权是一种传统的监察权，而纠正权则是瑞典监察专员制产生后被赋予的。瑞典的宪法第九十六条规定："监察长对于上述各种人员执行公务，若发现其有不公平或枉法失职行为，得控诉于有管辖权之法院。"

第四，国政调查权。在实行"三权分立"的国家，议会作为立法机关，拥有对政府的行为进行调查的权力。按法律规定，议会在行使调查权时，有权查阅政府机关的文件、会议记录；有权传唤证人到会作证，有权要求得到证言和有关证据。调查的过程，是对政府的限制和制衡。

一般情况下，由议会各委员会举行听讯会或调查会。遇有重大议案，可以成立专门调查委员会。巴西规定，有议员三分之一要求，针对其一特定事项，可设调查委员会。

调查的权限包括：一是有关政府执行法令的调查；二是选举调查；三是有关政府部门或官员违法行为的调查；四是有关政府机关或官员的不良行政损害公民权益的调查。

关于西方监察权的调查权，有一点值得注意的是其关于防止证人拒绝作证或作假证的规定。英国制定有《国会诬人宣誓法》，以取得证人的宣誓权。日本国会也制定有证人宣誓及证言法，规定证人应行宣誓，如果证人拒绝作证或作假证，国会规定以"侮辱国会罪"予以处罚。美国也以"侮辱国会罪"处罚作假证者。

第五，审计权。西方议会对财政的监察权，主要体现在对政府提出的预算和决算的审计权。政府每个财政年度（或称会计年度）的总收入和总支出，都得事先经过议会的审议和批准，甚至支出的分配细目也得经议会同意。

一般情况下，议会不敢拒绝政府的预算案，因为拒绝政府财政预算案，就等于是对政府的不信任，从而导致内阁辞职或议会解散。而这种情况在多数党执政的国家是少见的，所以，议会审议只不过是反对党的少数议员对政府的攻击，以及其他议员一般性的批评，从而使财政预算案作局部修改而已。

2. 监察机构

西方国家行使监察权的机构，一般是议会设置的常设委员会和特别委员会，一部分国家还设有监察专员机构。

资本主义国家的议会，普遍设立了议会委员会，审议监察议案。委员会分为常设委员会（或常务委员会）、临时委员会（或特别委员会）、联席委员会三种。常设委员会通常是专门化的监察机构，每一委员会的设置都与政府部门的活动有关，如财政、外交、教育、国际社会事务等。在各种委员会中，常设委员会最有实权，故有"小国会"之称。常设委员会的授权监察范围与政府各部门的职责一致，监察审议相应部门、领域的议案以及其他有关事务。美国第97届（1980—1981年）国会，众议院设常设委员会22个，参议院设16个。日本两院，各有常设委员会16个。西方议会中的常设委员会根据行政分类，实行专门监察。

西方国家还设立临时委员会行使监察权，处理临时发生的或专门性的问题。

国会监察制度在西方是很普见的。孟德斯鸠在《论法的精神》中提出了"三权分立"学说，为这种制度提供了科学的理论依据。"三权分立"学说的理论内核是：国家权力分为立法、司法、行政三种独立权力，它们应互相制约、互相平衡。但是，以"三权分立"学说为基础的西方传统的国会监察制度，没有纠察权，也没有普遍调查权。担任监察职责的议员必须经过国会或委员会调查，才可确定是否授予调查权和是否改变错误的行政措施，这在很大程度上限制了国会监察制度的效力。

于是，有些西方国家采用了新的制度来补充上述两项不足。这就是1713年首创于瑞典的监察专员制度（或称"监察长制度"）。当时瑞典正与俄国作战，国力不足，而国内税吏、警察、法官滥用职权，贪污腐化，民怨沸腾。国王查理七世，为振兴国势，肃正朝纲，设置一个监察专员（Ombudsman），代他监察百官，察访民隐。监察专员独立行使职权，不受他人或别的机关的指挥或监督，只对国王负责，向国王呈述报告。1809年，瑞典改行君主立宪制，继续保留监察专员制度，并置之于国会直接管辖之下，代表国会对政府机关和官员行使监察权，国会监察专员除监察中央与地方所有行政机关外，还可受理人们对外交部、国有化工业和保健事业等申诉，有权参加法院、行政机关的一切会议，查阅任何机关的会议记录和有关文件，被查阅部门不得拒绝，否则要受惩戒。

监察专员制度在一定程度上补救了西方传统监察制度的不足。至20世纪初，北欧一些国家开始仿效瑞典监察制度。第二次世界大战后，这种制度逐渐在西方许多国家推行，并传播到美洲、非洲、亚洲部分国家。英国于1967年也实行这一制度。现在，已有近50个国家设置监察专员机构。

应该看到，监察专员制度与国会监察制度并没有本质差别，监察专员机构是国会的一个专门性机构，前者对后者负责。故而，监察专员制度也是国家权力机关监察制。

根据西方国家行政监察制度的设置及机构的配置，各国纷纷赋予监察机构相对的独立性。如美国监察长制度，监察长直接向其上级首长负责并报告工作，独立行使其职权，不受行政机关、社会团体及个人的任何干扰；没有人可以阻止或制止一个监察长提出、执行或完成任何审核或调查，也不可以阻止或制止他作出任何审核、调查或有关的报告；监察长可以随时向国会报告其审核认为不合法、不合理的事项而无须受有关机关阻碍。如瑞典的议会监察专员制度，议会投票选举监督专员，一般是从公正、社会威望高、具有一定法学知识的无党派及非政府官员中产生，从人员上保证监察专员的独立性；在任职期间，享有等同于最高法官的地位待遇，并且其监督调查范围几乎涵盖政府行政管理职责的所有领域；监督专员有权向政府机构了解任何调查案件需要知悉的文件资料，政府机构无权拒绝及隐瞒。由此只有独立了，才能保障监察发挥应有的作用。

三 两个比较典型的例子——美国和日本的监察制度

现代资本主义国家，政府行政部门在社会、经济、文化等领域发挥显著作用，与此同时其权力也在不断地膨胀和扩充，使得管理和统治社会的权力逐渐转移向了行使行政权力的文官手中，行政文官不仅控制着国家传统行政权，而且渐渐掌握了国家的准立法及准司法等议会权力。行政官僚机构成为独立于议会、总统、法院的社会第四支力量。"二战"后，官僚机构对社会经济事务的过度干预及行政官僚制度固有的形式主义、奢靡之风、效率低下等问题愈加严重，各界对官僚机构的抨击也越发激烈。显而易见的是，议会行政监察机制等外部力量对行政部门的监督力度已经不能体现其作用。行政机关内部监察机构也因此开始建立。

1. 美国监察长制度。1978年美国国会通过《监察长法案》，在政府12个部门分别设立监察长办事处作为政府内部常设机构，负责对政府各部财政进行审核及调查。1988年，监察长办公室已经扩充至50多个。根据《监察长法案》，监察长由国会参议院批准，总统任命且向总统和国会负责并报告工作。监察处作为政府内设监察机构其职责主要是对财政预算、决算进行审核，防止发生贪污、侵占、浪费等现象；如果在履行职责的过程中发现不合理、不合法的财政支出款项有调查取证的权力。尽管作为政府部门的内设监察机构，在制度设立之初，美国国会就意识到其独立性的内在本质，如监察长的委任是国会、总统的权力，具有独立行使职权、不受行政机关及其官员的干涉职能，有且只有总统才有权罢免监察长等制度构建，保障了监察长地位的独立性、最高性，使其能以公正态度切实履行自己监察职责。

2. 日本行政监察制度。1947年，日本片山哲内阁时期，在总理府设置中央行政监察委员会标志着日本行政监察工作的开始。1948年，在加强综合协调及精简机构的改革思想下，行政调查部和中央行政监察委员会合并，在总理府内成立行政管理厅下设管理部及监察部，并制定《行政管理厅设置法》，以法的形式确定行政管理厅在行政管理方面的地位。1967年，日本行政体制基本格局以长官官房、行政统计管理局、行政监察局的形式正式确立。与美国不同的是，日本各级行政监察机关的监察对象不仅包括国家行政机关，还包括受国家财政资助的国有企业、社会团体、企事业单位等特殊法人机构；不仅对政府财政进行审核、调查，而且还将行政监察纳入整个政府管理活动中，来克服、预防行政管理活动各个环节中的不合法、不合理的情形。日本监察机关主要有以下三种职责：一是检查职责。检查、调查各行政部门的职责进展情况，充分了解政府部门履行职责所可能存在的阻碍及问题。二是评估职责。根据检查、调查所掌握的行政部门工作的完成情况，对工作实绩、工作成效进行评估和分析。三是劝告职责。在评估、分析得出政府行为合法、违法或合理、不合理的基础上，向政府部门提出建议。在日本，行政监察是与国家行政管理相结合的一种体制机制，行政监察机构隶属于总理府不仅具有较高的地位，而且还具有相应独立性以保证机关运行。

第二十一章 《美国公职人员道德准则法》的启示

2011年7月重新修订颁布的美国《公职人员道德准则法》[①]，囊括并重新编纂了之前发布的《政府道德法》《政府道德改革法》等一系列从政道德法规和配套实施细则，内容上主要涵盖了公共服务的基本职责及公职人员应如何遵守从政道德。从效果上看，该法规定严格细密，针对性和可操作性强，为美国解决曾长期面临的公职人员严重贪腐问题奠定坚实的法治基础。相比之下，中国在公职人员从政道德方面，尽管自古以来就有不少官员从政道德方面的要求，当下又有以社会主义核心价值观为主要内容的公职人员从政行为规范，十分重视发挥伦理道德在规范公职人员行为及廉洁自律方面的作用，但在专门性立法方面阙如。因此，可以在求同存异的基础上，借鉴美国将道德准则转化为法律的做法，推动具有我国特色的公职人员从政道德法律的制定。

[①] Codified in 5 C. F. R. Part 2635, as amended at 76 FR 38547（July 1, 2011）. 该法于2002年10月2日由美国政府道德署发布，2011年7月1日修改后已编入美国《联邦法规汇编》第五卷第2635部分，修订本见《联邦公报》第七十六卷第38547页。

第二十一章 《美国公职人员道德准则法》的启示

一 美国《公职人员道德准则法》的主要内容①

美国自19世纪60年代有了首批调整公职人员个人利益与公共利益冲突的刑事利益冲突法,到现在渐渐形成了完备防惩结合的反腐法律体系,已经过去了一百多年,美国反腐从"不尽如人意"到"治标治本"也历经了一个时间跨度相当长的缓慢过程。现行美国《公职人员道德准则法》建立在行政伦理学基础上,认为公共服务是一种公众的信任,为了确保每个公民对联邦政府恪尽职守抱有完全信心,每个公职人员都必须把对宪法、法律和道德规范的忠诚置于个人利益之上,必须尊重并坚持道德行为的原则及准则。该法有如下特色。

第一,规定禁止公职人员索取或接受外来礼物和公职人员之间互送礼物。公职人员不得直接、间接地从受其公职活动影响的人或因其具备的公职身份而索取或接受礼物,同时不得赠送上级礼物或为礼物捐款或索取款项,禁止公职人员从比其薪金少的公职人员处获得礼物。礼物包括任何奖励、好处、折扣、娱乐、款待、货款、债务偿还期延长,以及其他有金钱价值的东西,还包括服务及培训、交通、当地旅游、食宿。但不包括适度的食物饮料、贺卡或市场价值极小的礼物等。如果公职人员接受了不能接受的有形礼物,应退还或支付市场价值,如果不能,可由上级或本单位的道德官员决定捐给慈善机构,或在接受者的办公室与其他人共用,或销毁。如果接受的是无形礼物,如娱乐活动、好处、服务等,应偿还市场价值,公职人员事后相应回送礼物不能算是偿还。

第二,规定公职人员不得有任何与忠于职守相冲突的财务利益。一方面,如果公职人员要以官员的身份亲自并且实质性地参加某项特定的活动,而在该活动中他知道他或他的利益相关人有财务利益,并

---

① 内容及案例参见 Employee Standards of Conduct,中文译本见美国政府道德署网站: http://www.oge.gov/Laws-and-Regulations/Employee-Standards-of-Conduct/Employee-Standards-of-Conduct/,2014年11月3日。

且该特定事务对该利益会有直接的、可预期的影响时,公职人员应当回避。例如,美国国家医学图书馆的某公职人员受邀参加技术评估小组,审查一个新的图书馆计算机查询系统的提案,呈递提案的计算机公司不公开招股,而公职人员和他的妻子拥有该公司的大部分股票,则公职人员应回避。另一方面,公职人员不得获得或拥有被法令禁止,或者被有权机构认定有实质性冲突而禁止的财务利益。例如,如果某管理机构认为,其公职人员拥有该机构管理的公司的股份将严重损害公众对机构履行其管理职能的信心,因而阻碍机构完成任务,则在其补充性单位法规中,单位可禁止其公职人员获得或继续拥有该机构管理的公司的股份。

第三,规定公职人员在履行公职时应努力尽责与公正。一方面,除非预先授权,公职人员不得参加涉及他认识的特定当事人,并且他知道可能影响其家庭成员的财务利益的特定事务;另一方面,如果公职人员在进入政府之前,从原来单位收到特殊的离职金或其他收入,那么需有两年的时间回避参加原单位作为当事人的特定事务。这两方面规定都旨在保证公职人员采取适当的行为,避免让人觉得履行职责不够公正。

第四,规定公职人员不得从事与职责相冲突的外部工作或活动,包括寻求或洽谈工作。一方面,如果公职人员正在寻找其他工作,在没有实际进行录用谈判的情况下,要求公职人员回避参加影响未来单位的财务利益活动;另一方面,禁止与公职人员公职相冲突的外部就业或任何其他外部活动,遵守规定对其他外部活动的限制。

第五,规定公职人员不得进行滥用职权的行为。公职人员应当正确使用公务时间和公共权力,妥善处理因其公职人员身份接触到的信息和资源:首先,公职人员不得为了自己的私人利益、朋友亲属的私人利益、与公职人员的非政府官员身份有关的个人利益以及为了支持或帮助任何产品、服务或企业而使用公职身份。其次,公职人员不得使用非公共的信息从事财务交易,也不允许通过咨询、推荐、披露等不适当的方式将非公共信息用于其私人利益或其他人的私人利益。再次，公职人员有义务保护和保全政府的财产，不得为未经授权之目的而使用或允许使用政府财产。最后，公职人员应当诚实地使用公务时间来履行公职，并且不得鼓励、指示、强制或要求下属使用公务时间去进行任何非执行公务的活动或非依法授权的活动。

二 美国《公职人员道德准则法》的实施及效果

为了能将美国《公职人员道德准则法》在实践层面得到执行，该法授权设定了相应的执行机构和配套措施，对执法职能、执法权限、执法程序都作出细致规定，从而使从政道德监管制度更为严谨、规范、可操作，易于遵循，从而保障了该法能落到实处而避免成为一纸空文。

1. 执行机构——美国政府道德署

美国政府道德署是经法律授权负责全国行政部门道德事务的专门机构，原下属于联邦政府人事管理总署，1989年依据《政府道德改革法》被归于联邦政府之下，升格成为独立政府机构，级别相当于副部级，虽然它只有80名公职人员，却管辖着全国133个行政机构和400万行政分支公职人员，甚至包括总统。

美国政府道德署的主要任务是防止公职人员自身的个人利益和其所代表的公共利益之间发生冲突，作为政府系统公职人员道德准则方面立法的监督和执行机构，它对政府各部门执行道德法规的情况进行定期审核，并可随时对道德方面出现重大问题的事项进行处理，它负责的行政系统道德项目具体包括四个要素：（1）执行相关法律法规。政府道德署负责包括刑事利益冲突法令、民事外部活动法令、行政行为守则等一系列道德法律的制定或解释。①（2）个人财务申报。政府

---

① 刑事利益冲突法令涉及行贿受贿、参与外部活动或收到收入的忠诚、经济和信托利益冲突、卸任政府职位后的就业等；民事外部活动法令涉及外界补贴和活动、外界信托职业等；行政行为守则涉及礼物、外部经济利益和活动、不偏不倚的忠诚、资源信息的使用、求职以及其他已确定的有风险的领域。

道德署收受和管理公职人员的财产申报事务。(3) 培训和咨询。一方面，政府道德署所派遣到行政单位的机构道德官员可以为各个单位的公职人员提供意见；另一方面，政府道德署的办公室官员也可以为其派出的机构道德官员提供意见。(4) 评估与监督。政府道德署不仅可以通过明确强项与弱项（Identify Strengths & Weaknesses）、协商式监督（Consultative Monitoring）、分享模范实践（Share Model Practices）等方式，对道德项目进行评审，而且政府道德署有权要求整改不符合从政道德的行为。

不过，为了契合美国道德法律预防性规定多于惩罚性措施的特征，"政府道德署所扮演的角色更像是一个教导员而不是执行人"[1]，政府道德署的工作重心还是放在通过督导、教育和培训的方式预防贪腐上，通过网络或面对面的形式开展从政道德建设或廉政教育。

2. 配套措施——纪律处分、纠正措施及道德咨询

对于公职人员来说，如果违背《公职人员道德准则法》中的硬性规定以及有权补充机构的规定，将面临纪律处分或被处以接受不同的纠正措施。纪律处分包括但不限于申斥、停权、降级、免职等惩戒性措施，纪律处分和纠正措施应按照适用的政府规章或机构程序进行。而对于各个单位来说，其有责任就个别案件依法定程序和法定事由启动适当的纪律处分和纠正措施。

此外，为了代表用人单位协调和管理机构的道德事务，每个机构都有一个专职的机构道德官员，主要承担提供道德咨询的职责。如果公职人员对《公职人员道德准则法》中的规定或有权补充机构的规定是否适用于某种情形具有疑问，他应当咨询道德官员的意见。除了涉及违法刑法的情况外，公职人员只要在咨询时披露全部相关情况，那么他忠实地信赖机构道德官员意见所做出的行为，即使违反《公职人员道德准则法》中的规定或有权补充机构的规定，也不能被采取纪

---

[1] Thompson, D. F. (1992). Paradoxes of government ethics. Public Administration Review, 255.

律处分。

3. 效果评价——公正廉洁的基础和防线

美国历史上曾经出现公职人员腐败丛生、政治丑闻迭出的情况，为了解决这些问题，"在20世纪初期和末期，'公职人员道德'两次被提上美国公共部门改革的议程"[①]，内心自律的道德和外部强制的法律，这两种本是严格区分的控制手段被结合了起来。《公职人员道德准则法》的道德立法重新阐释了道德与法律之间的关系，它着眼于起码的国家公职人员职业道德，融合了道德教育和法律规制，增强了道德的强制性力量，利用道德法的法律化实现了道德对权力的制约，将纠正德行缺失与弥补人性缺陷的举措并行，从而在规制政府行为以促进人类德性的回归、树立公职人员的廉耻观和道德准则等方面发挥了重要作用。新修订颁布的法律被赋予了更多的希望和责任，"联邦道德法律被要求不是简单解决个别公职人员可能会背叛公众的动机，而是要彻底解决制度腐败的来源"[②]，将来各种有益的行政道德规范和准则都有望被法律化，以发挥其于反腐倡廉的特殊优势，再通过和其他的规范化采购机制、举报人保护机制、信息自由机制、利益冲突防止机制、择优录用机制等相互配合、紧密运作，共同形成"互锁体系"（Interlocking Systems），为美国构建公正廉洁的政府系统打下坚实基础。

三 美国《公职人员道德准则法》对我国的启示

美国在制定和实施政府系统公职人员道德准则立法方面作出了持续努力，目前《公职人员道德准则法》标志着该国此方面工作的较高水平。由于连续借助法治手段，政府系统公职人员的工作作风及廉

[①] Cohen, S., Eimicke, W. B. (2000), Trends in 20th century United States government ethics, International Journal of Organization Theory and Behavior, 3, 571.

[②] Richard W. Painter (2009), *Getting the Government America De-serves: How Ethics Reform Can Make a Difference*, New York: Oxford University Press, 1.

洁情况逐步上升，目前已经进入较为稳定的规范化管理轨道。我国可考虑在重视现有道德规范作用的基础上，借鉴美国这方面的成功经验，制定一系列配套完备的从政道德法律，设立权威高效的执行机构，从而构建有中国特色的公职人员从政道德法律机制。

1. 以德治官：继续发挥道德对领导干部从政行为的良好促进、指引作用

美国的公职人员道德立法建立在基督教原罪论基础之上，以人性恶作为立法的逻辑起点。西方的原罪理论认为人性本恶，人是自私的动物，因此需要道德教化使公职人员克服自私、贪婪的天性。因此美国注重通过宗教活动来唤起公职人员的道德良知，通过"礼拜""忏悔"等形式使公职人员及时发现自身道德方面存在的问题并及时予以克服。我国的儒家思想认为人性本善，但会受后天习性、环境的不良影响，因此古代官吏需要崇尚道德礼乐才能回归为官之善。在当今中国，外来腐朽文化和新旧观念冲突造成了少部分领导干部从政思维的迷茫。一些公职人员为官不为、贪腐堕落的背后就是道德的沦丧。为了防止"官德失范"现象的出现，"以德治官"仍是政府廉政制度建设的必要组成部分，丰润治官之德的途径应主要通过优秀传统文化的现代化构建及社会主义核心价值观的厚泽。因此，加强高素质干部队伍建设，既要赋予"忠孝仁爱、礼义廉耻"等观念以时代性，还要发挥社会主义核心价值观的道德约束力，通过道德的滋养，塑造被全社会信仰和实践认同的领导干部从政意识，使领导干部以高尚的道德形象取信于民。

2. 法制建德：推动领导干部从政道德要求法律化

虽然道德对于治官而言极其重要，但是传统的道德教化方式存在固有局限性，因为它单纯地依靠个人的内省和社会舆论的压力，不是以国家强制力为后盾，约束力受到限制。美国的道德法律化实践启示我们，可以通过将对公职人员从政道德要求转化为法律的过程，实现"依法治国"与"以德治国"的相得益彰，从而强化从政道德要求对领导干部的刚性约束力。第一，在一般立法中反映从政道德的内在要

求，使廉洁公正的从政道德要求进一步明确体现到涉及领导干部的公务员法、刑法、组织法、法官法、检察官法等法律以及干部选拔任用条例、党内监督条例等党内法规。第二，制定专门的《公职人员从政道德法》，弥补现行国家法律及党内法规相关规定分散、不够细化的缺陷，修补现有法律法规惩罚措施不严的不足，使从政道德建设要求与细则并具，教育与监督并行，预防与惩戒并重。第三，制定和完善配套法律法规。例如制定全国性的《公民举报法》，在国家法律效力层级上对公民行使举报权利的范围、方式、程序及保护措施作出规定，尤其是要建立公民举报保护制度，切实维护好公民举报人的合法权益，使社会道德舆论监督真正能对领导干部形成有效制约。

3. 有司护德：以权威高效专门机构加速公职人员从政道德法制化进程

一套有效的法律机制既离不开专门的法律，也离不开专门的执行机构。美国政府道德工作机构在推动公职人员道德要求法制化中发挥了重要作用。除此之外，美国不少机构还设立了专职的道德官员从事相关工作。我国历史上未经历过关于"从政道德的大讨论"①，学术界与实务界对道德法律化的重视程度均不足，确立公职人员由道德自律自治向道德法律化发展之转变必将历经艰辛。

（本章原文发表在《特区实践与理论》2015年第2期，收入本书时有修改。）

---

① 1972年尼克松政府的"水门事件"引发了关于从政道德的大辩论，美国历经5年周折在1978年制定了《政府道德法》，建立了一个全面的防惩结合的反腐法律体系。参见蔡宝刚《经由政府道德法反腐败的法理求解——美国经验与中国借鉴》，《政法论坛》2011年第4期。

第二十二章　苏联监察制度的演变及其教训

一　苏联监察制度的创建

社会主义监察制度最早诞生于苏联，是伟大的无产阶级革命导师列宁亲手创建的。十月革命胜利后，为了巩固党和人民群众的联系，提高国家机关的工作效率，克服官僚主义，列宁领导下的苏维埃俄国十分重视国家监察制度的建设。

列宁根据马克思、恩格斯关于为了防止国家机关由社会公仆演变成社会主人必须建立监督机构的理论，并结合十月革命后国家机关中因遗留的旧官吏带来的官僚主义等腐败现象的国情，首先在工人群众中建立了全俄工人监督委员会，并亲自起草了《工人监督条例》。

1918年设立国家监察人民委员部，接着又组建群众监察机构工人委员部。1920年，列宁合并两者成立工农检查院人民委员部。成立工农检查院人民委员部原意在肃清铺张浪费现象以及官僚主义等不良作风，并监督权力机关和社会团体的活动，但事实与列宁的设想相悖，工农检查院人民委员部在几年内也变成了官僚主义严重的机构，且在拥有超万名员工的机构内仅有极少数的工人。

1923年年初，列宁在《宁肯少些，但要好些》和《我们怎样改组工农检查院》中提出了改组工农检查院的计划，主要设想是：从工人、农民中选出75—100名新的监察委员，当选者应享有中央委员的一切权利;将工农检查院人数缩减到300—400人;把党的中央监察委员会同工农检查院人民委员部合并。改组后的工农检查院人民委员部"应该不顾情面,应该注意不让任何人的威信,不管是总书记,还是某个其他中央委员的威信,来妨碍他们提出质询、检查文件,以至做到绝对了解情况并使各项事务严格按照规定办事"①。

1923年4月,联共(布)十二大正式将监察党纪的中央监察委员会与工农检查院人民委员部联合。这是第一次党政监察机构合一,但由于反对势力的存在,新的监察机关并没有被赋予像列宁提出的那样广泛的权力和独立地位。

二 苏联监察制度的发展

苏联的监察制度在列宁时期被创立之后,又经历了两个发展阶段,可以简单划分为斯大林时期的畸变和斯大林之后监察制度的调整。

(一)苏联监察制度在斯大林时期的畸变

1924年列宁去世后,苏联进入斯大林时期。在1924年到联共(布)十七大(1934年)这段时期,中央监委和工农检查院人民委员部在反官僚主义、腐败主义、滥用权力等方面还是发挥了一定的作用。在后续的权力调整过程中,国家监察机关自身职权被大大收缩,这体现在了十七大的决议中。

十七大对党和国家的监察制度和机构作了重大的原则性改动。这些改变主要是:第一,党政监督机构重新分开,撤销工人检查人民委员部,并将其机关移交苏联人民委员会苏维埃监察委员会,结束了党的领导机关直接领导国家监察机关的局面。第二,任命一名苏联人民委员会副主席为苏维埃监察委员会领导者,决定将中央监察委员会改

---

① 《列宁选集》(第4卷),人民出版社1995年版,第782—783页。

组为联共（布）中央党监察委员会，并委派一名联共（布）中央委员会书记为党监察委员会的领导者。这样，监委的领导人便由原先的选举制改为任命制。监察机关既要受制于党的机关也要受制于行政机关。第三，变全面监督为"对中央执行情况的监督"。在十七大之前，国家监察机关的监督是对国家机关活动的全面监督，但经过十七大，监督监察执行情况成为了国家机关的全部职能。这大大缩小了国家监察机关的职权范围。[①] 1940年，苏维埃监察委员会再次被改组，成立了国家监察人民委员部，后改称苏联国家监察部。

（二）斯大林之后苏联监察制度的调整

1953年赫鲁晓夫上台后，对监察工作进行了改革。1957年，撤销了国家监察部，成立了苏联部长会议苏维埃监察委员会。因为无法控制一些高级领导人的行为，1960年年初开始对监察机构实行大规模改组。

1962年召开的苏共中央全会通过了《关于成立苏共中央和苏联部长会议党和国家监督委员会的决定》。党和国家监督委员会的职权有了极大提升，不仅具有巨大的监督权，而且具有苏共中央各个部和苏联部长会议机关的权能，委员会的工作人员有权和行政机构一道进行专门的调查。

1964年勃列日涅夫上台后又对国家监察体制进行了改革。1965年的党中央全会作出了《关于改组党和国家监督机关的决议》，将党和国家监督委员会改为"人民监督委员会"。同年，苏联第一个《人民监督法》颁布，规定：区、市以上设立人民监督委员会，村、镇苏维埃，机关，企业，各集体农庄，部队设立人民监督小组或监督岗。它们分别由相应的苏维埃、群众大会或代表会议选举产生。

1968年年底苏联又公布了《人民监督条例》。这个条例较概括地规定了监督机关的设立程序及职权范围。1979年年底颁布了新的

[①] 邬思源：《苏联国家监察制度评析》，《中国延安干部学院学部》2012年第2期。

《人民监察法》,这是苏联监察制度史上最完备的一次立法,它详尽地规定了人民监督机关的基本任务、组织机构、工作程序、职能和权限等,标志着苏联监察制度达到相当完善的水平。

勃列日涅夫领导时期形成了比较完善的人民监督体制。从中央到地方都建立了国家监督与社会监督相结合的监督系统,监督人员遍及全国。

戈尔巴乔夫上台后,对国家监察工作给予了足够的重视,提出了监察工作的原则和方法。戈尔巴乔夫认为,党和国家机关不应有不受监督的组织和领导人,既要加强自上而下的监督,又要加强自下而上的监督。他还特别强调,监督必须贯彻公开性原则、监督不应有禁区、要加强"从下而上"的群众监督。为此,决定将党中央检查委员会和监察委员会合并成统一的党内监督机构。1988年12月,将苏联人民监督委员会隶属于最高苏维埃,不再隶属部长会议。苏联人民监察委员会主席由最高苏维埃主席提出候选人,提交苏联人民代表大会批准,由苏联最高苏维埃主席任命。另外,新建"宪法监督委员会",对各部门各地方的立法文件和决议是否符合宪法进行监督,并对公职人员(包括对最高职位的人)的活动进行监督。

但是,由于戈尔巴乔夫改革的指导思想、步骤、方法等方面的失误,局势逐步失控,最后导致联盟解体和苏共失去执政地位。至此,苏联国家监察制度也走完了它最后的历程。可以说,苏联监察制的产生和发展过程相当复杂曲折,这体现了社会主义民主由低级向高级的发展阶段性。

三 1979年后苏联监察机构及其职权

1979年以前,苏联监察机构是随着机构性质的变化而变化的,《苏联人民监察条例》颁布后才明确下来。根据《苏联人民监察法》规定,苏联的监察机构体系是:最高领导机关为苏联人民监察委员会;第二级为加盟共和国监察委员会;第三级为自治共和国监察委员会；第四级为边疆区、州监察委员会，自治州和自治专区监察委员会，区、市、市辖区监察委员会；第五级为村、镇人民代表苏维埃的监督小组，企业、集体农庄、机关和团体监督委员会、人民监察小组和人民监督岗。苏联人民监察委员会是最高一级的人民监察机关，领导全国人民监察机构，确定工作任务，向各加盟共和国和地方人民监察委员会下达指示，必要时，也可直接向人民监督小组和监督岗下指标，训练人民监督干部和积极分子并指导他们工作。苏联人民监察委员会对苏联政府各部、委、局和各加盟共和国以及自治共和国的部、委、局实行监察，也对地方苏维埃执委会所属的机构实行监察。人民监察小组和监督岗是人民监察机构的群众性组织，由基层单位职工大会选举产生，受劳动集体的委托工作，同时又受人民监察委员会和地方党组织的双重领导。在80年代初，苏联拥有4600个不同等级的人民监督委员会，127.94万个人民监督小组和监督岗，近1000万个人民检查员，可见监察制度在苏联政治生活中所占的重要地位。

  苏联监察机关的任务是对执行党的指示、苏维埃法律和政府决议的情况进行经常性的检查，坚决反对一切损害国家利益的行为，促进公民对整个社会的事业的责任感。监察机关在其职权范围内，在以下五个基本方面进行活动：（1）监督国家经济和社会发展计划任务完成情况。（2）查明国民经济潜力，加以利用，提高社会生产的效率和工作质量，在生产中推广科技成果和先进经验；节约劳动力、物力和财力；合理利用自然资料和改善自然资料的保护。（3）同违反国家纪律的行为、地方主义、本位主义、管理不善、铺张浪费、因循拖沓以及官僚主义、欺骗国家、侵吞社会主义财产的现象作斗争。（4）协助改进国家机关工作，推行科学的劳动组织和管理，改进国家管理机关中决定执行情况的检查工作，检查各部门监督工作的安排情况并提高其效率。（5）监督公职人员在审核公民的建议、申诉和控告时遵守法制的情况，检查各部、委、主管部门、企业、机关、团体、集体农庄、合作社及其他社会团体遵守法制的情况。

四 苏联监察制度的教训与启示

苏联监察制度在其存续的 70 多年中，几经改组变化，不可否认其曾经发挥了一定的积极作用，但是由于制度设计的致命缺陷，执行效能低下，无力对苏联高层特别是最高领导人的权力实现有效的监督制约。苏共垮台、苏联解体与苏联国家监察制度长期乏力相关。对中国而言，反思苏联的国家监察制度，对于加强中国的监察制度建设，有着重要的现实意义。

1. 既要监督权力，也要制约权力。监督是指对政治权力的监察和督促，它内在地体现了权力的拥有者、委托者和权力的受托者、行使者之间的权利义务关系。制约是指对权力的限制和约束。长期以来，社会主义国家一般对权力制约或分权持批评态度。马克思和恩格斯也曾强调过合理的集权的必要性。恩格斯曾指出："集权是国家的本质、国家的生命基础"[①]。邓小平曾指出："权力过分集中，妨碍社会主义民主制度和党的民主集中制的实行。"[②] 因此，我们在重视加强权力监督的同时，也要适度注意权力制约，妥善实现监督与制约机制的协调平衡发展。

2. 国家监察机关应当拥有真正的独立性。列宁曾说：为了要保护真正统一的法则（不管任何地方上的差别和不受任何地方上的影响），监察机关应当完全不从属于地方权力机关。而且列宁时期建立的工农检查人民委员部做到了这一点。但是后来这种情况发生了重大变化，开始出现监察机关不独立的现象。后来赫鲁晓夫、勃列日涅夫对国家监察机关的改革，都未能够改变国家监察机构依附于被监督者的局面。从本质上说，制约监督不同于道德自律，对于被监督者来说，制约监督是一种来自外部的限制和约束、监察和督促，因此，客

[①] 《马克思恩格斯列宁斯大林论政治和政治制度：上册》，群众出版社 1984 年版，第 7 页。

[②] 《邓小平文选》（第 2 卷），人民出版社 1994 年版，第 321 页。

观上要求制约监督主体具有超脱的利益和超然的地位，仅仅向赋予其制约监督职权的组织负责，独立地行使自己的职权，包括组织机构依法设置的独立性，工作人员依法任命的独立性，办公条件依法保障的独立性，制约监督依法实施的独立性。如果将制约监督主体的生存空间置于对方的控制之下，那么制约监督主体就会受制于多种外部条件，制约监督就会失去应有的效力。

3. 需要切实保障人民的监督权，加强自下而上的人民监督。1945年，毛泽东在延安与黄炎培先生谈及历代统治者的"兴衰周期率"问题时指出："只有让人民来监督政府，政府才不敢松懈；只有人人起来负责，才不会人亡政息。"要让人民监督产生实效，必须切实保障人民群众的政治权利，赋予人民群众实实在在的监督权利，这就需要保障公民的知情权。列宁曾经指出："没有公开性而谈民主是很可笑的。"这需要国家政务与国家的财政公开，以及国家公职人员的财产公开。要保障公民的表达权，人民群众有依法表达政治见解、批评国家机关及其公职人员的自由。人民群众不能仅仅是停留在反映党和政府的不良现象上，更重要的是让人民群众的监督权能真正硬起来。邓小平曾说："要有群众监督制度，让群众和党员监督干部，特别是领导干部。"①

---

① 《邓小平文选》（第2卷），人民出版社1994年版，第332页。

第二十三章　瑞典议会监察专员制度管窥

纵观瑞典的政治体制，我们发现瑞典是一个法治文明程度高度发达的国家，据国际反腐组织——"透明国际"最新公布的2018年清廉指数排行榜显示，瑞典以85分在全球180个国家中排名第三。这在很大程度上归功于瑞典成熟的议会监察专员制度。笔者通过梳理瑞典议会监察专员制度产生的历史背景、发展的轨迹及主要内涵，其权力来源的至高性、监察范围的广泛性、权力行使的独立性等为我国监察体制改革提供了大量的宝贵经验，值得我们予以关注与借鉴。

一　瑞典议会监察专员制度发展的概况

（一）瑞典议会监察专员制度的产生

1709年瑞典与俄国"波罗的海"的争霸战是瑞典议会监察专员制度产生的最初客观历史条件，战败后查理十二世逃亡至土耳其，为了重新夺取瑞典的统治权，他认真总结经验，最终得出战败的原因在于政府官员的腐败和政府救济制度的不完善。因此，查理十二世在土耳其向瑞典国内发布了一条命令：在国内设立"大法官"来监督中央及地方各级官员的活动，以此来维护法令的实施。由于国王的权力过大，严重制约了"大法官"的发展，1809年，瑞典议会在1719年颁发的新宪法基础上，仿造国王设立"大法官"的做法设立了一名监察专员,代为行使"大法官"的职权,议会监察专员制度从此正式确立。这也是一个伴随着国王与议会之间权力相互斗争的过程。之后,瑞典数次修改相关法律法规,包括对监察专员数量、监察专员之间关系、监察专员职权的调整,逐步形成独树一帜的监察专员制度。

(二)瑞典议会监察专员制度的发展

随着第一次世界大战的爆发,瑞典的军队力量越发强大,伴随而来的是大量的军事纠纷。在这样的历史背景下,1915年瑞典议会增设了军事监察专员,用于专门受理涉军案件。"二战"之后,由于国际、国内形势发生了重大变化,特别是现代行政国家的兴起,监察专员面临的监察任务日趋繁重,与此同时,军事监察专员的工作任务却减少了,因此1968年议会废除军事监察专员,并将监察专员增至3名,另设2名副监察专员辅助3名监察专员的工作,以更好地发挥监察专员的作用,维护公民的合法权益。瑞典现行的监察专员制度是1975年确立的,规定由议会提名并投票选举产生4名监察专员,其中首席监察专员1名,负责公署的日常行政事务、任命公署的工作人员等,其他3名各自在分管的领域负责相关的监察工作。4名监察专员之间相互协调、配合。

1919年瑞典议会监察专员制度开始走出国门,世界上多个国家(包括丹麦、英国、新西兰等)和地区竞相效仿,在民主政治的国际舞台上扮演着至关重要的角色。

二 瑞典议会监察专员制度的具体内容

(一)瑞典议会监察专员公署的组成

瑞典议会规定,议会监察专员公署由4名监察专员(大多来自法官和律师)组成,专员由议会提名、选举产生,任期4年,连任期不得超过两届。议会对监察专员享有独立的任免权,其他机构和个人无权干涉监察专员权力的行使。4名监察专员中选举1名作为首席监察专员。其中，首席监察专员负责监督税收、文官和文书档案，其他3名监察专员在各自范围内分管司法机关、监狱行政、军事、地方政府、企事业和社会福利部门。在监察专员公署还设立了监察专员秘书处，包括一名行政总管、各部门主管及其他行政人员，他们的工作是辅助4名监察专员并处理监察专员秘书处的日常事务，这些工作人员由首席监察专员直接领导及任免。

（二）瑞典议会监察专员的监督对象

瑞典议会监察专员监督对象的范围是非常广的，根据瑞典《监察专员法》第二条规定，议会监察专员对以下机构或人员行使监督权。

1. 中央和地方国家机关。这里"国家机关"的概念涵盖了行政机关、军队及法院。这是世界上除芬兰之外仅有的监察专员享有对法院及法官享有监督权的国家。在对上述国家机关行使监督权力的过程中，监察专员可以直接进行监督，没有层级、地域、前置程序设置等方面的限制，属于"一竿子插到底"的监督运行机制。

2. 中央和地方国家机关中的官员和雇员。中央和地方国家机关中的官员和雇员同中央和地方国家机关一样受监察专员的监督，以确保中央和国家机关中的官员和雇员在合法范围内工作。

3. 其他被任命或授权行使公共职权的人员。根据瑞典《政府组织法》第11章第6条第3款的规定，行政职权可以委托给公司、社团和基金会行使。所以，上述机构行使行政职权时同样视为行政机关，必须接受监察专员的监督。

（三）瑞典议会监察专员的权力范围

瑞典的宪法和法律赋予监察专员高度集中的监督权，用以破解面对复杂形势时监察权无处发力这一难题。瑞典法律规定，议会监察专员享有的权力主要有：调查权、视察权、建议权和起诉权。

1. 调查权。调查权是监察专员独立行使职权的重要象征。瑞典法律规定：议会监察专员可以应公众的申诉开始调查程序，也可以主动对有关事件或行为进行调查。在调查过程中一切相关部门或个人都应该予以最大限度地配合。这也是瑞典议会监察专员制度运行机制最具特色的部分，通过积极主动的监督实现了个案监督与常态化的一般监督的有机结合，使得瑞典议会监察专员的监督成为了一个刚性的监督机制。

2. 视察权。视察权是瑞典议会监察专员独立行使监督权力的一项传统方式。根据瑞典有关法律，每位议会监察专员都应不定期地到全国各地去视察，总的视察工作日不得少于 30 天。在视察的过程中，监察专员不仅可以列席被监督机关的评议会，甚至还可以列席秘密会议，但监察员只能以旁听者的身份出席，不得发表任何评论，但可以在审查过程中提出属于其监督职责范围内的事情。

3. 建议权。根据调查或视察的结论，议会监察专员有权对不适合当代社会发展的法律法规提出修改建议；对被监督机关和工作人员的不合法行为提出惩处建议；对被侵害的社会公民提出合理的救济措施。

4. 起诉权。瑞典宪法规定，议会监察专员有权对违反法律法规、贪污腐败、玩忽职守的官员向法院起诉。起诉权是瑞典议会监察专员特有的监督权力，其他国家的监察专员并没有被赋予这项职权。

（四）瑞典议会监察专员行使权力的一般程序

瑞典议会监察专员在行使监督权力的过程中形成了一套科学合理的程序，保证了议会监察专员能够充分有效地行使法律所赋予他们的权力。这套程序是瑞典议会监察专员在长时间的工作基础上，总结经验、不断改革创新，摸索出来的。具体程序如下：

首先是受理申诉和控告程序。申诉和控告在瑞典这个国度非常重要，当一个公民意识到自己的合法权益受到行政机关及其工作人员的不法侵害时，可以以书面形式（特殊情况下也可以口头提出）向议会监察专员提起申诉或者控告，由监察专员的工作人员予以记录并由申诉、控告人签字。瑞典的法律规定以下情况监察专员不予受理：一是不属于自己管辖范围的不予受理，如果没有经过合理判断无故拒绝公民的申诉，将受到宪法委员会的制裁；二是议会监察专员不能受理可能或已经达到起诉程序的公民申诉，这类案件，公民可以直接向法院提出诉讼，避免了监察专员与法院的职能冲突。

其次是调查取证程序。通过听取控辩双方的意见，对控告内容展开调查，调查的时间视案件的复杂情况而定，少则几周，多则持续一年以上。案件的调查结果，议会监察专员以"监察专员意见"的形式报告给政府以作参考，同时向社会公开，接受公民的监督。

最后是处理案件程序。案件经过以上程序形成调查报告后，议会监察专员要对案件进行处理，主要方式有调解、建议、批评和起诉等。其中，起诉是最严厉的手段，专门针对那些犯有重大过失或违法犯罪的行政机关及其工作人员的。目的在于维护宪法和法律的严肃性，保证公民的合法权益不被侵害。

三 瑞典监察制度对我国监察体制改革的启示

瑞典的议会监察专员制度，经历了200多年的发展演变，积累了大量成功的经验，为我们监察体制改革的方向和细节提供了很多可供借鉴的"瑞典智慧"。

1. 应当保证监察权力来源的至高性。瑞典是资产阶级议会制的君主立宪制国家，议会具有至高无上的权力，监察专员由议会选举产生，一切权力来源于议会，对议会负责。

2. 应当实现监察权力的全覆盖。在瑞典，监察专员的监督对象非常广泛，除少数人员如议会议员、内阁大臣、司法总监、国家银行的董事长等以外，其他人员不留死角、全方位地被纳入监察专员的监督范围。

3. 应当保障监察权力行使的独立性。瑞典的议会监察专员及其工作机构只接受议会的领导和监督，只对议会负责，其人事选举、免职等不受议会以外的机关部门影响，尤其是政府机构，因此监察专员能较好地行使职权。

4. 应当实现监察权力的良性扩张。瑞典监察专员制度中最引人注目的一个地方就是其享有高度集中的监察权,瑞典议会赋予了监察专员充分的调查权、视察权、建议权、控告权、公诉权等权力,监察专员有列席司法机关和行政机关的相关会议的权力,有查阅司法机关和行政机关的相关文件的权力,有关机关和人员应当协助执行;监察专员对政府工作人员和法官、检察官实施的行政行为和司法行为都有监督权,对公务人员的违法行为可以提起公诉;同时,监察专员还有权受理公民对国家公职人员的违法违规行为提出的申诉和控告。这些权力的赋予给了监察专员监督官员很大的便利,是以司法外的手段和途径监督行政权力、保护公民权利,是对传统行政监督制度的重要补充和创新,有力地保障了监察工作的顺利开展。

5. 应当对监察权力实施有效的监督。任何权力不受监督和制约都容易导致被滥用,监察权亦如此。瑞典专门设立司法大臣和宪法特别委员会从不同方面对监察专员的权限进行严格的监督和制约。司法大臣监督所有国家公职人员行为的合法性和合理性,而宪法特别委员会对公民因不服监察专员处理结果而提出的申诉作出裁决。其法律明确规定:"为调查和处理监察专员的不当或违法行为,在议会内部设立宪法特别委员会,直接负责对议会监察专员的监督工作。"在监督的历史上,也不乏存在监察专员违法而被内部处分的事例,其中最著名的案例是1988年,瑞典首席监察专员因出差葡萄牙,由于回国后才收到葡方的正式邀请函,被认为出差目的不明确,有公私不分之嫌,遭宪法常务委员会调查,被迫引咎辞职。这些措施显示:只有实现对监察权的有效监督和制约,才能发挥监察权的最大效应。这也是公众密切关注的一个社会问题。

第二十四章　香港廉署制度的启示

廉政公署制度不是一般意义上的监察机构,是一个反贪污、反行贿的专门机构,是由英国监察专员制度发展而来的,是资产阶级民主制用于殖民专制统治的产物。在香港,因为港督是立法、司法、执政三位一体的最高首脑。故而,廉政公署权力来源于港督,只对港督一人负责,这一点,与中国封建监察制十分相似,即独断与专制,这是我们应予摒弃的。但其合理的部门设置,独立的法定权力,严密的内部自身监督系统和完备的外部监督机制,使之能够高效率地完成监察任务,对贪腐持有零容忍的政策,不论贪污的数额大小均需展开调查,给予处罚,在肃贪倡廉工作中发挥巨大作用。这些,均值得予以关注和借鉴。

一　产生及形成的背景

(一) 香港反腐败改革前的廉政实践

廉政公署正式成立前,香港虽也出台了部分惩治贪腐现象的条例,但因未能从根本上解决问题,贪腐问题仍十分严重。19世纪末,用于惩治行受贿行为的《惩罚不端行为条例》出台,但对贪污处罚一般以"轻罪"处置。1898年,《轻微罪行惩治条例》出台,贪污受贿行为首次被归为非法行为。1948年,《防止贿赂条例》制定,设立反贪污科负责肃贪工作。为便于查证特殊贪污案,该法允许政府调查嫌疑犯账户、股票以及消费情况等。同年，出台《防止贪污条例》，将贪污罪的刑罚由500元以下罚金和2年以下有期徒刑加重为处以1000元以下罚金和7年以下刑期。1952年，设立反贪污部，但效力十分有限。1971年，香港对《防止贿赂条例》进行修改，完善其内容结构、明确条款释义、扩大惩治范围和犯罪范畴、加大惩罚力度，将"来历不明的财产的持有"视为犯罪行为，突破了英美法系无罪推定原则的限制，将贪污视同贿赂，行贿视同受贿。

（二）廉政公署的成立

20世纪60年代后期，香港贪腐现象愈演愈烈，集团式贪污开始出现，整个警察内部进行组织性贪污，据统计，60年代末至70年代初，整个警察集团每年从黄赌毒场所获得的贪污贿金达10亿港元。20世纪70年代中期之前，腐败蔓延到社会各个角落，成为香港市民日常生活的一部分。在政府部门中，腐败日益猖獗，政府官员通过种种方式"勒索"市民，而警察部门的腐败尤为严重，特别是进行"集团式腐败"。当时的香港警察集团化腐败演变为地方化，甚至蔓延至全香港的16个总区和分区；香港公共服务机构之中的腐败表现为使用公共机构的资源，就必行贿。当时一个极其典型的案例——担任总警司、警务处九龙区副总指挥官的英国人葛柏在香港利用职务便利获取超过430万港元的贪污腐败收入后外逃英国，在最后时刻逃跑的消息迅速在香港曝光，大学生上街游行打出"反贪污、捉葛柏"的旗帜，大规模的民众抵抗运动要求惩治腐败，市民的愤怒使港英政府也真正意识到问题的严重性，总督麦理浩爵士委任高级副按察司百里渠爵士成立调查委员会，彻查葛柏逃脱的原因并检讨当时的反贪腐工作。不久，百里渠提交《百里渠报告书》，在报告中他提出葛柏案立案后一直未有进展的关键原因是负责调查此案的反贪污室隶属于警察部门，无法展开独立调查，受到警察系统内部的高级官员的处处阻挠，建议设立独立的反贪机构、执行更为严厉的反贪污法。1973年10月17日，《百里渠报告书》公开发表后，麦理浩在立法局会议上提请立法局同意建立专责独立的反贪机构——总督特派廉政专员公署，港英政府为加强监察政府官员贪污、受贿的违法行为，设立廉政公署，代替过去由警务处反贪污部承担的有关政务。1974年2月15日，《总督特派廉政专员公署条例》生效，廉政公署正式成立，英文名称是 Independent Commission Against Corruption，独立于香港政府架构。

二　廉政公署的机构设置

廉政公署组织规模小，1993年在编人数1114人，其中执行处有773人，防止贪污处有57人，社区关系处有203人，行政总部有81人。几乎以合约形式受聘，其中逾半数职员已在廉政公署服务超过10年。

廉政公署内部机构分为四个层级，即廉政专员办事处、处级业务部门、科级机构、科以下的工作组。廉政专员具有相对独立性，由总督任命，代表港督，直接向港督负责，属于文员高级官员，不受政府公务员事务科管辖，不受其他政府部门的指示和控制。

廉政专员由总督委任，直属于香港总督、对总督负责，其他任何机构任何人均无权干涉廉政专员的工作。廉政专员任命几名廉政专员担任各处一号首长，各处分设不同科室，科室的一号首长由文员官员担任，技术官员在各个部门只能担任副职。根据《廉政专员公署条例》第12条的规定，廉政专员代表总督的职责有：（1）接受及研究指控贪污行为的举报，并在其认为可行的范围内，予以调查；（2）廉政专员如认为某政府雇员的行为与贪污有关或可能助长贪污，须予以调查，然后向总督报告；（3）审查政府部门及公共机构的工作惯例和程序，以揭露可能存在的贪污行为，并设法修正专员认为可能助长贪污的工作方式或程序；（4）应任何人士之请求，指导如何扫除贪污并予协助；（5）向政府部门或公共机构的首长建议，在符合该等部门或机构有效执行职责的情况下，更改不良惯例与程序，借以降低出现贪污的可能性；（6）教育市民认识贪污的害处；（7）策动及鼓励市民支持肃贪倡廉的工作。

在廉政专员下面，廉政公署下设负责行政工作的行政总部和三个专责部门，分别为执行处、防止贪污处、社区关系处。这三个处分别负担执法、预防、教育三种职责。执行处下设四个调查科，防止贪污处下设两个审查科，社区关系处下设传播及教育科、联络科。通过《廉政公署条例》（香港法例第204章）、《防止贿赂条例》（香港法例第201章）、《选举（舞弊及非法行为）条例》（香港法例第554章）授予广泛的调查权力，其中《廉政公署条例》明确廉政专员的职责、赋予廉政公署执法权，如调查、逮捕、扣留和批注保释的权力；《防止贿赂条例》将公营和私营的贪污行为定为刑事罪行，亦授予廉署法定权力，以调查有关罪行；《选举（舞弊及非法行为）条例》适用于法例中列明的公共选举，一切与该等选举有关的舞弊及非法行为，均受该条例监管。

廉政公署行政事务的部门为行政总部，职责包括人事管理、物料供应、财务、职员培训、职员关系、福利事宜和作业部门的后勤服务等。其中在行政、会计、财务和物料供应须依据政府规例办理，而行政总部负责确保本署遵守这些规例和其他常务程序。廉署的三个专责部门分别是：（1）执行处。这是廉署最大部门，由兼任副廉政专员并向廉政专员负责的执行处首长领导，人员编制约800个，下设两个处长，一个掌管调查、一个掌管情报及支援。设有一个内部调查组及监察单位的"第十二组"，直接由执行处处长管辖。第十二组对廉政公署的人员被指控认为涉及贪污或其他刑事罪行进行调查，从律政司取得指示。

执行处专职负责接受指控贪污行为的举报，并在可能范围内予以调查；对涉嫌触犯《廉政公署条例》《防止贿赂条例》《舞弊及非法行为条例》的事件及政府人员涉嫌滥用职权敲诈勒索的事件进行调查；调查任何与贪污有关联或会助长贪污的订明人员行为，并向行政长官提交报告；负责对贪污及行贿受贿罪案侦察、拘捕和引渡罪犯，并根据法律提出起诉;向审查贪污举报咨询委员会汇报部门工作及咨询意见。其中,执行处接受及处理贪污举报,其举报中心提供以下服务:全年每天24小时运作,接受公众人士投诉及查询。在一般情况下,廉署会于收到贪污举报后的48小时内联络投诉人,安排会见。按照妥善程序记录投诉资料,以确保投诉不受干预及绝对保密。

(2)防止贪污处。廉署下面的一个预防机构,是廉署内规模最小的一个处,只有约60人的编制,且均为各个领域的专家,他们了解贪污手法,懂得如何防范。根据《廉政公署条例》第12条(d)、(e)及(f),防止贪污处的法定职责是:审查各政府部门及公共机构的工作惯例及程序,查察可能导致贪污的漏洞,并建议修订容易导致贪污的工作方法及程序;应私营机构和个别人士的要求,提供防贪建议;在日常工作中,防贪处经常与各机构及公司的管理层紧密合作,负责顾问工作。该处由一名处长执掌,辖下两名助理处长各负责一审查科;各审查科分为三组,每组由一名组长及四名至五名审查主任组成。且该处设有专责为私营机构提供防贪意见的私营机构顾问组,设立于1985年4月,提供保密和免费的内部审核服务。

(3)社区关系处。廉署第二大处社区关系处,共约200个职位,主要负责教育公众认识贪污的祸害、争取公众支持肃贪倡廉的宣传工作。社区关系处(社关处)由一名处长执掌,辖下设有两个科分别推行不同的工作。《廉政公署条例》第12条(g)段和(h)段规定该处的法定职责。社会关系科(一)主要由专门组别组成,透过大众传播媒介和教育机构,增加市民对肃贪倡廉工作的认识。社会关系科(二)直接与市民联络,推行深入的防贪教育;其辖下八间分区办事处,为区内团体提供防贪教育服务,接受贪污举报和查询,与社会各界和市民大众直接联系并获得市民的支持;与内地反贪机关保持联络与交流;定期向社区关系市民咨询委员会汇报工作情况和就推行工作的策略咨询意见。

此外,廉政公署的工作由四个独立的咨询委员会负责监察和指导,其成员由行政长官委任,来自社会各阶层。其中,贪污问题咨询委员会负责在廉政公署制定香港贪污问题政策时给出意见；审查贪污问题咨询委员会负责监察并对贪污举报开展的调查提出意见；防止贪污咨询委员会就廉政公署要改善容易导致贪污问题的措施或程序提供意见；社区关系市民咨询委员会提供如何教育市民认识贪污祸害及鼓励市民支持反贪工作提供意见。

三　对我国国家监察体制改革的启示

1. 高度的独立性。廉署的独立表现为在个案调查时不受任何单位和个人干涉和制约、在委任廉政专员和任用普通人员时不受干涉、单独划拨财政经费。具体而言：首先，廉署作为香港独立且唯一的反贪腐专门机构，直隶于港督，独立于政府体制、不受政府机关领导和制约，廉政专员负责管理和指导廉署工作并直接向港督报告。其次，廉署成员在接受任用时在一定程度上依循港英政府法例和公务员任用制度，但又与之有区别，表现在廉政专员可以依最高首长批准的雇佣条款及条件委任署职员，"廉政专员及其管辖职员均不受公务员叙用委员会之职权管辖，故不是公务员"，"廉署各级人员通常以合约方式聘用，合约期满可获约满酬金"。最后，廉政公署享有独立的财政经费拨款，由港督每年从政府的预算中单独划拨并由港督掌握该项经费的最终审批权和决定权，其他政府官员无法干涉。

2. 较强的透明性。运作的高度透明体现在民众对整个运行机制和各个岗位任务职责充分知情，廉政专员每年公布一份实施情况的廉政公署年报并主动进行信息公开。市民有任何疑问都可通过各种渠道如电话、电邮、面谈联系地方的社区关系处。廉政公署也会主动地通过媒体、期刊等宣传信息和工作。

3. 职权行为的广泛性。肃贪倡廉工作收效非常明显，与先后颁布《防止贿赂条例》《廉政公署条例》《防止选举舞弊及非法行为条例》的三个特别法例赋予廉署的极大权力是分不开的。这些权力包括：（1）独立运作权。根据《廉政公署条例》的规定，廉政专员直辖于港督，只向港督负责，不受任何政府部门的管辖。廉政专员在职期间不得兼任政府其他部门的职务。这是一切监察部门所必须具有的地位与权力。（2）调查权与起诉权，港英法律赋予廉署调查员的权力比警察还大。调查员可以要求受嫌者提出宣誓书和书面供词，列举其财产、开支、免债数字及已调离香港的任何款项财物；检查受嫌者的银行户口及保险箱；根据《防止贿赂条例》规定，廉署不必抓到受嫌者的具体贪污行为，只要能证明其生活标准或拥有的财产超过其官职收入，但又不能作出圆满的解释，廉署就可起诉，交法庭审判。事实证明，这是一种对付大贪污犯罪最常用的和最有效的方法。（3）搜查权和拘捕权。调查员有权入屋搜查，检取及扣押认为可作证物的任何物品，拘捕在场的任何人士；可无须拘捕令而拘捕受嫌者。（4）独立人事权。廉署拥有独立人事权，职员全部自行招聘，对象是具有一定专业知识的大学毕业生和专业人士。从职员的专业构成看，包括警务人员、调查员、会计师、测量师、电脑专家、工程师等专业人士以及新闻、电视、广告、美术、教育和社会工作等方面的专门人才。

4. 严密的内外监督制约机制。为保持廉署的内部廉洁，廉署规定有严格的内部纪律，署内设有一个监察系统"L"组，长期密切地注视所有职员。如果职员的品德引起怀疑，经过查证属实后廉署专员即可对其惩戒或开除。投诉委员会负责有关对廉署或其人员的投诉，对有关廉署职员本身的贪污的举报，必须送交律政司审阅，由律政司决定是否采取行动。这些措施在廉署内部形成一套自我监督机制，有效地维护和保证了肃贪倡廉队伍自身的廉洁。除此之外，还有完备的外部监察与制衡机制。

附录　姚文胜关于监察体制改革研究相关成果一览表

1. 《中外监察制度研究及完善我国监察体制建议》，学士学位论文，深圳大学1994年。
2. 《廉政专门机制建设初探》，《中国法学》1995年第4期。
3. 《国有企业监察机制研究》，深圳市廉政教育专题讲座，1996年11月。
4. 《论监察机关的职能》，《监察哨》1997年3月。
5. 《论监察意识的培养与增强》，《监察哨》1998年11月。
6. 《香港廉署制度对完善我国监察体制的启示》，《监察哨》1999年10月。
7. 《论〈行政监察法〉的立法缺陷与完善》，《深圳大学学报》2000年第17卷第6期。
8. 《"监察"一词莫滥用》，《深圳特区报》2001年1月3日。
9. 《监察信息功能论》，2001年10月全国纪检监察信息理论研讨会交流材料。
10. 《论领导干部的从政道德建设》，《监察哨》2002年3月。
11. 《孙中山"五权学说"下的监察制度》，《监察哨》2003年5月。
12. 《古代中国监察制度纵览》，《监察哨》2003年12月。
13. 《廉政文化建设应为提高党的执政能力服务》，《深圳特区报》2004 年 11 月 29 日。

14.《新形势下加强廉政文化建设的思考》,《中国纪检监察报》2007 年 12 月 18 日。

15.《构建"微观反腐新格局"》,《中国社科院要报》2012 年第 4 期。

16.《"微观反腐"提升反腐倡廉科学化水平》,《中国党政干部论坛》2013 年第 3 期。

17.《"治权实体论":认识党政关系新视角》,《人民论坛》2014 年 10 月。

18.《美国〈公职人员道德准则法〉的特色及启示》,《特区实践与理论》2015 年第 2 期。

19.《地方干部谈为官不为五种病因:迷怕愤懒笨》,《人民日报》2015 年 5 月 25 日。

20.《监察体制改革需要实现哪三个转变》,《广东党风》2016 年 11 月 17 日。

21.《国家监察体制改革的三个关键点》,《广东党风》2016 年 12 月。

22.《锻造权威高效反腐败机构——国家监察体制改革试点若干问题的思考》,《深圳特区报》2017 年 1 月 10 日。

23.《国家监察体制改革有关问题的思考》,《环球法律评论》2017 年第 2 期。

24.《对监察委的监督制约严密而有效——多把"连环锁"保监察权良性运行》,《人民论坛》2018 年第 1 期。

25.《中国特色监察制度的重要里程碑——写在监察法颁布实施之际》,《中国纪检监察报》2018 年 3 月 29 日。

26.《我国监察体制改革饱含优秀传统文化基因》,《南方》2018 年 4 月 2 日。

27.《国家监察体制乃国之重制》,《深圳特区报》2018 年 4 月 3 日。

28.《监察权是符合党和人民意志的宪定权》,《中国纪检监察报》2018 年 4 月 26 日。

29.《深化党和国家机构改革的典范之作》,《南方》2018 年 6 月 30 日。

30.《尽快构筑具有中国特色的监察官制度》,《深圳特区报》2018 年 8 月 28 日。

31.《准确把握监察对象的两个维度》,《中国纪检监察报》2018 年 8 月 1 日。

32.《"是否行使公权力"是确定监察对象范围的基本标准》,《南方》2018 年 9 月 22 日。

33.《利益均衡——推进社会公平的路径选择》,法律出版社 2012 年版。

34.《论利益均衡的法律调控》,中国社会科学出版社 2017 年版。

后　记

　　1994年，在宋为民老师指导下，我撰写了4万多字本科毕业论文《中外监察制度研究及完善我国监察体制建议》，文中提出进行国家监察体制改革的建议——"提高监察部门的法律地位，改变监察部门的权力来源，将隶属国务院的体制改为隶属于全国人民代表大会，地方监察机构属于同级人民代表大会，从而使各级监察机构对任何国家机关及其工作人员都有权监察"。毕业后我参加深圳市首次公务员公开招考，进入深圳市监察局工作，对监察工作有了具体而深刻的了解。1995年年初，我以毕业论文中策论部分为基础，结合工作实践做了修改，写成《廉政专门工作机制建设初探》一文，以初生牛犊不怕虎之气，投稿给《中国法学》并被采用，发表在该刊物当年第4期，中国人民大学报刊复印资料将其全文转载。该文进一步提出在将纪检、监察和反贪三家整合的基础上，建立既独立又有权威的国家专门监督机构的建议，同时明确提出，新成立国家专门监督机构要接受党中央领导，对党中央负责。从学理上比较系统地阐述了进行国家监察体制改革的学术支撑。2000年，我撰写了1万多字的《论行政监察法的立法缺陷和完善》发表在《深圳大学学报》（人文社科版），针对行政监察工作存在的问题，提出进行监察体制改革的建议。2012年进入中国社科院法学所法学博士后工作站后，在中国社会科学院《要报》上刊发《构建"微观反腐"新格局》，再次明确提出国家监察体制改革的建议。不管是在哪个工作岗位，我都没有放弃对这个问题的研究，在繁重工作之余，也常常利用休息时间和节假日进行思考和写作，哪怕是过年放假时一家外出，我也是走到哪里电脑带到哪里，抽空撰写、修改国家监察体制改革的相关文稿。在作其他问题研究时，也总是导入监察体制改革的相关内容。2016年11月看到播发进行国家监察体制改革试点的新闻时，忍不住喜极而泣，深深为这一英明决定欢呼。希望这本小书的出版，或许可以回应一些对改革的疑虑和误解，对还在进行的改革提供一些有益的参考。

万分感谢中国社会科学出版社的鼓励和帮助，感谢广东省纪委监委、深圳市纪委监委相关领导的关心和指导。感谢余能斌、柳经纬、周汉华、宋为民等教授一直以来的教诲和提点，感谢深圳大学、厦门大学、武汉大学和中国社科院法学所领导和师友们的鼓励和帮助。感谢我的家人尤其是我双亲、岳父母和妻女。最后还要特别感谢中国社会科学出版社相关领导和编辑的辛勤付出。